U0368293

CMEC

教育部高等学校机械类专业教学指导委员会规划教材

智能车辆决策规划与控制

宋晓琳　曹昊天　编著

清华大学出版社
北京

内 容 简 介

本书介绍智能车辆的决策、规划与控制。包括：第 1 章绪论，第 2 章智能车辆自主决策理论与方法，第 3 章智能车辆规划与控制基础，第 4 章智能车辆轨迹规划理论与方法，第 5 章智能车辆跟随控制理论与方法。本书结合具体应用案例进行讲解，扫描书中章节案例中的二维码可获取源代码；每章结尾附有精选习题，方便读者对内容进行巩固和理解。

本书可作为高等院校智能车辆方向研究生与高年级本科生教材，亦可为从事智能车辆研究的科研人员和企业人员进行参考。

图书在版编目(CIP)数据

智能车辆决策规划与控制/宋晓琳，曹昊天编著. —北京：清华大学出版社，2023.2（2025.1 重印）
教育部高等学校机械类专业教学指导委员会规划教材
ISBN 978-7-302-62639-8

Ⅰ. ①智…　Ⅱ. ①宋… ②曹…　Ⅲ. ①智能控制－汽车－高等学校－教材　Ⅳ. ①U46

中国国家版本馆 CIP 数据核字(2023)第 025617 号

责任编辑：许　龙
封面设计：常雪影
责任校对：赵丽敏
责任印制：宋　林

出版发行：清华大学出版社
　　网　　址：https://www tup com cn，https://www wqxuetang com
　　地　　址：北京清华大学学研大厦 A 座　　**邮　　编**：100084
　　社 总 机：010-83470000　　**邮　　购**：010-62786544
　　投稿与读者服务：010-62776969，c-service@tup. tsinghua. edu. cn
　　质量反馈：010-62772015，zhiliang@tup. tsinghua. edu. cn
印 装 者：三河市龙大印装有限公司
经　　销：全国新华书店
开　　本：185mm×260mm　　**印　张**：8.75　　**字　　数**：207 千字
版　　次：2023 年 3 月第 1 版　　**印　　次**：2025 年 1 月第 2 次印刷
定　　价：35.00 元

产品编号：088596-01

前 言

FOREWORD

随着人工智能技术的蓬勃发展,智能车辆的研发也受到了前所未有的关注。智能汽车搭载了先进传感器、电子控制器和执行器等,具有反应速度快、感知范围广、持续工作时间长等特点,有助于减轻驾驶员的驾驶负担,减少驾驶员人为因素引发的交通事故,提高道路通行效率。可以预见,智能车辆将在未来智能交通系统的发展中发挥至关重要和必不可少的作用。基于人类驾驶员的长期驾驶实践,智能车辆技术架构可以描述为"环境感知—决策与规划—控制与执行"。本书结合作者近十年的研究成果较为系统地介绍了国内外智能车辆的发展历史,以及智能车辆自主决策、规划与控制的经典算法,对核心理论及算法框架均有着较为完整的理论推导过程,并结合具体应用案例展示方法有效性。扫描书中章节案例中的二维码可获取源代码,方便阅读参考。

本书内容安排循序渐进,图文并茂,每章结尾附有精选习题,方便读者对内容进行巩固和理解。本书可作为高等院校智能车辆方向研究生与高年级本科生教材,亦可为从事智能车辆研究的科研人员和企业人员提供参考。

本书共分 5 章,参加本书编写工作的有宋晓琳教授、曹昊天博士,其中第 1 章由宋晓琳编写,第 2 章由宋晓琳、白中浩编写,第 3 章由宋晓琳、曹昊天编写,第 4 章由曹昊天编写,第 5 章由曹昊天、宋晓琳编写。本书在编写过程中参阅了许多国内外同行的相关著作和文献,并引用了其成果和论述,在此向本书所有参考文献的作者们致以衷心感谢。

本书的出版得到了湖南大学、湖南大学机械与运载工程学院本科规划教材建设项目的支持,在此深表谢意。同时,还要感谢清华大学出版社。

最后,衷心希望本书的内容能为智能汽车技术的发展提供些许理论指导和技术支持。同时,由于作者水平有限,书中疏漏和不当之处在所难免,我们真诚欢迎来自各方面的批评与指正,也借此机会衷心地感谢提出批评和指导的每一个人。

作 者

2022 年 5 月于长沙 · 岳麓山

目　录
CONTENTS

第1章

绪　论

当今世界正经历百年未有之大变局，新一轮科技革命和产业变革方兴未艾，智能汽车已成为全球汽车产业发展的战略方向[1]。我国在《中国制造 2025》中明确提出，汽车智能化技术将改变传统交通体系结构，改变驾驶人与汽车之间的关系，缓解驾驶人在驾驶过程中单调、烦琐、持久的驾驶负担。智能汽车可以提供更安全、更节能、更环保、更舒适的出行方式和综合解决方案，是城市智能交通系统的重要环节，是构建绿色汽车社会的核心要素[2]。

在韦氏词典中，"智能的"这一术语被定义为"拥有或表明一种高级的或者满足要求的智能或精神能力"，"智能"是指"学习、理解或者处理新的或者困难的处境的能力"，引入到机械领域中，又被进一步定义为"由计算机引导或控制——尤指利用嵌入式处理器进行自动操作、数据处理或是实现更为广泛的功能"。由此，智能汽车可定义为"自动执行某些方面的驾驶任务，或者帮助驾驶人更有效地发挥驾驶功能的汽车"，其功能有利于提高安全性、效率并减轻对环境的影响[3]。

智能汽车应具有"智慧"和"能力"两层含义，所谓"智慧"是指汽车能够像人一样智能地感知、综合、判断、推理、决断和记忆；所谓"能力"是指智能汽车能够确保"智慧"的有效执行，可以实施主动控制，并能够进行人机交互与协同。自动驾驶是智慧和能力的有机结合，二者相辅相成，缺一不可[4]。根据 2020 年 2 月 24 日发改委等 11 部委联合发布的《智能汽车创新发展战略》中的表述："智能汽车是指通过搭载先进传感器等装置，运用人工智能等新技术，具有自动驾驶功能，逐步成为智能移动空间和应用终端的新一代汽车。"智能汽车通常又称为智能网联汽车、自动驾驶汽车等[5]。

1.1　智能汽车的基本模块与分级

自动驾驶技术是指人类驾驶员在长期驾驶实践中，对"环境感知—决策与规划—控制与执行"过程的理解、学习和记忆的物化，其框架如图 1-1 所示，其中：

(1) 环境感知：类似于人类驾驶员在驾驶过程中，通过视觉、听觉、触觉等感官系统感知行驶环境和车辆状态，自动驾驶系统通过配置内部传感器和外部传感器获取全方位自身状态及周边环境信息。内部传感器主要包括车辆速度传感器、加速度传感器、轮速传感器、横摆角速度传感器等；主流的外部传感器包括摄像头、激光雷达、毫米波雷达以及定位系统等。不同传感器的量测精度、适用范围都有所不同，为有效利用这些传感器信息，需要利用传感器融合技术将多种传感器在空间和时间上的独立信息、互补信息以及冗余信息按照某种准则组合起来，从而提供对环境综合的准确理解。

(2) 决策与规划模块：决策与规划模块代表了自动驾驶技术的认知层，包括决策和规划两个方面。决策体系定义了各部分之间的相互关系和功能分配，决定了车辆的安全行驶模式；规划部分用以生成安全、实时的无碰撞轨迹。

(3) 车辆控制模块：车辆控制模块用以实现车辆的纵向车距、车速控制和横向车辆位置控制等，是车辆智能化的最终执行机构。

“感知”和“决策与规划”对应于自动驾驶系统的“智慧”；而“车辆控制”则体现了其“能力”。

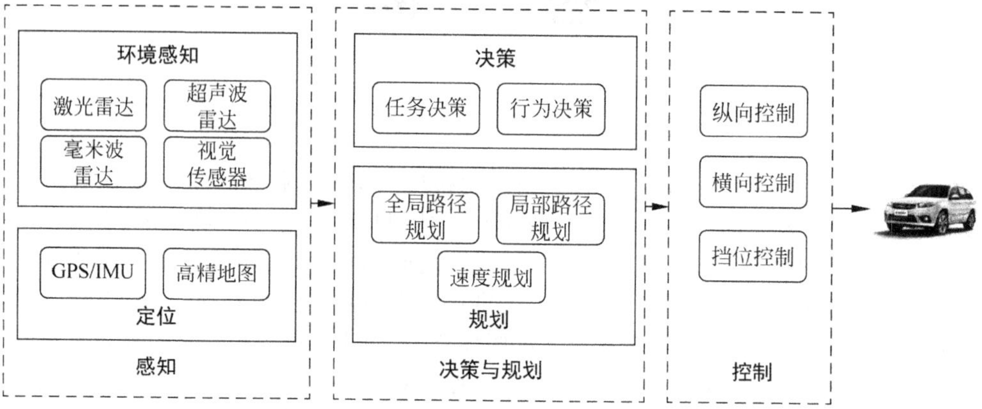

图 1-1 自动驾驶系统的主要模块及其关系

不同的国家或机构，根据智能化水平将智能汽车分为不同等级。表 1-1 为美国高速公路安全管理局(National Highway Traffic Safety Administration，NHTSA)、美国汽车工程师学会(Society of Automotive Engineers，SAE)和中国对智能汽车的分级。《中国制造2025》将智能汽车分为 DA，PA，HA，FA 四个等级，并划分了各自的界限。其中，DA 指驾驶辅助，包括一项或多项局部自动功能，如 ACC，AEB，ESC 等，并能提供基于网联的智能提醒信息；PA 指部分自动驾驶，在驾驶员短时转移注意力仍可保持控制，失去控制 10s 以上予以提醒，并能提供基于网联的智能引导信息；HA 指高度自动驾驶，在高速公路和市内均可自动驾驶，偶尔需要驾驶员接管，但是有充分的移交时间，并能提供基于网联的智能控制信息；FA 指完全自主驾驶，驾驶权完全移交给车辆。

表 1-1 智能化等级的划分

NHTSA	SAE	中国分级	名称	定义	驾驶操作执行者	环境监控执行者	汽车/驾驶人参与程度
0 级	0 级	—	人工驾驶	完全由驾驶人完成驾驶操作	驾驶人	驾驶人	
1 级	1 级	DA	辅助驾驶	车辆仅能控制横纵向一个	驾驶人+机器	驾驶人	
2 级	2 级	PA	部分自动驾驶	车辆能协同控制转向和驱动/制动	驾驶人+机器	驾驶人+机器	
3 级	3 级	HA	有条件自动驾驶	能实现特定环境下自动驾驶，需要驾驶人随时响应	驾驶人+机器	驾驶人+机器	
4 级	4 级	FA	高度自动驾驶	车辆完成特定环境下的自动驾驶，驾驶人不一定需要响应	机器	机器	
	5 级		完全自动驾驶	车辆完成全工况下的完全自动驾驶	机器	机器	

1.2　国外智能汽车发展历程

在汽车问世不久之后，科研工作者和工程师们便开始着手研究自动驾驶汽车。

1.2.1　从“机”到“电”——无线电遥控汽车

18 世纪末期到 19 世纪初，无线电技术取得了飞速的发展，人们开始尝试利用无线电控制汽车。根据“Unmanned Systems of World Wars Ⅰ and Ⅱ”的作者埃弗里特(Everett)的说法，第一辆无人地面车辆是西班牙发明家莱昂纳多·托雷斯·奎韦多(Leonardo Torres-Quevedo)于 1904 年制造的无线电遥控三轮车。在第一次世界大战期间，军队使用了各种小型无线电控制的车辆来运送和引爆火药。

1925 年，发明家 Francis Houdina 展示了一辆用无线电控制的汽车，如图 1-2 所示。该车由一辆“1926 Chandler”改装而成，车辆的后座上安装了无线电接收天线，并配置了一系列小型电动机对汽车进行控制，Houdina 坐在后方的另一辆装有发射器的汽车上发射无线电信号，前方车辆接收信号并生成指令，电动机根据相应指令控制车辆启动、转向、制动、加速等，在没有人控制方向盘的情况下行驶在曼哈顿的街道上。Houdina 将他发明的汽车命名为“美国奇迹”(American Wonder)。根据《纽约时报》当时的报道，这种无线电控制的车辆不仅可以发动引擎，转动齿轮，还能按响喇叭，“就好像一只幽灵的手在方向盘上”。惹得当时的人们惊叹不已。

图 1-2　美国奇迹(American Wonder)

无线电控制汽车的发展历程如表 1-2 所示。尽管 Houdina 的无线电遥控汽车并不是真正的自动驾驶，但他的“美国奇迹”给公众留下了深刻的印象，使无人驾驶汽车的魅力日益浓厚，一定程度上推动了无人驾驶汽车的发展。

20 世纪 50 年代，伴随着第二次世界大战后的经济繁荣，多数美国家庭购买了汽车，但是人们在享受汽车带来的出行便利时，其实并不想承担驾驶任务。因此，美国电气照明与动力公司的一个平面广告生动地展现了人们对无人驾驶汽车的设想：一家人面对面坐在车后座上玩多米诺骨牌游戏。配图的文字说明如下：有一天，你的爱车会疾驰在一条电子化超级高速公路上，它的加速和转向全都由嵌入公路里的电子设备自动控制。高速公路将会变得安全可靠：没有拥堵、没有碰撞、没有疲劳驾驶。广告如图 1-3 所示。

表 1-2 无线电控制汽车的发展历程

时间	车名	发明人	国家
1904 年	无线电遥控三轮车	莱昂纳多·托雷斯·奎韦多(Leonardo Torres-Quevedo)	西班牙
1912 年	战争狗	小约翰·哈蒙德(John Hammond Jr.)和本杰明·密斯纳(Benjamin Miessner)	美国
1920 年	无线电遥控汽车	Raymond E. Vaugha	美国
1925 年	美国奇迹(American Wonder)	Francis Houdina	美国

图 1-3 无人驾驶汽车设想广告

1958 年,通用汽车公司和美国无线电公司(RCA)的研究团队合作,在一款雪佛兰汽车上组装出一套车辆侦测与引导系统,实现了前后车距保持以及自动转向的功能。其后,由于 20 世纪 70 年代爆发的石油危机和汽车安全事故,汽车油耗和安全等成为亟待解决的问题,因此各汽车公司逐渐放弃了对自动化高速公路的研究。虽然通用汽车和美国无线电公司合作的研究成果最终未能用于无人驾驶,但是电子化高速公路方案中车辆侦测系统的核心理念在今天的智能运输系统(Intelligent Transportation System,ITS)得以体现。

1.2.2 新希望的出现——机器视觉的引入

随着计算机科学技术的迅猛发展,计算机变得更小、更加可靠、功能更强大,它能完成很多复杂的任务,如图像处理、运算等,这为无人驾驶技术的发展创造了条件。

1961 年斯坦福大学的博士候选人詹姆斯·亚当斯制造了一辆"斯坦福推车",但实验失败。1966—1972 年,美国斯坦福国际研究所(SRI)成功研制了世界上第一个真正可移动和感知的机器人 Shakey,如图 1-4 所示。Shakey 装备了电视摄像机、三角法测距仪、碰撞传感器、驱动电机以及编码器,能够自主进行感知、环境建模、行为规划和控制,这也成为后来机器人和无人驾驶的通用框架。

自动驾驶的理论研究,来自人工智能的创始人之一的约翰·麦卡锡 1969 年发表的一篇名为"电脑控制汽车"的文章,这篇文章详细描述了与现代自动驾驶汽车类似的想法。麦卡锡提出：一名“自动司机”可以通过“电视摄像机输入数据，并使用与人类司机相同的视觉输入”来帮助车辆进行道路导航。

1977 年，日本筑波工程研究实验室的 Tsugawa 和他的同事们开发出了第一个基于摄像头来检测导航信息的自动驾驶汽车，如图 1-5 所示。这辆车内配备了两个摄像头，并用模拟计算机技术进行信号处理，在高架轨道的辅助下时速能达到 30km。这是所知最早的开始使用“视觉设备”进行无人驾驶的尝试，由此翻开了无人驾驶的新篇章。

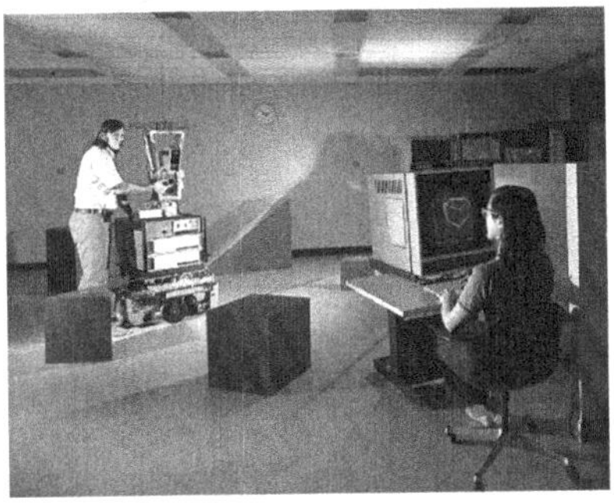

图 1-4　机器人 Shakey

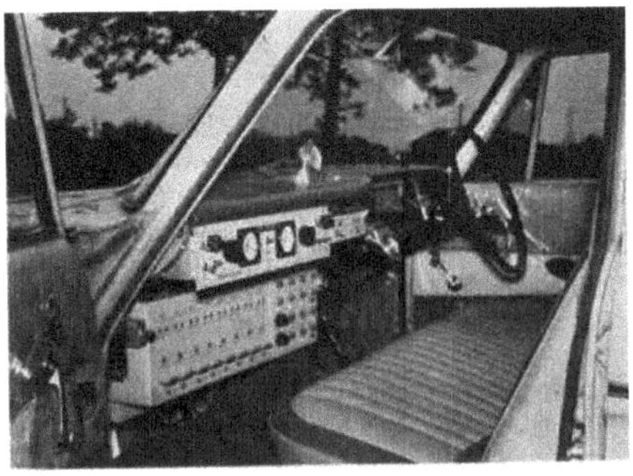

图 1-5　日本的自动驾驶汽车

1.2.3　自动驾驶技术的推进——美国 ALV 计划

最早的自动驾驶尝试来自军事需求。当时，美国 DARPA（美国国防部高级研究计划局）旗下操持着一个“战略计算计划”（Strategic Computing Program，SCP），计划为期 10 年，DARPA 希望以此从计算机架构、软件以及芯片设计领域的高速发展中获益，并推动 AI 技术达到新的高度。

1984 年，DARPA 与美国陆军合作，发起投资 6 亿美元的自主地面车辆（ALV）计划，作为战略计算机的研究项目之一，并制订了年度计划，如表 1-3 所示[6]。

表 1-3　自主地面车辆（ALV）计划年度计划

时间	项目内容	目　标
1985 年	道路跟踪试验	车辆以 10km/h 的速度在铺好的公路上行驶 2km，只向前行驶，不设置障碍
1986 年	避障试验	车辆以 20km/h 的速度行驶 5km，能识别和避开小于路面宽度的固定障碍物
1987 年	越野路线规划试验	规划车辆行驶路线，并以 5km/h 的速度通过 5km 开阔的沙漠地带
1988 年	公路网路线规划及避障试验	规划车辆行驶路线，并实现以 20km/h 的速度借助路标导航行驶于公路网上，以及完成地图校正和从路边绕过障碍物

1985 年，美国自主地面车辆首辆样车在丹佛西南部的一个秘密工厂被研制出来，如图 1-6 所示。经过试验发现，ALV 的图像处理和计算机技术并不能够满足军用无人地面平台的使用需求。自主地面车辆行进时所需的信息处理量和软件系统的复杂程度过大，使得 ALV“眼睛看不清、脑子反应慢”，机动性能并不理想，最终 ALV 样车只能以 4.8km/h 的速度沿平坦道路自主行驶 0.96km。

(a) (b)

图 1-6 美国自主地面车辆(ALV)首辆样车

(a) 外形；(b) 仪器布置

1988 年 4 月，DARPA 正式取消了 ALV 项目，1989 年美国国会削减了对陆军新型装备的研制经费，1990 年自主地面车辆计划宣告结束。但是它为后来的无人地面平台研制打下了良好的基础，也积累了不少经验。

1.2.4 从理论转变为现实——CMU 的 NavLab

DARPA 资助了一些院校和制造商企业，一系列研究团队开始了无人驾驶技术从无到有的探索之路。其中之一的卡内基·梅隆大学(CMU)负责解决 ALV 系统复杂的感知和集成问题。为了攻克该技术，卡内基·梅隆大学的研究人员于 1984 年组建了导航实验室，命名为“NavLab”，专注于复杂环境中的高难度视觉感知问题研究，这也成就了包括卡内基·梅隆大学在内的一些院校和实验室，至今也是无人驾驶技术和人才诞生的摇篮。如图 1-7 所示为卡内基·梅隆大学研制的第一辆无人驾驶汽车“Terregator”，其创造者 Whittaker 说：“它像一张滚动的桌子，能够自主识别和驾驶”，其原型是 CMU 多年来在陆地巡航器 Terrestrial Navigator(即“Terregator”)研发积累的基础上对车辆进行外观和架构设计而成，该车有 6 个轮子，每秒能行驶几厘米。车身配置的一系列传感器，包括声呐环、摄像头，以及一个单线激光雷达测距仪，它们负责对障碍物和环境进行感知。

图 1-7 无人驾驶汽车“Terregator”

1986 年,卡内基·梅隆大学基于拥有电动转向能力的雪佛兰厢式货车,研发了一辆改装的自动驾驶汽车,命名为 NavLab-1,如图 1-8(a)所示,这辆车也是第一辆真正意义的无人驾驶汽车。该车安装了摄像机和激光测距仪,货车内部有一间计算机房,有 20kW 的车载电源,有一台 Wrap 超级计算机、几台 Sun 3 和 4 工作站、陀螺仪、惯性导航系统以及卫星定位系统,此外还有几个英特尔 386 实时处理器,用于处理传感器信息和生成车辆运动指令,如图 1-8(b)所示。因为受到软件的限制,最初最高速度仅为 1.8km/h,直到 20 世纪 80 年代末,才能以 20 英里/小时(32km/h)的最高速度行驶。

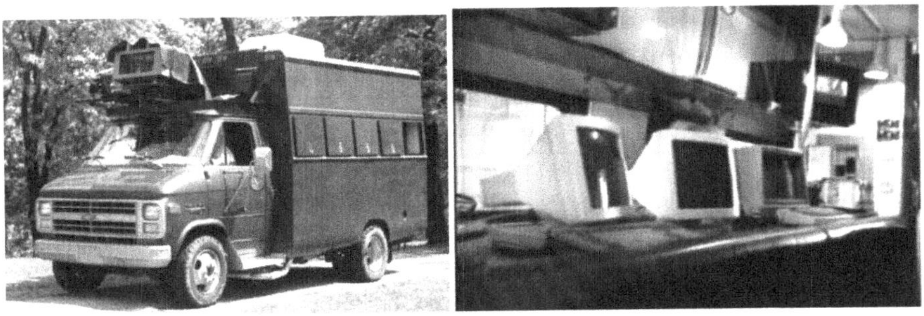

(a) (b)

图 1-8 CMU 改装的自动驾驶汽车 NavLab-1

(a) NavLab-1 外形;(b) NavLab-1 内部

20 世纪 90 年代初,卡内基·梅隆大学的研究人员 Dean Pomerleau 撰写了一篇基于神经网络让自动驾驶汽车实时从公路获取原始图像并输出方向控制的博士论文。神经网络的方法比其他手动将图像划分为“道路”和“非道路”类别的尝试更加有效,使得自动驾驶技术的理论研究又往前迈了一大步。

1995 年,Pomerleau 和他的同事 Todd Jochem 在公路上试驾了他们的无人驾驶汽车 NavLab-5(图 1-9)从美国东海岸的匹兹堡到西海岸加州的圣迭戈,总计行驶 2797 英里。在这段旅途里,这对伙伴在控制速度的前提下,实现了“不用手驾驶横跨美国”的任务。这是自动驾驶技术第一次从理论转变为实际。

图 1-9 CMU 改装的自动驾驶汽车 NavLab-5

NavLab-11 系统是 NavLab 系列新一代的平台。车辆基于 Wrangler 吉普车改造,车上装有工业级四核计算机,处理各种传感器采集到的信息,并把信息分别送至各个子单元,包括对象检测器、路肩检测器、防撞电子单元、控制子单元等。这款车最高车速为 102km/h。配置的传感器如表 1-4 所示,传感器布置如图 1-10 所示。NavLab-11 最具特色的地方是采用神经网络实现了对道路结构的分析,这为无人驾驶车辆道路识别提供了一种有效的方法。

表 1-4 NavLab-11 系统配置传感器列表

序号	传感器	性能与作用
1	GPS	天宝 AgGPS 114 差分 GPS 智能天线，集高性能 GPS 和 L 波段卫星差分于一体，使用广域增强系统（WAAS）服务，亚米级精度，支持实时 DGPS 操作
2	陀螺仪和光电码盘	采用 Crossbow 的 VG400CA 惯性姿态测量系统，可以实现在动态环境中的全姿态测量
3	时间日期 GPS	基准 bc637CPCI 时间频率处理器为主机系统和外围数据采集系统提供精确的时间和频率参考。时间是通过 GPS 卫星提供的天线/接收器获取的。时间通过 IRIG-B 时间编码信号直接提供给计算机，消除来自外部仪器的串行协议的需要。输出频率为 1510MHz
4	激光扫描器	SICK LMS 221-30206，最大范围 50m，分辨率 10mm，最大扫描角度 180°，角度分辨力 0.5°
5	全景相机	SONY EVI-330 彩色摄像机一台，可全方位转动
6	激光检测装置	卡内基·梅隆大学原始研究使用激光线和 CCD 相机，使用几何限制检测障碍，有效射程达 5m（垂直目标）和视场 60°，距离分辨率约为 1%（取决于距离），角度分辨力为 0.1°

图 1-10 CMU 的 NavLab-11：a robot Jeep rangler

卡内基·梅隆大学的研究成果对现在的无人驾驶技术提供了非常大的借鉴意义，其研制的智能车辆如表 1-5 所示。

表 1-5 NavLab 研究概况

时间	车名	实验情况
1985 年	Terregator	开展户外自动驾驶测试
1986 年	NavLab-1（基于雪佛兰厢式货车改装）	能自主控制转向实现路径跟踪，非结构化道路中行驶速度为 12km/h，典型结构化道路中行驶速度为 28km/h
1995 年	NavLab-5（基于 1990 款庞蒂亚克 Transport 改装）	车辆横向控制实现了完全自动控制，纵向控制仍由驾驶员完成，在实验场道路上的自主行驶平均速度为 88.5km/h，首次进行横穿美国大陆的长途自主驾驶公路试验，自主行驶里程达 4496km，占总行程 98.1%
2001 年	NavLab-11（基于 Wrangler 吉普车改装）	试验中最高车速达到 102km/h
2004 年	Sandstorm	完成沙漠路段 7 英里完全自动驾驶
2005 年	Highlander	完成沙漠路段 60 英里完全自动驾驶
2007 年	Boss	在城市环境中完成 60 英里的比赛，周边有机器人车和人类驾驶员驾驶的汽车，100% 自动驾驶，遵守交通规则、交通标志、通过十字路口等

与此同时,德国也开展了一些卓有成效的研究。20 世纪 80 年代初,德国动态计算机视觉和自动驾驶汽车的先驱——联邦国防军大学的恩斯特·迪克曼斯(Ernst Dickmanns)和他的团队利用一辆奔驰面包车改造出了无人驾驶车"VaRoS",该车配备了 2 个 CCD 摄像头、加速度计以及角度变化等其他传感器,多个 Intel 8086 处理器构成的计算系统和用于控制方向盘、油门和刹车的底层控制执行器,有效解决了由于当时计算机运算速度较慢而无法处理快速变化的视觉街景的问题,使得高速自动驾驶可以实现。1985 年西欧一些国家共同成立了一个旨在推动各国在尖端技术领域合作的开放框架——"尤里卡"(Eureca),1986 年欧洲汽车制造业协会联合众多汽车公司、汽车电子厂商和零部件供应商、研究所和大学合作在尤里卡框架下启动了"Programe for a European Traffic of Highest Efficiency and Unprecedented Safety"(PROMETHEUS)的智能交通项目,即普罗米修斯计划,该计划旨在推动交通的最高效率和安全性的最大化。1986 年,奔驰公司成立 100 周年,奔驰打算通过普罗米修斯计划启动开发汽车新技术,其中就包括自动驾驶技术。

1986 年 12 月,Dickmanns 在奔驰位于斯图加特的环形试车场里利用 VaRoS 展示了它的动态视觉技术,最高速度 36km/h,如图 1-11 所示。1987 年,改进的 VaRoS(增加了不少 8086 处理器以支持更快的计算速度),在巴伐利亚州丁戈尔芬附近的一条封闭的高速公路上进行了测试,总共行驶了超过 20km,测试车速达到 90km/h,并成功获得欧洲尤里卡普罗米修斯计划的资金资助。1988 年,Dickmanns 为他的 VaRoS 继续增加大量 8086 处理器(实现垂向检测障碍物),在奔驰位于德国巴登-符腾堡州 Rastatt 的试车场,成功地利用单目摄像头进行了障碍物识别和跟踪的测试。

图 1-11 奔驰面包车改装的无人驾驶车"VaRoS"

1994 年 10 月,Dickmanns 的团队改装的 VITA-1 和 VITA-2(图 1-12)在三车道高速公路上以高达 130km/h 的速度行驶了 1000 多千米,成功演示了在自由车道上驾驶、识别交通标志、车队根据车速保持距离驾驶、自动通过左右车道变换等。

1995 年,Dickmanns 团队基于一辆奔驰 W140S,应用第三代动态视觉系统构建了一辆自动驾驶原型车,他们从慕尼黑一路行驶到哥本哈根,自动驾驶行驶里程超过 1600km,最高时速达到了 180km/h。

随后,因戴姆勒等德国厂商的市场定位,这个投入高达 7.49 亿欧元,进行长达 8 年的研究终止。20 世纪 90 年代末,Dickmanns 将眼光转向海外,拿到了美国陆军研究实验室一份为期四年的合约,研究出能掌控更为复杂地形的新一代自动驾驶汽车。并且他的一篇论

(a) (b)

图 1-12 VITA-1(a)和 VITA-2(b)

文吸引了 DARPA 的注意,DARPA 决定举办自动驾驶挑战赛。

1998 年,由意大利帕尔马大学视觉实验室 VisLab 在 EUREKA 资助下完成的 ARGO 项目,利用立体视觉系统,通过摄像头来检测周围的环境,通过计算机制定导航路线,进行了 2000km 的长距离试验。其中 94%路程使用自主驾驶,平均时速为 90km,最高时速 123km。该系统成功证明了利用低成本的硬件和成像系统,依然可以在视觉输入的情况下实现无人驾驶。其试验车如图 1-13 所示,其研究进程如表 1-6 所示。

表 1-6 ARGO 项目研究进展

	时间	实验情况
ARGO 试验车	1998 年	意大利汽车百年行活动中,ARGO 试验车沿意大利高速公路网进行 2000km 长距离道路试验,无人驾驶里程为总里程的 94%,最高车速达到 112km/h
	2010 年	ARGO 试验车沿马可波罗旅行路线全程自动驾驶来到中国上海参加世博会,行程达 15900km,全程采用太阳能作为辅助动力源
	2013 年	车辆在无人驾驶情况下成功识别了交通信号灯、避让行人、驶过十字路口和环岛等

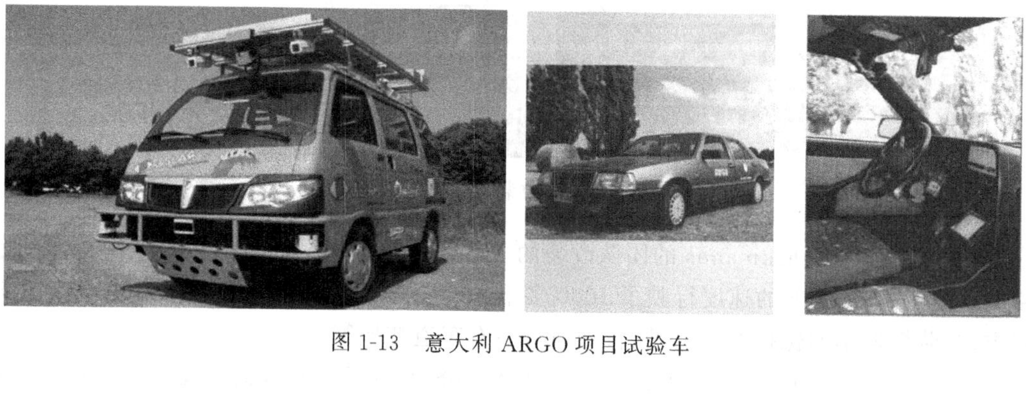

图 1-13 意大利 ARGO 项目试验车

1.2.5 以竞赛促技术发展——美国的 DARPA 挑战赛

为了鼓励自动驾驶技术的发展,2002 年,DARPA 宣布了一项重大挑战:如果有人建造一辆能够在莫哈维沙漠行驶 142 英里的无人驾驶汽车,将获得 100 万美元的奖金。可惜的是 15 个参赛者中没有一个能够完成任务。为了推进无人驾驶技术更快、更好地发展,

DARPA 从 2004 年开始推出沙漠机器人大挑战“DARPA Grand Challenge”，要求车辆以全自主（自主感知、自主导航、自主控制）方式在 10h 内完成 150 英里的赛程，能够自主避障（包括其他车辆）。从 2007 年开始，“DARPA Grand Challenge”更名为“DARPA Urban Challenge”，即面向城市环境。表 1-7 所示为三届 DARPA 无人驾驶挑战赛的参赛情况和成绩，成绩最好赛车如图 1-14 所示。

表 1-7　DARPA 无人驾驶挑战赛的参赛情况和成绩

时间	比赛地点	参赛车队情况	成　绩
2004 年	美国莫哈韦沙漠	106 支报名，25 支通过预选赛，15 支进入决赛	没有一支队伍完成整场比赛。卡内基·梅隆大学 Red team 的悍马改装车 Sandstorm 行驶最远，共行驶了 11.78km
2005 年	美国莫哈韦沙漠	195 支报名，43 支进入资格测试，23 支进入决赛	有 5 支队伍（Sunley、Sandstorm、Highlander、Kat-5、TeraMax）通过了全部考核项目。斯坦福大学的 Stanley 以平均速度 30.7km/h，6h 53min 58s 的总耗时夺冠，赢得 200 万美元奖金，这也标志着无人驾驶汽车取得了重大突破
2007 年	美国加利福尼亚州空军基地	53 支报名，11 支通过资格测试，6 支车队跑完全程	这届比赛的任务是参赛车辆在 6h 内完成 96km 的市区道路行驶，并要求参赛车辆在与其他车辆相互协调、避障和车辆交汇的同时，遵守所有的交通规则。11 支参赛队伍进入总决赛，6 支队伍完成了比赛。卡内基·梅隆大学的 Boss 以总耗时 4h 10min 20s，平均速度 22.53km/h 的成绩取得冠军

(a)

(b)

(c)

图 1-14　DARPA 挑战赛成绩最好赛车

(a) 2004 年 CMU 的 Sandstorm；(b) 2005 年斯坦福的 Stanley；(c) 2007 年 CMU 的 Boss

正是因为这个比赛，吸引了以谷歌（Google）为代表的全世界 ICT 公司和硅谷创业公司加入到智能汽车的研发中，由此也引起了传统汽车产业“智能化”的变革，诞生了一个上万亿美元的产业。

1.2.6　智能汽车的“遍地开花”

谷歌两位创始人之一拉里·佩奇（Larry Page），从 1995 年在斯坦福读博期间，开始了互联网搜索和自动驾驶汽车的梦想。其博士课题是互联网搜索，但他仍然十分关注 DARPA 挑战赛，且与另一位创始人谢尔盖·布林（Sergey Brin）全程观战。2009 年，谷歌开始秘密开发无人驾驶汽车项目，该项目现在被称为 Waymo，最初由谷歌街景服务的共同发明人 Sebastian Thrun 领导。

2010 年 10 月 9 日，谷歌公司宣布，正在开发自动驾驶汽车，目标是通过改变汽车的基本使用方式，协助预防交通事故，将人们从大量的驾车时间中解放出来。2014 年 5 月 27 日，谷歌推出了一款全新设计的，不带方向盘、刹车和油门踏板的纯电动全自动驾驶汽车，即"Firefly"，如图 1-15(a)所示，该车最高速度被限制在 25 英里/小时。2014 年 8 月 22 日，加利福尼亚州出台了一项新的法规，禁止不带方向盘的无人车上路。为此，谷歌不得不对车辆进行改造，加装临时方向盘、刹车和油门踏板，如图 1-15(b)所示。

2016 年 10 月，谷歌自动驾驶汽车项目公路测试里程超过 200 万英里(322 万 km)。2016 年 12 月，谷歌母公司 Alphabet 宣布谷歌自动驾驶项目独立出来，成立"Waymo，A new way forward in mobility(未来新的移动方式)"子公司。

(a) (b)

图 1-15 谷歌自动驾驶汽车

(a) 第一代 Google Firefly；(b) 第二代 Lexus RX450h

随着谷歌无人驾驶项目的稳步推进，"自动驾驶"的潜力和机会正在被更多人发现。传统汽车厂商如奥迪、奔驰、宝马、通用、福特、丰田、沃尔沃、日产等于 2013 年开始相继在无人驾驶汽车领域进行了布局。2015 年 10 月，特斯拉推出了半自动驾驶系统 Autopilot，Autopilot 是第一个投入商用的自动驾驶技术。2016 年，通用汽车收购了自动驾驶技术创业公司 Cruise Automation，正式进入无人驾驶领域。2018 新款奥迪 A8 是全球首款量产搭载 Level 3 级别自动驾驶系统的车型，实现 Level 3 级自动驾驶，使驾驶员在拥堵路况下可以获得最大限度的解放。除了 Waymo 外，美国还有硅谷自动驾驶的五大家族，即通用、软银和丰田合资的 Cruise、张扬炫酷的 ZOOX、大众集团投资的 Argo AI、Aurora，以及一些高科技公司如 Tesla、Uber、NVIDIA 等也纷纷加入自动驾驶研发的阵营。此外，Mobileye、Nutonomy、Zoox、Drive. ai、Nuro. ai 等瞄准自动驾驶产业链中的特定应用场景或特定功能模块。2016 年 8 月，Nutonomy 成为新加坡第一家在试点项目下推出自动驾驶出租车的公司。

1.3 中国智能汽车的发展历程

虽然我国落后于美、英、德等西方国家，但在 20 世纪 80 年代也开始了相关技术研究。

1.3.1 中国的“CMU”——国防科技大学

1980 年国家立项由哈尔滨工业大学、沈阳自动化研究所和国防科技大学三家单位牵头的“遥控驾驶的防核化侦察车”项目。从 20 世纪 80 年代末，国防科技大学先后研制出基于视觉的 CITAVT 系列智能车辆。其中，CITAVT-Ⅳ型自主驾驶车基于 BJ2020SG 吉普车改装而成，如图 1-16 所示。该车型以研究结构化道路环境下的自主驾驶技术为目标，空载条件下速度最高为 110km/h，车辆具有人工驾驶、遥控驾驶、非结构化道路上的低速自主驾驶和结构化道路上的自主驾驶四种工作模式。

图 1-16 CITAVT-Ⅳ型自主驾驶车

“八五”期间，由北京理工大学、国防科技大学等五家单位联合研制成功了 ATB-1 (Autonomous Test Bed-1)无人车，如图 1-17(a)所示，1995 年 12 月通过国家验收。该车在国产跃进客货车基础上改制，装有二维常设摄像头、三维激光雷达、陀螺惯导定位、超声等传感器，计算机系统采用两台 Sun Spark 10 完成信息融合、黑板调度、全局和局部路径规划，两台 PC486 完成路边抽取识别和激光信息处理，8098 单片机完成定位计算和车辆自动驾驶。这是我国第一辆能够自主行驶的测试样车，其行驶速度可以达到 21.6km/h。ATB-1 的诞生标志着中国无人驾驶行业正式起步并进入探索期，无人驾驶的技术研发正式启动。

(a)

(b)

图 1-17 遥控驾驶的防核化侦察车

(a) ATB-1 无人车；(b) ATB-2 无人车

“九五”期间，ATB-2 无人驾驶车也顺利研制成功，2001 年 1 月通过国家验收，如图 1-17(b)所示。该车由德国奔驰公司的 Sprinter414 厢式货车改装而成，能面向结构化道路和越野环境，同时还具有临场感遥控、夜间行驶和侦察等功能，且在结构化道路上最高行驶速度为 74km/h，越野环境下白天和夜间最高行驶速度分别为 24km/h、15km/h，遥控驾驶速度为 50km/h。

清华大学在国防科工委和国家 863 计划的资助下，从 1988 年开始研究开发 THMR 系列智能车，THMR-Ⅴ智能汽车能够实现结构化环境下的车道线自动跟踪，2003 年 7 月 1 日通过鉴定。该车是由三星 SXZ6510 七座厢式车改装的，如图 1-18 所示，配置了磁罗盘-光码盘、DGPS 互补定位系统，二维扫描激光雷达测障系统，CCD 摄像机视觉处理系统，规划计算机、监控计算机、视觉计算机和多台测控计算机，还配备了 CCD 摄像机，声、像无线电台，数据无线电台和通信计算机，操作员依据车上传来的图像信息进行视觉临场感遥控操作。在结构化环境下，车道线自动跟踪时平均速度 100km/h，最高速度达到 150km/h，具备复杂环境下的道路避障、道路停障、视觉临场感遥控驾驶等功能。

图 1-18　清华智能车 THMR-Ⅴ

一汽集团是最早涉足自动驾驶领域的国内车企，2003 年与国防科技大学合作，基于红旗 CA7460[图 1-19(a)]开展自动驾驶系统研发。该车采用计算机视觉技术，由两个摄像头、车载主控计算机、图像处理识别系统、路径规划软件等共同实现自动驾驶。2011 年 7 月，由国防科技大学自主研制的红旗 HQ3 无人车[图 1-19(b)]首次完成了从长沙到武汉 286km 的高速全程无人驾驶试验。

(a)　(b)

图 1-19　红旗无人驾驶汽车

(a) CA7460 平台；(b) HQ3 平台

1.3.2　中国的“DARPA”——中国智能车未来挑战赛

2008 年，国家自然科学基金委设立了“视听觉信息认知计算”重大研发计划，以无人驾驶汽车作为应用平台。2009 年 6 月 4 日，首届中国“智能车未来挑战赛”在西安浐灞生态区举行，共有湖南大学、西安交通大学、上海交通大学、北京理工大学、清华大学、意大利帕尔玛大学等国内外 6 所大学的 10 余辆无人驾驶车辆同台竞技。比赛包括 2.6km 庭院道路和 600m 乡村道路，每个车队需要完成指定路线的规定动作测试、挑战性测试以及特色表演。其中，规定动作测试Ⅰ包含两项无人驾驶车辆基本行驶能力测试任务；规定动作测试Ⅱ包含遵守交通规则情况下的交通信号、交通基础设施的识别和障碍物自动规避等 5 项性能测试任务。此次大赛唯有湖南大学研制的无人驾驶车全部顺利完成所有参赛任务和挑战。湖南大学、北京理工大学及上海交通大学分别获得前三名。如图 1-20 所示为挑战赛现场。

图 1-20　首届中国“智能车未来挑战赛”

挑战赛至今每年举行，中国“智能车未来挑战赛”与美国国防部高级研究计划局(DARPA)在 2004 年开始举办的“机器车挑战大赛”(Grand Challenge)一样，很大程度地促进了无人驾驶的技术发展。

1.3.3　中国的“谷歌”——百度

百度无人驾驶车项目于 2013 年起步。2015 年 12 月，百度公司宣布，百度无人驾驶车国内首次实现城市、环路及高速道路混合路况下的全自动驾驶(图 1-21，表 1-8)。

表 1-8　百度无人驾驶汽车的发展进程

时间	计划及进展
2013 年	开始无人驾驶汽车项目，核心技术是“百度汽车大脑”
2015 年 12 月初	在北京完成进出高速等不同道路场景的切换
2015 年 12 月 14 日	正式成立自动驾驶事业部
2017 年 4 月 17 日	展示与博世合作开发高速公路辅助功能增强版演示汽车
2018 年 7 月 4 日	宣布与厦门金龙合作生产首款 Level 4 级智驾巴士“阿波龙”下线
2019 年初	与日本软银旗下的 SB Drive 合作，将 10 辆“阿波龙”运抵日本多个城市
2019 年 7 月 3 日	百度 Robotaxi 项目“Apollo Go”首次公开亮相，在长沙打造全国最大规模的 L4 级自动驾驶车队，12 月 18 日正式小规模试运营

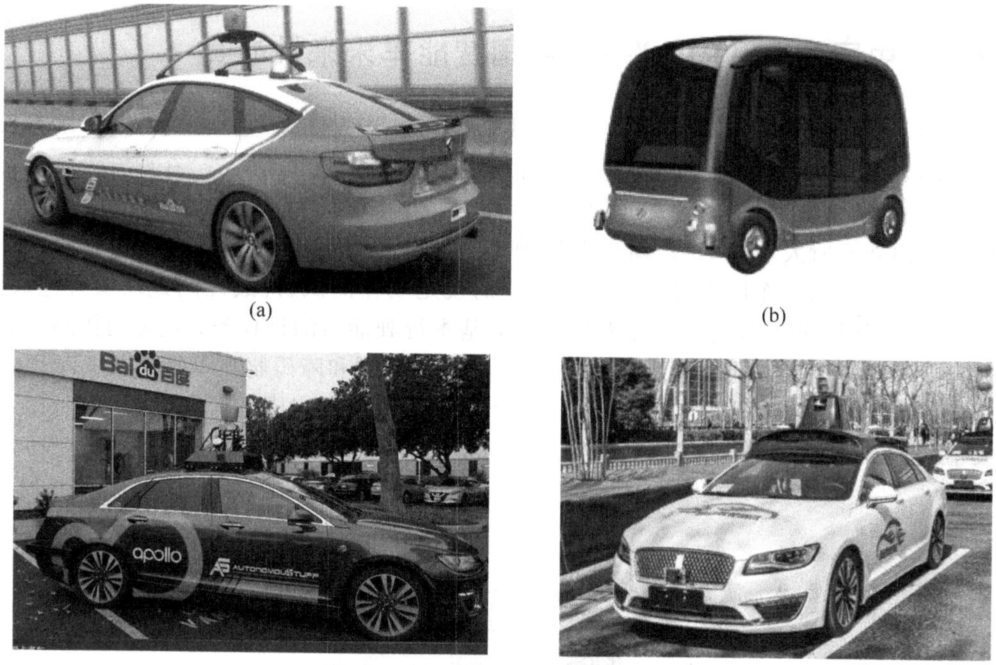

(a) (b) (c)

图 1-21 百度无人驾驶车

(a) 百度第一辆路试无人驾驶车；(b) 阿波龙；(c) Apollo Go

1.4 智能汽车国内外相关政策与法规

由于智能驾驶是新兴技术，各国也在研究和出台智能驾驶的相关政策。这方面美国仍然是先行者，立法步伐也更快。

2011 年，美国内华达州立法委员会通过了美国第一部允许测试智能驾驶汽车的法案。2012 年 9 月，美国加利福尼亚州签署了允许自动驾驶汽车合法上路的 SB1298 法案。2014 年，美国交通运输部与美国智能交通系统(ITS)提出《ITS 战略计划 2015—2019》，为美国未来 5 年智能交通领域内的发展指明了方向。2015 年 12 月，加利福尼亚州的汽车行业政策制定者第一次为全自动无人驾驶汽车制定法律规范，加速了自动驾驶车辆上路的进度。2016 年 9 月，美国交通运输部发布《联邦自动驾驶汽车政策指南》，包括自动驾驶汽车性能指南、州政府法规模型、NHTSA(美国国家公路交通安全管理局)现有的监管方式和新的监管方式四个方面。2016 年底，密歇根州通过的最新法案不仅承认自动驾驶的合法性，还允许传统车企和科技型公司在州内的任何路段开展车辆共享等商业运营服务，并指出在自动驾驶车辆能够通过该州的测试和认证前提下，允许将车辆出售给消费者。

截至目前，美国有 23 个州出台了关于自动驾驶的 53 部法案。2017 年 7 月 27 日，美国众议院一致通过两党法案《自动驾驶法案》(Self Drive Act)，首次对自动驾驶汽车的生产、测试和发布进行管理。此部法案或将是美国第一部加速自动驾驶车辆上市的联邦法律，具有标杆性的价值和意义。

除了美国外,欧盟及其他国家也发布与自动驾驶相关的法案,各国相关政策法规如表 1-9 所示。2016 年 3 月,联合国《维也纳公约(道路交通)》中自动驾驶汽车的修正案正式生效,其中明确:在符合联合国车辆管理条例或者符合自动驾驶的情况下,自动驾驶技术可以被应用到交通运输当中。这一规则修改相当于承认了自动驾驶的合法身份,《维也纳公约》的修订也为先进驾驶辅助系统及自动驾驶技术的应用消除了法规障碍。

表 1-9　各国智能汽车相关政策汇总

国家	时间	内　　容
美国	2013 年	美国高速公路交通安全管理局发布《对自动驾驶车辆管制政策的初步意见》,支持自动驾驶技术发展推广,但限定仅允许测试用途自动驾驶车辆上路行驶
	2016 年	美国交通运输部发布《联邦自动驾驶汽车政策指南》,将自动驾驶安全监管纳入联邦法律框架
	2017 年	美国交通运输部发布《自动驾驶系统 2.0:安全展望》,鼓励各州为自动驾驶测试部署提供法律支持
	2018 年	美国众议院通过《自动驾驶法案》,鼓励自动驾驶汽车测试和研发以保障交通安全 美国交通运输部发布《自动驾驶系统 3.0:迎接未来交通》,推动自动驾驶技术与地面交通系统安全融合
德国	2013 年	德国允许博世、奔驰等公司的自动驾驶汽车在国内进行道路测试,可以在德国高速公路、城市交通和乡间道路等多种环境开展自动驾驶汽车的实地测试
	2017 年	允许自动驾驶汽车在公共道路上测试,在自动驾驶车辆可以自行操控转向盘以及制动的情况下,驾驶员可以手离方向盘,上网、浏览邮件皆被允许
法国	2014 年	公布无人驾驶汽车发展路线图
	2016 年	正式批准外国汽车制造商在公路上测试自动驾驶汽车
	2016 年	实现全国数千千米道路的联网,并推动道路交通法律法规的修订,满足无人驾驶汽车上路要求
英国	2016 年	英国商务部和运输部大臣公开表示,该国将清除束缚自动驾驶行业发展的相关政策法规
	2017 年	首次允许无人车在高速公路及重要道路上进行试驾。为迎接无人驾驶汽车的到来,英国还将修改相关的道路交通法规
瑞典	2016 年	完成《自动驾驶公共道路测试规范》初稿
日本	2016 年	制定自动驾驶普及路线图,声明自动驾驶汽车(有机动车驾驶人)将在 2020 年允许上高速公路行驶。政策法规方面,放宽自动驾驶汽车与无人机相关规定,启动《道路交通法》和《道路运输车辆法》修订工作
	2017 年	日本警察厅发布《自动驾驶系统道路测试许可处理基准》,允许在汽车驾驶位无人情况下进行道路测试
	2018 年	日本政府公布《自动驾驶相关技术整备大纲》,明确自动驾驶汽车责任划分,将自动驾驶汽车与普通汽车同样对待
	2019 年	日本国土交通省发布《自动驾驶安全技术指南》,明确 L3 及以上等级自动驾驶汽车需满足的安全条件
韩国	2015 年	自动驾驶汽车划定试运行特别区域
	2016 年	启动道路交通政策法规修订工作,修订后的法规将允许自动驾驶汽车在韩国范围内进行公共道路测试
	2017 年	开通专用试验道路,允许自动驾驶汽车在试验阶段搭载自动转向装置
新加坡	2017 年	通过道路交通法修正案,允许自动驾驶汽车进行公共道路测试

我国由工信部组织起草的智能网联汽车标准体系方案已形成标准框架体系，该标准体系框架包括基础、通用规范、产品与技术应用、相关标准四个主要部分。表 1-10 为中国智能网联汽车相关政策制定时间进程。

表 1-10 中国智能网联汽车相关政策

时间	智能网联汽车相关政策	内容概要
2015 年	《中国制造 2025》	确立智能网联汽本为国家级发展战略
2016 年	《节能与新能源汽车技术路线图》	明确智能网联汽车未来发展三阶段
2016 年	《装备制造业标准化和质量提升规划》	开展智能网联汽车标准化工作
2016 年	《推进互联网+便捷交通促进智能交通发展的实施方案》	推进智能交通前沿技术研发和对新兴战略产业支持
2017 年	《汽车产业中长期发展规划》	明确不同智能级别车辆的分阶段产值日标；筹建智能网联汽车分技术委员会
2017 年	《国家车联网产业标准体系建设指南(智能网联汽车)(2017 年)》(征求意见稿)	充分整合利用各领域各部们在智能网联的基础与成果，共同制定行业标准体系
2017 年	《智能网联汽车信息安全白皮书》	首次建立了智能网联汽车信息安全方法论，解智能网联汽车信息安全之所急
2017 年	《新一代人工智能发展规划》	重点围绕自动驾驶/服务机器人等应用基础较好的细分领域，加快研究制定相关安全管理法规，为新技术的快捷应用奠定法律基础
2017 年	《合作式智能交通系统车用通信系统应用层及应用数据交互标准》	第一部 V2X 应用级标准
2017 年	《智能网联汽车公共道路适应性验证管理规范(试行)》	对智能网联汽车公共道路适应性验证申请及审核流程、验证过程管理、验证期事故责任认定及处理等、验证期间事故责任认定及处理等做了规定
2017 年	《国家联网产业标准体系建设指南(智能网联汽车)》	对标准体系建设原则、目标、构建方法、体系框架及内容等进行了说明
2018 年	《智能汽车创新发展战略》(征求意见稿)	明确智能汽车发展战略，鼓励支持创新技术
2018 年	《智能网联汽年道路测试管理规范(试行)》	推动汽车智能化、网联化的技术和产业化应用，推进交通运输转型设计创新发展，规划智能网联汽车道路测试的管理工作
2018 年	《智能网联汽车自动驾驶功能测试规程(试行)》	为智能网联汽车自动驾驶功能检测提供了相应的测试场景、测试规程和通过条件
2018 年	《车联网智能网联汽车产业发展行动计划》	提高车联网渗透率，构建 L3 级以上自动驾驶技术体系
2018 年	《自动驾驶封闭场地建设技术指南》	规范自动驾驶封闭测试场地建设技术
2019 年	《智能网联汽车标准化要点》	推进智能网联汽车相关标准化工作开展，加强国际化协调
2020 年	《智能汽车创新发展战略》	制定我国未来一段时间的中长期智能汽车创新发展战略

习 题

1.1 查阅相关文献，从智能车的“环境感知”“决策与规划”“控制与执行”任选一个主模块，谈谈它们的最新进展与未来发展趋势。

1.2 针对智能车辆的法规建设，谈谈你个人的想法，有什么值得社会关注的意见？

参考文献

[1] 国家发展和改革委员会. 智能汽车创新发展战略[R]. 2020.

[2] 国家制造强国建设战略咨询委员会，中国工程院战略咨询中心.《中国制造 2025》重点领域技术创新绿皮书——技术路线图[M]. 北京：电子工业出版社，2016.

[3] 阿奇姆·伊斯坎达里安. 智能车辆手册(卷Ⅰ)[M]. 李克强，等译. 北京：机械工业出版社，2017.

[4] 赵福全，刘宗巍. 中国发展智能汽车的战略价值与优劣势分析[J]. 现代经济探讨，2016(4)：49-53.

[5] 刘平，李根深. 美国 ALV 自主式地面车辆简介[J]. 机器人情报，1990(3)：16-19.

[6] Robert D L. DARPA ALV Summary. U S Army Enginneer Topographic Laboratories Fort Belvoir，1986.

[7] 工业和信息化法律服务中心. 2019 智能网联汽车政策法律研究报告[R]. 2019.

[8] 王建. 智能车辆技术基础[M]. 北京：清华大学出版社，2021.

第2章

智能车辆自主决策理论与方法

行为决策模块是智能汽车自动驾驶系统的重要组成部分，其根据车辆 CAN 总线及上层感知预测模块提供的自车及周边环境信息，决定自车所应采取的行为，制定下层规划控制模块的任务目标。行为决策模块起着承上启下的关键作用，是联结上层感知预测和下层规划控制的桥梁和纽带，对智能汽车的安全性及智能化水平影响重大。学术界和产业界近年来日渐重视对智能汽车行为决策方法的研究和工程化探索，新的方法不断被提出并发展完善，许多最新提出的方法与机器学习、深度学习、大数据领域等高度耦合，因此本章将首先介绍机器学习的基础知识及常用算法作为后续行为决策方法部分内容的理论支撑，之后重点介绍几类常用的行为决策方法及应用实例，最后针对现有行为决策方法面临的挑战及未来的研究发展方向进行简要讨论。

2.1 机器学习概述

2.1.1 机器学习定义及发展历程

机器学习是一门由概率论、统计学、近似理论、复杂算法等交叉融合形成的学科，致力于使用计算机真实模拟人类学习方式，从而有效提高计算机的结构化知识学习效率。机器学习目前尚无统一精确定义，以下是一些学者从不同角度给出的机器学习定义：

(1) 机器学习是一门人工智能的科学，该领域的主要研究对象是人工智能，特别是如何在经验学习中改善具体算法的性能；

(2) 机器学习是对能通过经验自动改进的计算机算法的研究；

(3) 机器学习是用数据或以往的经验，以此优化计算机程序的性能标准。

机器学习的研究开始于 20 世纪 40 年代，其近 80 年的发展历程可以大致划分成 5 个阶段[1]。

第一阶段：20 世纪 40 年代的萌芽时期。这一时期，心理学家 McCulloch 和数理逻辑学家 Pitts 引入生物学中的神经元概念(神经网络中的最基本成分)，在分析神经元基本特性的基础上，提出“M-P 神经元模型”。在该模型中，每个神经元都能接收到来自其他神经元传递的信号，这些信号往往经过加权处理，再与接收神经元内部的阈值进行比较，经过神经元激活函数产生对应的输出。M-P 神经元模型是神经网络学习的基础，而后者则是机器学习中出现时间最早、应用时间最长的模型。

第二阶段：20 世纪 50 年代中叶至 60 年代中叶的热烈时期。在萌芽时期神经元的运作过程已得到明晰，但神经网络学习的高效运作需要依赖相关学习规则。经典学习规则的提出拉开了热烈时期的序幕。心理学家 Hebb 在 1949 年提出与神经网络学习机理相关的“突触修正”假设，认为当两个神经元同时处于兴奋状态时，两者的连接度将增强，基于该假设定义的权值调整方法被称为“Hebbian 规则”。由于 Hebbian 规则属于无监督学习，故在处理大量有标签分类问题时存在局限。1957 年，美国神经学家 Rosenblatt 开启了有监督学习的先河，提出了感知器模型，这是最简单的前向人工神经网络。感知器的最大特点是能够通过迭代试错，解决二元线性分类问题。感知器的求解算法也在此后相继诞生，包括感知器学习方法、梯度下降法和最小二乘法等。1962 年，Novikoff 推导证明出在样本线性可分情况下，经过有限轮次迭代后感知器总能收敛，这一结论为感知器的学习规则的应用提供了坚实的理论基础。在这一时期，感知器开始被应用于文字、声音、信号识别、学习记忆等领域。

第三阶段：20 世纪 60 年代中叶至 70 年代中叶的冷静时期。由于感知器结构单一且只能处理简单线性可分问题，故需要研究突破这一局限的方法。然而在冷静时期，机器学习的发展几乎停滞不前，主要原因在于：①理论匮乏，制约了人工神经网络发展；②随着需解决的现实问题难度提升，单层人工神经网络的应用局限越来越多，尽管出现了 Winston 提出的结构学习系统以及 Roth 提出的逻辑归纳学习系统，但这些方法由于种种自身局限性均未能投入实际使用；③计算机有限的内存和缓慢的处理速度使得机器学习算法的应用受到限制；同时，这一时期数据库的容量相对较小，数据规模的增大也使得单一机器学习算法效果失真；④Minsky、Papert 等学者通过严密推导，发现了感知器存在应用失败的问题，对感知器的效果提出严重质疑。由于上述种种原因，多国对机器学习领域丧失信心，大幅削减对神经网络研究的资助，进一步加剧了以感知器为核心的单层人工神经网络的衰败。

第四阶段：20 世纪 70 年代中叶至 80 年代末的复兴时期。1980 年，美国卡内基·梅隆大学举办了首届机器学习国际研讨会，标志着机器学习在世界范围内的复兴。1986 年，机器学习领域的专业期刊 *Machine Learning* 面世，意味着机器学习再次成为理论及业界关注的焦点。在复兴时期，机器学习领域的最大突破是人工神经网络种类的丰富，由此弥补了感知器单一结构的缺陷。1983 年，加利福尼亚州理工学院物理学家 Hopfield 提出的全连接神经网络很好地解决了经典的旅行商问题。1986 年，UCSD 的 Rumelhart 与 McClelland 在其专著《并行分布式处理：认知微结构的探索》中提出了应用于多层神经网络的学习规则——反向逆差传播 BP 算法，大大推动了人工神经网络的发展。SOM 自组织映射网络、ART 竞争型学习网络、RBF 径向基函数网络、CC 级联相关网络、RNN 递归神经网络、CNN 卷积神经网络等新的神经网络概念也在该时期被提出并快速发展。

第五阶段：20 世纪 90 年代后的多元发展时期。前四个阶段，学者几乎都是围绕着人工神经网络方法及其学习规则进行研究。第四阶段后期到第五阶段，机器学习其他分支的算法也开始崭露头角。1986 年，澳大利亚计算机科学家罗斯·昆兰在 *Machine Learning* 上发表了著名的 ID3 算法，引领了决策树算法的研究。1995 年，俄罗斯统计学家瓦普尼克在 *Machine Learning* 上发表 SVM 相关论文，以 SVM 为代表的统计学习开始大放异彩。与此同时，集成学习与深度学习概念也被提出，大大拓展了机器学习的研究领域。集成学习是通过有机整合多个学习能力较弱的基学习器来完成复杂的学习任务，如 Schapire 提出的 Boosting 算法以及 Breiman 提出的 Bagging 算法。2006 年，Hinton 等提出深度学习的概念，通过逐层学习方式解决多隐含层神经网络的初值选择问题从而提升分类学习效果。集成学习和深度学习已经成为当前机器学习领域中最为热门的研究分支。

2.1.2 机器学习分类及常用方法

半个多世纪以来，学者们提出了大量的机器学习算法，时至今日仍不断有针对已有算法的改进方案以及全新的算法被提出并应用。从内在学习机制的角度来看，机器学习算法可以大致分为监督学习算法、半监督学习算法、无监督学习算法、学习算法和强化学习算法等几大类。本节将对各类算法的特点以及常用算法进行简要介绍。

2.1.2.1 监督学习算法

监督学习也被称作监督训练或有教师学习，是指利用一组已知类别的样本调整机器学习模型的参数，使其达到所需求性能的过程。监督学习的每个样本都是由学习特征值（通常为矢量）和标签值组成。监督学习算法通过分析训练样本来推断产生分类映射，之后将其用于训练集外的实例进行分类。常用的监督学习算法包括线性回归、逻辑回归、支持向量机、决策树、神经网络等。

1. 线性回归

回归是监督学习的一个重要分支，用于预测输入变量和输出变量之间的关系，即当输入变量的值发生变化时输出变量的值如何随之变化。回归模型用来表示输入变量和输出变量之间的映射函数。若假定输入变量和输出变量间的映射函数为线性函数，此时模型即为**线性回归模型**。

线性回归模型通用表达式为 $f(x)=w_0+w_1x_1+w_2x_2+\cdots+w_nx_n$，转化为矩阵形式可表示为 $f(x)=\boldsymbol{XW}$，其中 $\boldsymbol{X}$ 为输入矩阵，$\boldsymbol{W}$ 为参数矩阵。线性回归模型的目标就是找到参数 $\boldsymbol{W}$ 来使得 $f(x)=\boldsymbol{XW}$ 尽可能地贴近真实值 y，即如图 2-1 所示，找到一条直线使其尽可能符合样本数据的分布，从而有一个新的样本点，之后可利用学习得到的这条直线对新的样本进行输出变量值预测。通常使用最小二乘法基于训练样本求解参数 $\boldsymbol{W}$，最小二乘法常使用式(2-1)所示均方误差损失函数：

$$J(\boldsymbol{w})=\frac{1}{w}\sum_{i=1}^{m}(f(x^{(i)})-y^{(i)})^2 \tag{2-1}$$

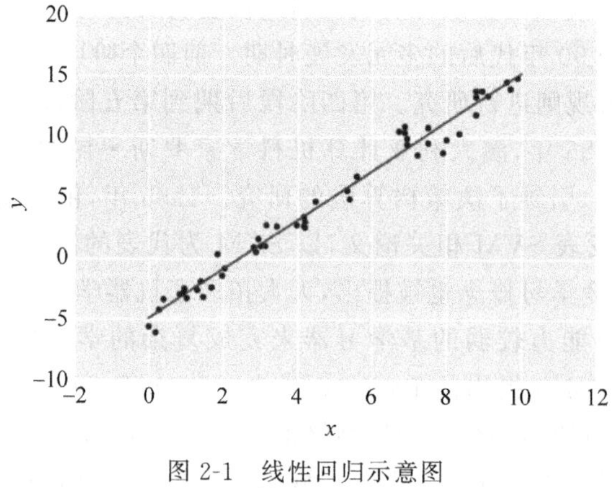

图 2-1 线性回归示意图

线性回归可能会遇到图 2-2 所示欠拟合或过拟合的情况。欠拟合是由于模型未充分学习到映射函数，多由于模型学习能力不足。欠拟合相对比较容易解决，可以通过增加学习特征维度、增加拟合多项式的特征阶数、减少正则项参数值、局部加权回归等手段予以解决。过拟合则是由于学习过强，将训练集的独有特征也当成统一特征，造成模型泛化能力急剧降低。过拟合的处理相对比较棘手，难以完全避免，一般可以尝试如下手段：①优化数据清洗、特征工程环节；②收集更多数据扩充训练数据集；③剔除冗余特征；④在训练中引入正则化方法：L1 正则化(Lasso 回归)、L2 正则化(岭回归)、L1＋L2 正则化(弹性正则网络回归)。

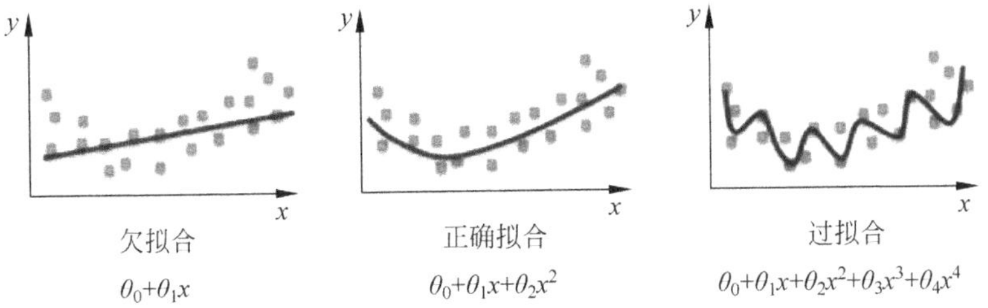

图 2-2　线性回归的欠拟合和过拟合现象

线性回归算法直接快速、可解释性好，但也存在如下问题：

(1) 需要满足严格的先期假设，如数据分布符合正态分布假设等；

(2) 对异常值和输入数据差异很敏感，需要进行数据清洗和数据预处理；

(3) 线性回归可能遇到共线性、自相关、异方差等复杂问题。

2. 逻辑回归

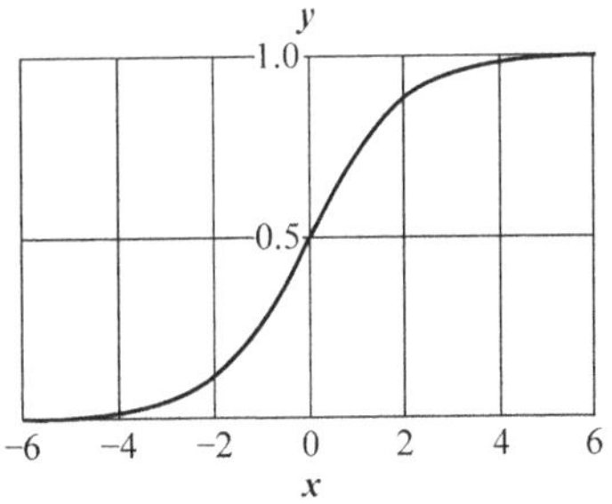

图 2-3　逻辑函数曲线

逻辑回归[4]是一种广义线性回归模型(Generalized Linear Model)，如图 2-3 所示。其与线性回归有很多相同之处：两者模型表达式形式基本上相同，均为 $\boldsymbol{wx}+\boldsymbol{b}$，其中 $\boldsymbol{w}$、$\boldsymbol{b}$ 为待求参数。逻辑回归和线性回归的区别在于两者的因变量不同，线性回归直接使用 $\boldsymbol{wx}+\boldsymbol{b}$ 作为因变量：$\boldsymbol{y}=\boldsymbol{wx}+\boldsymbol{b}$，而逻辑回归则通过逻辑函数 L 将 $\boldsymbol{wx}+\boldsymbol{b}$ 对应于一个隐藏状态 $p=L(\boldsymbol{wx}+\boldsymbol{b})$，然后根据 p 与 $1-p$ 的大小决定因变量的值。逻辑回归的因变量可以是二分类的，也可以是多分类的，但是二分类更为常见且容易解释，多分类问题会使用 Softmax 函数进行分类处理。

特别值得注意的是，使用逻辑回归模型需要满足如下条件：

(1) 模型因变量为分类变量，且是数值型变量。

(2) 模型残差和因变量都要服从二项分布。二项分布对应的是分类变量，所以不是正态分布，进而不是用最小二乘法，而是用最大似然法来解决方程估计和检验问题。

(3) 自变量和逻辑概率值间存在线性关系。

(4) 各自变量间需要相互独立，不能有高度相关性。

3. 支持向量机

支持向量机(Support Vector Machine，SVM)是一类按监督学习方式对数据进行二元

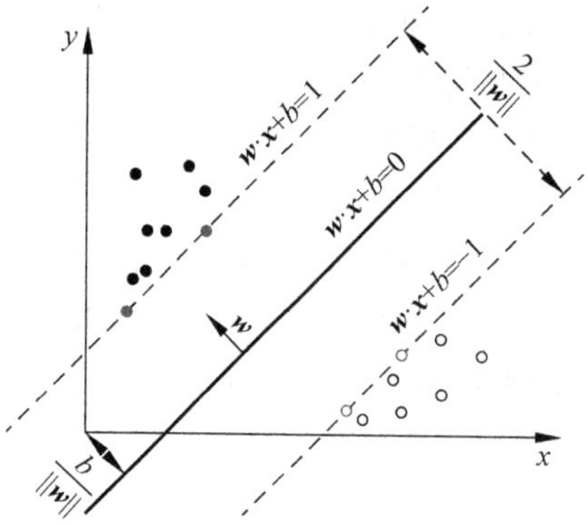

图 2-4 SVM线性超平面示意图

分类的广义线性分类器，其决策边界是图 2-4 所示的对学习样本求解的最大边距超平面。SVM 使用铰链损失函数计算经验风险，并在求解系统中加入正则化项，以优化结构风险，是一个具有较好稀疏性和鲁棒性的分类器。SVM 可以通过核方法（kernel method）实现非线性分类，常用的核函数包括多项式核函数（polynomial kernel）、径向基函数核函数（RBF kernel）、拉普拉斯核函数（Laplacian kernel）、Sigmoid 核函数（Sigmoid kernel）等。

SVM 的优点：

（1）SVM 是一种小样本学习方法，基本不涉及概率测度及大数定律，且该方法有坚实的理论基础，无须从归纳到演绎的传统学习过程，从而可以高效地实现从训练样本到预测样本的推理转换，大大简化应用于分类回归问题的工作量；

（2）SVM 最终决策函数仅由少量支持向量确定，因而其计算复杂性取决于支持向量的数目而不是样本空间的维数，一定程度上避免了了“维数灾难”问题；

（3）由于 SVM 中仅少数支持向量决定最终结果，因此可以剔除大量冗余样本，计算简单同时又能具备较好的鲁棒性。

SVM 的缺点：

（1）当下 SVM 算法在训练样本规模很大时实施成本较高。由于 SVM 借助二次规划求解支持向量，而求解二次规划将涉及 m 阶矩阵的计算（m 为样本的个数），当样本数目很大时，矩阵的存储和计算将耗费大量的内存和运算时间。

（2）用 SVM 解决多分类问题存在一定困难。经典 SVM 算法仅支持二分类，而在实际应用中可能要解决多类的分类问题，此时只能通过采取“一对多”（one-against-all）或“一对一”（one-against-one）进行间接处理。“一对多”SVM 是对 m 个分类建立 m 个决策边界，每个决策边界判定一个分类对其余所有分类的归属；“一对一”SVM 则采用民主投票思想，对 m 个分类中的任意 2 个建立 $m(m-1)/2$ 个决策边界，样本的类别根据其对所有决策边界的判别结果中得分最高的类别选取。

4. 决策树

决策树可用于回归和分类任务，是一类将输入空间分成不同的区域，每个区域有独立参数的算法。如图 2-5 所示，决策树算法通过学习树表示的决策规则来学习预测目标变量的值，树是由具有相应属性的节点组成的，根节点到一个叶子节点是一条分类的路径规则，每个叶子节点象征一个判断类别，左右分支代表可能的答案，最终节点（即叶节点）对应于一个预测值。每个特征的重要性是通过自顶向下方法确定的，节点越高，其属性就越重要。

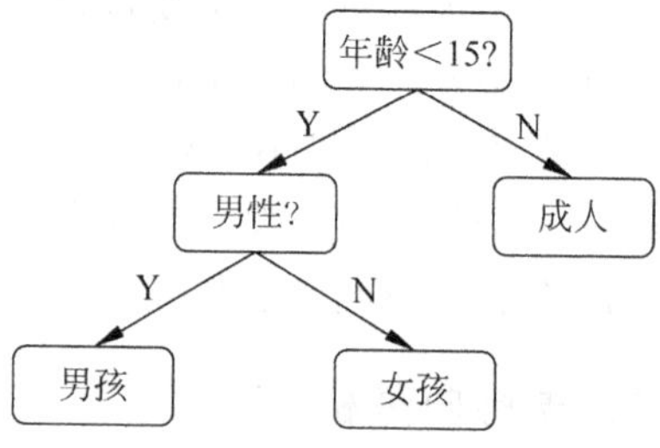

图 2-5 一个判断身份的简单决策树模型

决策树生成只要关注以下两部分内容：

(1) 节点的分裂。将学习样本按类别分为若干子集，进行分割递推，当一个节点所代表的属性无法给出类别判断时，则将这一节点分为 2 个子节点（如不是二叉树的情况会分成 n 个子节点），从根节点开始逐步拓展决策树模型，直至每个子集得到同类型的样本。

(2) 节点分裂阈值确定。需要选择适当的阈值使得分类错误率最小，比较常用的决策树有 ID3、C4.5 和 CART。ID3 基于增熵原理来选择分裂父节点，对于一组数据，熵值越小说明分类结果越好，熵的不断最小化，实际上就是提高分类正确率的过程。由于 ID3 趋向于细小分割，容易出现过拟合，C4.5 在 ID3 基础上进行改进，以信息增益率作为分裂决策指标，一定程度上可以避免过拟合。CART 则采用 GINI 指数决定如何分割，CART 和 ID3 一样，存在偏向细小分割、容易过拟合的问题，深度较大的模型往往需要额外进行剪枝处理以提升泛化性能。

由于单棵决策树学习能力有限且容易出现过拟合，有学者在其基础上提出了集成学习决策树的概念。集成学习是通过整合多个学习能力较弱的基学习器来获得较强的性能，从而胜任复杂的学习任务，目前比较常用的框架是 Boosting 和 Bagging。Bagging 是从原始学习样本集中使用 Bootstraping 方法随机抽取 n 个训练样本，共进行 k 轮抽取，得到 k 个训练集（k 个训练集之间相互独立，元素可以有重复），分别使用 k 个训练集训练得到 k 个模型，综合各模型来得到最终结果：对于分类问题，通过投票表决产生分类结果；对于回归问题，由 k 个模型预测结果的均值作为最后预测的结果。Bagging 集成学习框架如图 2-6 所示，随机森林算法是一种比较常用的 Bagging 集成学习模型。Boosting 则是对训练集中的每个样本附加权重值 w，表示每个样本的权重，被错误分类的样本权重会在下一轮的分类中获得更大的权重（错误分类的样本的权重增加），同时需要在形成最终结果时给分类误差概率小的弱分类器较大的权值使其在表决中起到更大的作用，给分类误差率较大的弱分类器较小的权值使其在表决中起到较小的作用。每一轮迭代得到一个弱分类器，使用某种策略（Adaboost、Gradient Boost 等）将其有机组合，形成最终模型。Boosting 集成学习框架如图 2-7 所示，比较常用的 Boosting 集成学习模型包括 GBDT、XGBoost 等。由于集成学习决策树模型相对原始决策树模型学习能力更强、泛化性能和鲁棒性较好，因此实际应用中更多会选用集成学习决策树模型。

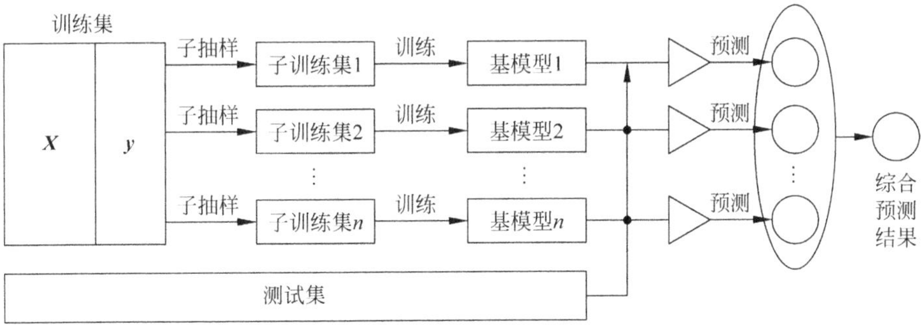

图 2-6　Bagging 集成学习示意图

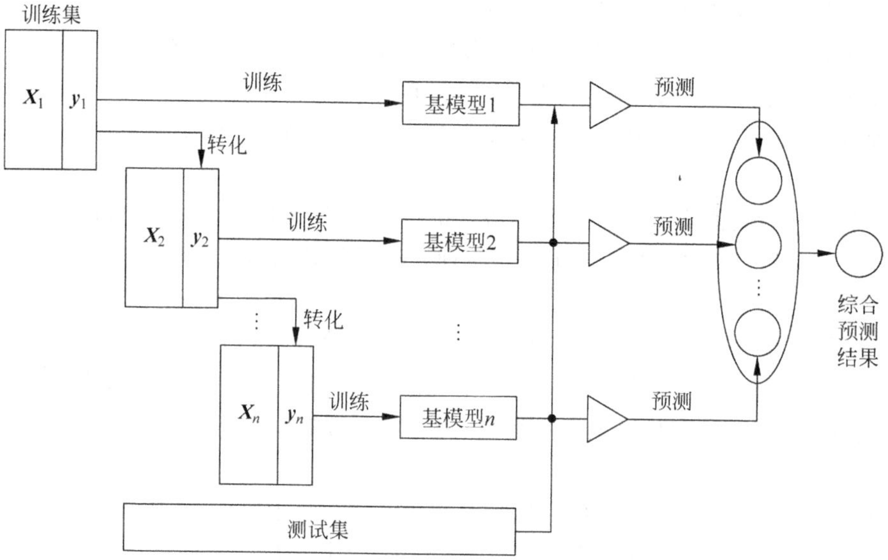

图 2-7　Boosting 集成学习示意图

5. 神经网络

人工神经网络模型是模拟人脑神经元网络结构功能而建立的抽象简化信息处理模型，如图 2-8 所示。神经网络是一种运算模型，由大量的节点（或称神经元）相互连接构成，每个节点代表一种特定的输出函数（也称作激活函数），每两个节点间的连接都代表对通过该连接的信号加权值（权重），相当于人脑神经网络中的记忆。可以按不同的连接方式组合节点组成不同的网络，网络的输出会由于网络的连接方式、权重值和激励函数不同而不同。常用的神经网络模型包括深度神经网络（DNN）、卷积神经网络（CNN）、循环神经网络（RNN）、生成对抗神经网络（GAN）等。

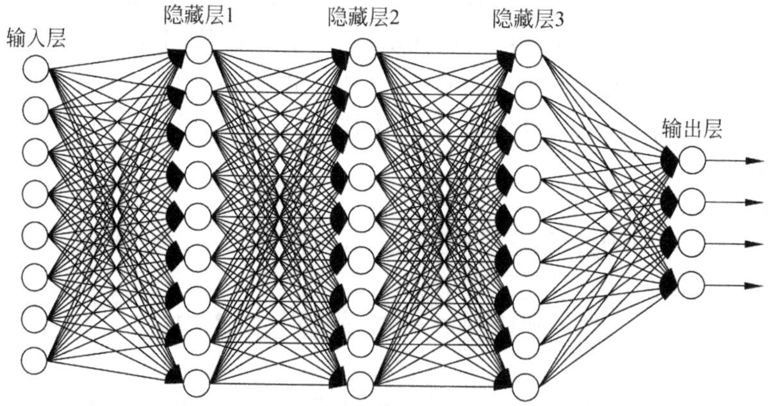

图 2-8　人工神经网络模型

人工神经网络的优点主要集中在以下几个方面：

（1）人工神经网络模型具备自学习功能和强大的非线性拟合能力，可以充分逼近任意复杂的非线性关系，无须像传统机器学习一样进行大量特征工程及模型结构调整工作；

（2）人工神经网络模型学习到的信息等势分布存储于网络内的各神经元中，故有很强的鲁棒性和容错性，可学习和自适应未知或不确定的系统；

（3）人工神经网络模型可以采用图 2-9 所示 GPU 的并行分布处理单元进行快速大量运算，从而具备较强高速寻找优化解的能力。

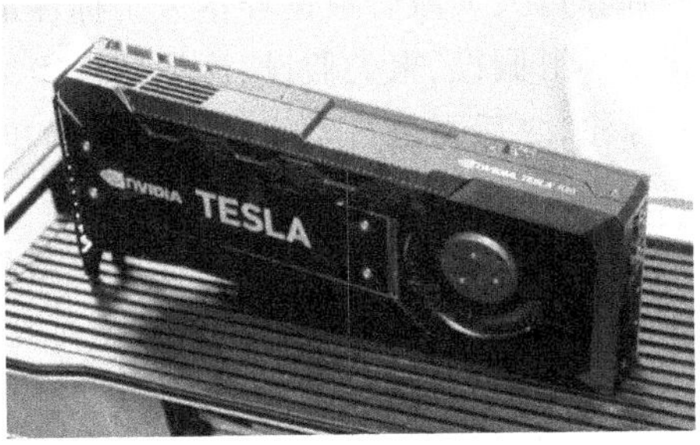

图 2-9　用于加速神经网络模型训练及推理的 GPU

人工神经网络也存在以下问题：

（1）黑箱模型，内在机理不可知，模型可解释性较差，在某些有模型可解释性要求的行业领域无法使用；

（2）与传统的机器学习算法相比，神经网络通常需要更大规模的训练数据才能取得理想效果，且模型训练及部署应用需要的 GPU 计算资源成本也相对更高，高昂的成本一定程度上制约了人工神经网络在很多领域的工程化应用。

2.1.2.2　无监督学习方法

根据类别未知（没有被标记）的训练样本解决模式识别中的各种问题，称之为无监督学习。无监督学习主要用于解决某些情况下缺乏足够的先验知识因而难以人工标注类别或进行人工类别标注的成本太高的问题。无监督学习方法主要包括聚类和降维。

聚类是指将物理或抽象的集合分组成为由类似的对象组成的多个类的过程。由聚类生成的簇是一组数据对象的集合，这些对象与同一个簇中的对象彼此相似，与其他的簇中的对象相异，在许多应用中一个簇中的数据对象可作为一个整体来对待。在机器学习中，聚类是指一类在事先不知道数据分类的情况下，根据数据之间的相似程度进行划分，使同类别的数据对象之间的差别尽量小，不同类别的数据对象之间的差别尽量大的无监督学习算法。基于距离的“K-means”聚类是最常用的聚类算法，其他常用的聚类算法还包括模糊聚类、基于密度聚类（DBSCAN）、高斯混合模型最大期望聚类等。

降维较少单独使用，往往用在其他机器学习特征工程阶段进行特征选择和特征提取。降维试图在不丢失最重要信息的情况下，通过将特定的特征组合成更高层次的特征，以减轻机器学习在大数据量时容易出现的“维度灾难”问题。比较常用的降维算法包括主成分分析 PCA 和 t-SNE[2]。PCA 是通过正交变换将一组可能存在相关性的变量转换为一组线性不相关的变量，并以各主成分的线性组合产生新的特征，从而完成降维。t-SNE 则是一种非线性降维算法，相较 PCA 更适合将高维数据降到二维或三维，因此 t-SNE 除了用于特征提取外还广泛应用于数据可视化领域中。

2.1.2.3 半监督学习方法

半监督学习是当前机器学习领域研究的重点问题之一，监督学习致力于将监督学习和无监督学习相结合形成一种新的学习方法，该方法基于少量标记数据和大量未标记数据进行学习，在保证较高准确性的同时，大大减轻数据样本人工标注的工作量和成本。多数半监督学习方法的基本思想是利用平滑假设、聚类假设、流形假设等数据分布上的模型假设建立分类器来对未标签样例进行标注，之后再进行学习。下边将简单介绍两类常用非监督学习方法的核心机制。

(1) 自训练算法：首先使用带有标记的数据通过监督学习训练一个分类器，然后使用该分类器对未标识数据进行分类，最后将可信程度较高的未标记数据及其预测标记加入训练集，重新训练得到最终分类器。

(2) 生成模型算法：对包含已标记的和未标记的数据集进行聚类，根据聚类结果每一类中标记数据的标签数量表决来决定未标记数据的标签，剔除聚类边缘的样本后选用置信度较高的样本和标记数据样本一道用于训练。该方法在标记样本数较少时也能较好工作，是一种比较常用的半监督学习方法。

2.1.2.4 强化学习方法

强化学习方法是一种基于主动策略探索利用的在线机器学习方法，常用于解决马尔可夫决策过程的优化策略求解问题，本节先简要介绍马尔可夫决策过程，再基于此介绍强化学习基本框架及常用的强化学习算法。

1. 马尔可夫决策过程

马尔可夫决策过程(Markov Decision Process，MDP)假定决策输出仅与当前状态有关而与历史状态无关，是由$\langle S, A, \boldsymbol{P}, R, \gamma\rangle$构成的一个元组，其中，$S$ 是一个有限状态集；A 是一个有限行为集；$\boldsymbol{P}$ 是集合中基于行为的状态转移概率矩阵，$P_{ss'}^{a}=P(s,s',a)$；R 是基于状态和行为的奖励函数，$R_s^a=E[R_{t+1}|S_t=s, A_t=a]$；$\gamma$ 是一个衰减因子，$\gamma\in[0,1]$。

马尔可夫决策过程相较马尔可夫过程引入了行为，在马尔可夫决策过程中个体有根据自身对当前状态的认识从行为集中选择一个行为的权利，而个体在选择某一个行为后其后续状态则由环境的动力学决定。个体在给定状态下从行为集中选择一个行为的依据则称为策略(policy)，用字母 π 表示。策略 π 是某一状态下基于行为集合的一个概率分布：$\pi(a|s)=P[A_t=a|S_t=s]$。

2. 强化学习框架

很多现实问题转化得到的马尔可夫决策过程的状态转移概率矩阵 $\boldsymbol{P}$ 难以人为确定，此时无法使用动态规划等传统方法求解得到最优策略。解决这类问题的一种策略是假定状态转移概率矩阵 $\boldsymbol{P}$ 未知，使用强化学习方法求解此五模型马尔可夫决策过程。如图 2-10 所示，每一决策周期 t，强化学习模块根据

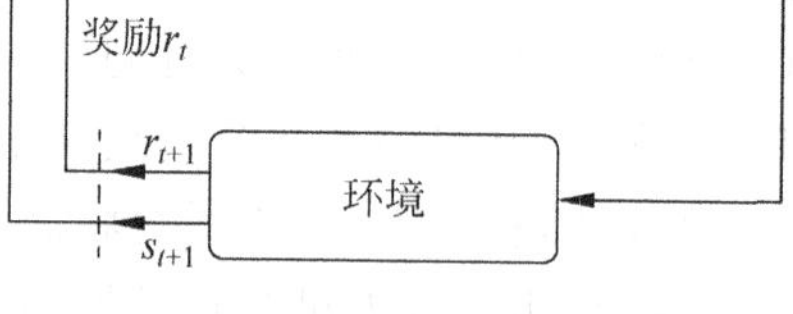

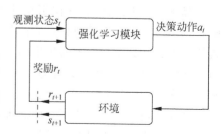

图 2-10 强化学习决策过程

观测状态 $s_t \in S$ 从行为集 A 中选择决策动作 a_t，决策动作执行后可根据定义的奖励函数算得即时奖励值 r_t，同时观测状态由 s_t 变为 s_{t+1}，通过判断 s_{t+1} 是否为预设终止状态即可确定是否到达终止状态 end_t，元组 $\langle s_t, a_t, s_{t+1}, r_t, \mathrm{end}_t \rangle$ 即为本轮交互记录。强化学习的目标即是在奖励值的引导下进行策略探索寻优，寻找如式(2-2)所示使无穷控制时域下期望折扣奖励最大化的优化决策策略 $\pi^*: S \to A$

$$\pi^* = \underset{\pi}{\operatorname{argmax}} E_{\tau(\pi)} \left[\sum_{t=0}^{\infty} \gamma^t r_t \right] \tag{2-2}$$

式中，$\tau(\pi)$ 为策略 π 下的决策轨迹，r_t 为 t 时刻环境反馈的奖励值；$\gamma \in (0,1]$ 为折扣系数，体现对短期奖励相较长期奖励的重视程度。

3. 常用强化学习方法

1）传统强化学习方法

由于强化学习处理的很多问题中状态转移概率矩阵 $\boldsymbol{P}$ 是未知的，此时无法使用动态规划等方法求解，可以选用的求解方法主要有蒙特卡罗法和时序差分法两种。

蒙特卡罗法通过采样若干经历完整的状态序列来估计状态的真实价值，所谓经历完整就是这个序列必须是达到终点的，有了很多这样经历完整的状态序列，我们就可以近似地估计状态价值，进而求解优化策略。对于蒙特卡罗法来说，如果要求某一个状态的状态价值，只需要求出所有完整序列中该状态出现时的“收获”再取平均值即可近似求解。蒙特卡罗法一般采用 ε-贪婪法更新，ε-贪婪法通过设置一个较小的 ε 值，使用 1-ε 的概率贪婪地选择目前认为是最大行为价值的行为，而用 ε 的概率随机地从所有 m 个可选行为中选择。在处理实际问题时，一般 ε 会随着算法的迭代过程逐渐减小，并趋于 0。这样在迭代前期通过随机策略鼓励探索，而在后期由于已经有了足够的探索量，可以开始趋于保守以贪婪为主，从而使算法可以稳定收敛。蒙特卡罗法可以避免动态规划方法复杂的求解过程，也不需要知道状态转移概率矩阵 $\boldsymbol{P}$。但是它也有自己的缺点：每次采样都需要一个完整的状态序列，如果没有或很难得到较多的完整的状态序列，那么蒙特卡罗法就无法使用。

时序差分法和蒙特卡罗法类似，都是不基于模型的强化学习问题求解方法，但时序差分法不要求完整的序列，可以更快速灵活地更新状态的价值估计，在更新状态价值时使用的是 TD 目标值，即基于即时奖励和下一状态的预估价值来替代当前状态在状态序列结束时可能得到的收获，是当前状态价值的有偏估计，但是其方差却比蒙特卡罗法得到的方差要低，且对初始值敏感，通常比蒙特卡罗法更加高效。由于时序差分法的优势比较大，因此现在主流的强化学习求解方法都是基于时序差分的，常用的时序差分法包括 SARSA 和 Q-learning。SARSA 和 Q-learning 这样的时序差分算法对于小型的强化学习问题是非常灵活有效的，但是在当今大数据时代很多问题有着异常复杂的状态和可选动作，这会使 Q-learning 和 SARSA 需要维护的 Q 表异常大，甚至远远超出当前可提供的内存，限制了时序差分算法的应用场景。在深度学习兴起后，神经网络强大的自学习和非线性拟合能力为强化学习注入了新的动力，传统强化学习方法逐渐式微，深度强化学习开始占据主导地位。

2）基于价值函数近似的深度强化学习方法

基于价值函数近似的深度强化学习方法使用深度神经网络拟合价值函数，从而避免了

Q-learning 和 SARSA 需要大量内存维护 Q 表的弊端，使深度学习可以处理复杂的离散动作空间 MDP 问题。常用的基于价值函数近似的深度强化学习方法主要是 deep Q-learning 算法及其改进变体。下面将对 DQN 的机理进行介绍，并简要提及一些从 DQN 发展而来的改进变体算法。

DQN 算法主要使用经历回放（experience replay）来实现价值函数的学习收敛。其具体做法为：agent 与环境在线交互，依据当前状态 s_t 价值以设定策略选择要采取的行为 a_t，执行该行为得到奖励 r_{t+1} 和下一个状态 s_{t+1}，将交互经历转换存储到经验回放库中，当经验回放库中存储的记录数足够多时，可以进行 Q 网络学习更新：从经验回放库中随机采样设定数量的经历，用状态转换中下一个状态来计算当前状态的目标价值，进而计算目标价值与网络输出价值之间的均方差代价，再使用小块梯度下降算法更新 Q 网络的参数以更加准确地进行价值估计。为了兼顾策略探索及利用，常采用 ε-贪婪策略或噪声网络来进行决策动作选取。DQN 算法伪代码如图 2-11 所示。

输入：设定训练轮次 episodes，学习率 α，衰减因子 γ

输出：优化的动作-价值函数 $Q(\theta)$

初始化：经验回放库 D，动作-价值函数 $Q(\theta)$ 随机权重值

每个轮次执行

  获得当前轮次起始状态 S 的特征 Φ

  当前轮次每步执行

  $A=\text{policy}(Q,\Phi(S);\theta)$（例如 ε-贪婪策略）

  $R,\Phi(S'),\text{is\_end}=\text{perform\_action}(\Phi(S),A)$

  将经历 $(\Phi(S),A,R,\Phi(S'),\text{is\_end})$ 存储在 D 中

  $\Phi(S)\leftarrow\Phi(S')$

  从 D 中随机批采样 m 个经历样本 $(\Phi(S_j),A_j,R_j,\Phi(S'_j),\text{is\_end}_j)$

  设置：

$$y_j=\begin{cases} r_j, & \text{is\_end}_j\ \text{为真} \\ r_j+\gamma\max_{a'}Q(\Phi(S'_j,a';\theta)), & \text{其他} \end{cases}$$

  在 $(y_j-Q(\Phi(S_j),A_j;\theta))^2/m$ 上进行小批量梯度下降

  直到 S 为终止状态；

直到完成所有轮次；

图 2-11　DQN 深度强化学习算法伪代码

在经典 DQN 算法基础上发展出一系列改进及变体算法，常用的主要有：

（1）**Double DQN**：研究表明，DQN 估计目标价值的机制过于乐观地高估了一些情况下的行为价值，导致算法会将次优行为价值一致认为成最优行为价值，最终不能收敛至最佳价值函数，这种情况被称作过估计。Double DQN 通过两个价值网络的机制来有效规避过估计问题，从而更容易收敛到最优价值函数和最优策略。

（2）**Duel DQN**：Duel DQN 对 DQN 的网络结构进行优化，将 Q 网络分成两部分，第一部分是仅仅与状态 S 有关，与具体要采用的动作 A 无关，这部分称为价值函数部分；第二部分同时与状态 S 和动作 A 有关，这部分称为优势函数，最终价值函数为这两部分之和。

多项相关研究表明这一改进机制可以提升策略学习速度。

（3）**Prioritized Replay DQN**：将经验回放库采样策略从随机采样改为重要度随机采样，加强对价值较高的经历样本的学习，从而提升策略学习效率。

（4）**Distributional DQN**：学习价值分布而非仅仅学习价值均值，进而优化决策动作选取，提高策略学习能力。

（5）**Rainbow**：整合了 Double、Duel、Prioritized Replay、Distributional、N-step、Noisy Net 六种改进机制的 DQN 网络，是基于价值函数近似的深度强化学习方法的集大成者。

3）基于策略梯度的深度强化学习方法

基于价值的强化学习难以应对决策动作空间规模庞大或者动作是连续值的情况，针对这个问题有学者提出可以直接进行策略学习，即将策略看成是状态和动作的带参数的策略函数，使用深度神经网络来近似策略函数，通过建立恰当的奖励函数、利用个体与环境进行交互产生的奖励来学习得到策略函数的参数。策略函数可以直接产生具体的行为值，进而可以绕过对状态的价值的学习。图 2-12 是现有的基于策略梯度的深度强化学习方法。

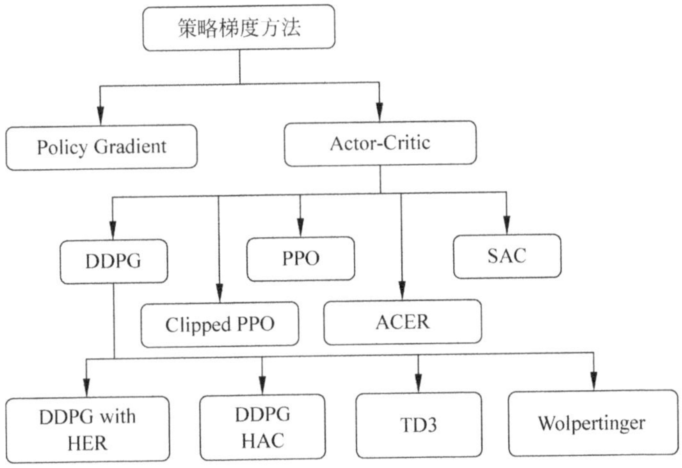

图 2-12　基于策略梯度的深度强化学习方法

Policy Gradient 算法是最早被提出的基于策略梯度的深度强化学习方法，直接根据策略梯度使用高斯策略进行策略函数网络学习更新，但该方法学习能力和效率偏低，目前已较少使用。较多使用的是 Actor-Critic 架构算法，该架构的名字十分形象，它包含一个策略函数和状态价值函数，其中策略函数充当演员（Actor），生成行为与环境交互；状态价值函数充当评论家（Critic），负责评价演员的表现，并指导演员的后续行为动作，从而一方面可以基于价值函数进行策略评估和优化，另一方面优化的策略函数又会使得价值函数更加准确地反映状态的价值，两者相互促进最终得到最优策略。尽管原始 Actor-Critic 算法由于策略函数网络和价值函数网络学习更新高度耦合的原因导致收敛性脆弱，但在这一思想背景下产生的 DDPG、PPO、SAC 等改进算法已成功地解决了连续行为空间中的诸多实际问题。下面简要介绍这几种方法的核心机制，有兴趣的读者可以查阅相关文献。

（1）**DDPG**：确定性评估策略与随机性行动策略的有机结合，评估时采用确定性策略，即假定某一状态下的最优决策动作唯一，从而相较随机策略方法大大降低了策略梯度的求解难度，使得策略学习速度更快；通过在动作执行时附加随机噪声等手段在行动策略中引入随机性，以此鼓励策略探索，缓解确定性评估策略带来的决策轨迹固定、状态动作空间探索不充分的问题。DDPG 在很多实际问题中表现优秀，是一种广泛应用的连续动作空间深度强化学习方法。

（2）**PPO**：PPO 是一种基于策略梯度优化的、面向连续或离散动作空间的 on-policy 深度强化学习算法。很多 Policy Gradient 算法对学习率的设置十分敏感，但是往往又难以直接确定合适的学习率，如果设置不当在训练过程中新旧策略的变化差异过大则不利于稳定学习。PPO 中采用了 KL penalty 等新的目标函数形式，利用新旧策略差异自主调节策略更新幅度，从而多个训练步骤实现小批量的更新，解决了学习率自适应调节的问题。PPO 也是当前常用的一种深度强化学习算法。

（3）**SAC**：Soft Actor-Critic（即 SAC）算法基于最大熵机制学习随机策略，相较 DDPG 等确定性策略方法具有以下优势：①通过最大熵不仅学到一种解决任务的方法，而是所有可行策略，这样的策略就更有利于学习新的任务，可以作为更复杂具体任务的初始化；②更强的探索能力，从而能够更容易地在多模态奖励等复杂问题中找到更优的策略；③鲁棒性，泛化性能更优，因为已从不同的方式来探索各种最优的可能性，因此面对干扰时能够更容易做出调整。以 SAC 为代表的随机策略方法是目前的研究热点之一，有着广阔的应用前景。

2.1.3 机器学习在智能汽车中的应用

智能汽车自动驾驶系统通常由感知融合模块、预测模块、行为决策模块、规划控制模块等构成，输入视觉传感器图像及激光雷达点云等传感器信息，最终输出通过 CAN 总线发送给转向、动力控制单元、制动等执行器的控制量。当前机器学习方法主要在感知融合模块、预测模块、行为决策模块应用，现有规划控制模块多以优化算法和现代控制理论为基础。下边简述机器学习在各模块中的应用。

感知融合模块根据原始传感器信息，获取所需的环境信息。图像点云语义分割、车道线、红绿灯、交通标识、路障等静态障碍物的检测以及车辆、行人、非机动车等动态障碍物的检测跟踪都离不开深度学习的助力，感知融合模块使用的深度学习模型往往非常复杂，且需要海量的高质量标注样本进行数据驱动训练迭代。

预测模块主要用于对车辆、行人等对行车安全有重大影响的动态障碍物目标的短期运动轨迹进行预测，以为后续决策规划提供参考信息。早期常使用隐藏马尔可夫模型、高斯混合模型、动态贝叶斯网络、随机森林等传统机器学习模型，但这些模型往往需要许多先验假设，在实际应用中也暴露出许多固有的问题。因而使用适用于时序问题、具备强大的信息挖掘能力和深度表征能力的循环神经网络进行序列-序列轨迹预测日益受到学者的关注，目前尤其常用的是长短期记忆网络（LSTM）及其改进算法。

行为预测模块早期常用有限状态机等基于规则的方法，近年来数据驱动逐渐成为主流研究方向。支持向量机、决策树及集成学习决策树是最早用于行为决策的机器学习模型，最近深度神经网络模型在端到端的行为决策任务中展现出了很大的潜力，生成对抗网络、深度强化学习、逆强化学习等也是很有前景的研究方向。

智能汽车在运行测试过程中会生成海量的实时数据，这些宝贵的道路测试数据可以用于智能汽车各功能模块的迭代优化。对海量数据的分析、挖掘、建模不仅要用到传统分类回归有监督机器学习方法，也会用到聚类、PCA 等无监督机器学习方法。由于对海量数据进行人为标注成本高昂，在很多情况下几乎是不可能进行的，因而智能汽车领域也越来越关注半监督机器学习方法。

2.2　基于规则的智能车辆决策方法

早期学者多通过人为设计规则来进行智能汽车行为决策，其中最具代表性的便是有限状态机方法。如图 2-13 所示，有限状态机方法的核心是离散状态及状态转移规则，首先需要根据先验知识人为划分定义受控对象的若干离散状态（通常包括起始和终止状态）并制定状态间的转移规则（形如：IF 当前状态，DO 决策动作，THEN 目标状态），将状态转移规则存放在规则库中以备查询。每一决策周期，首先根据观测量辨识出当前所处状态，然后查询规则库得到目标状态及到达目标状态所需执行的决策动作，之后执行决策动作。有限状态机方法的实时性和人为划分定义的状态数量呈负相关，当划分定义的状态增加时，状态间转移规则的数量也随之呈指数增长，不仅会大幅增加规则设计的复杂度，而且会影响决策时的查询效率。为改进这一弊端，学者们在有限状态机的基础上提出了分层有限状态机的概念，通过层次划分并针对每一层次单独制定状态转移规则，自上而下进行决策，不仅能降低制定转移规则的难度、提高查询效率，而且使得决策推理过程层次条理清晰，便于监测、维护和拓展。

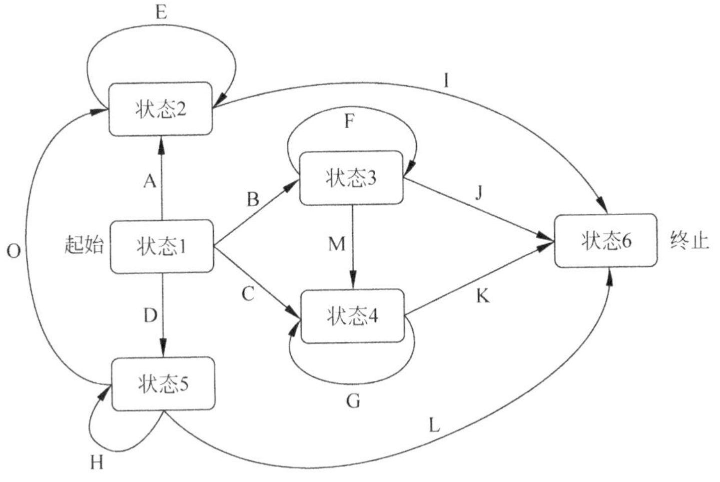

图 2-13　有限状态机示意图

下面将以 Zhang 等[3]设计的有限状态机决策控制模型为例进一步深入阐述该方法。如图 2-14 所示，Zhang 等将智能汽车运行过程人为划分为巡航控制（自车前方无其他车辆）、自适应巡航控制（自车前方有其他车辆）、左换道、右换道、换道暂停共计 5 个离散状态并制定各状态间的转移规则。有限状态机起始状态为自适应巡航控制状态，每一决策周期的当前状态为上一个决策周期的目标状态，根据输入信息（表 2-1）通过查询规则库确定目标状态及所需执行的决策动作，之后由对应的下层巡航控制器或轨迹规划控制将决策动作转化为执行器控制量序列下发执行。笔者首先根据先验知识设定初始状态转移表，再通过多轮仿真实验进行规则迭代优化以提升行为决策性能，最终确定的状态转移表如表 2-2 所示。

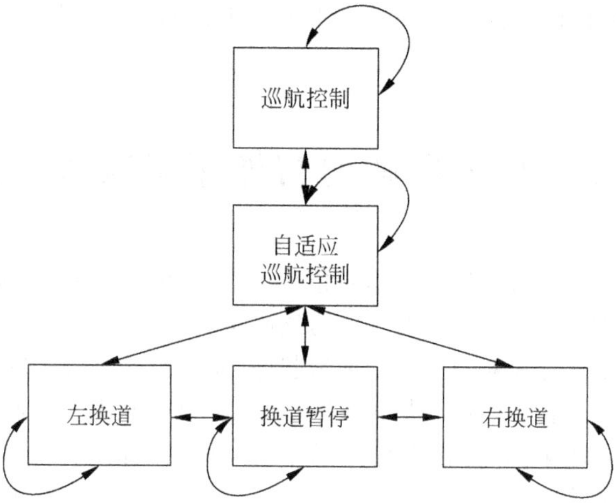

图 2-14 分层有限状态机行为决策

表 2-1 行为决策输入信息

序号	符号	描述
1	$d_{\mathrm{fc}}, v_{\mathrm{fc}}$	前中车辆纵向相对距离及其时间变化率
2	$d_{\mathrm{fl}}, v_{\mathrm{fl}}$	前左车辆纵向相对距离及其时间变化率
3	$d_{\mathrm{fr}}, v_{\mathrm{fr}}$	前右车辆纵向相对距离及其时间变化率
4	d_{rl}	后左车辆纵向相对距离
5	d_{rr}	后右车辆纵向相对距离
6	d_{l}	左边界线距离
7	d_{r}	右边界线距离
8	y	自车横向偏移量
9	v_x	自车纵向速度

表 2-2 有限状态机状态转移表

	A	C	L	R	P
A	OW	p_1	p_5	p_5	NA
C	p_2	OW	NA	NA	NA
L	$(\neg p_2)p_{3l}p_{4l}p_{4c}p_{6l}$	NA	OW	NA	$p_{6l}\neg p_{6r}$
R	$(\neg p_2)p_{3r}p_{4r}p_{4r}$	NA	NA	OW	p_{6r}
P	NA	NA	$\neg p_5 \neg p_{6l}$	$\neg p_5 \neg p_{6r}$	OW

注：A 表示自适应巡航控制；C 表示巡航控制；L 表示左换道；R 表示右换道；P 表示换道暂停。

其中：

p_1：$d_{\mathrm{fc}} < t_{\mathrm{cc}} v_x - d_{\mathrm{over}}$

p_2：$d_{\mathrm{fc}} > t_{\mathrm{cc}} v_x + d_{\mathrm{over}}$

p_{3l}：$a_{\mathrm{l}} > a + a_{\mathrm{over}}$

p_{3r}：$a_{\mathrm{r}} > a + a_{\mathrm{over}}$ and $a_{\mathrm{r}} > a_{\mathrm{l}}$

p_{4l}：$d_{\mathrm{fl}} > t_{\mathrm{win}} v_x$ and $d_{\mathrm{rl}} > t_{\mathrm{win}} v_x$

p_{4c}：$d_{\mathrm{fc}} > t_{\mathrm{win}} v_x$

p_{4r}：$d_{\mathrm{fr}} > t_{\mathrm{win}} v_x$ and $d_{\mathrm{rr}} > t_{\mathrm{win}} v_x$

p_5：y 在道路中心线偏移许可范围内

p_{6l}：$d_{\mathrm{l}} > d_{\mathrm{side}}$

p_{6r}：$d_{\mathrm{r}} > d_{\mathrm{side}}$

有限状态机方法原理简单，决策时仅需在规则库中进行匹配查找，因此所需算力小、易于在车载嵌入计算平台上部署实施。但有限状态机方法也存在以下固有问题：首先，人为划分的状态及制定的状态间转移规则很难做到合理完备，遇到规则库覆盖范围外情形时会出现决策失效，严重影响行车安全；其次，有限状态机方法仅能处理少量离散状态的问题，改进的分层有限状态机也是如此，决策精度偏低难以胜任复杂多变的场景，因而当前有限状态机方法多在简单场景（如封闭园区场景）中落地应用。

2.3　基于博弈论的智能车辆决策方法

基于博弈论的智能车辆决策方法是将自车及周边一定范围内车辆视作非合作博弈的参与者，如图 2-15 所示，各参与者均有自己的策略空间及收益函数，假定各参与者均是自私的——均选择能最大化自身期望收益的决策，这样的非合作博弈存在平衡点，此时各参与者均无法通过单独改变自身决策来增大自身收益。具体博弈模型需要根据各参与者间的交互关系来选取，常用的有纳什博弈模型、斯塔克伯格博弈模型等。例如，Wang 等[4]认为车辆换道行为决策时自车和周边车辆处于对等地位，因而选用微分对策纳什博弈模型，通过求解纳什均衡点来得到自车行为决策结果。而 Yu 等[5]则认为周边车辆会根据自车的决策选择行为，而自车在决策时也会考虑周边车辆的预期反应，即自车和周边车辆间存在主-从关系，因此选用斯塔克伯格博弈模型，通过求解斯塔克伯格均衡点来确定自车行为决策结果。由此可见，不同学者对相同决策问题的参与者间交互关系的认知也存在差异，进而会影响博弈模型选取的倾向，实际工程中需要针对场景进行交互模式分析和迭代测试才能确定哪种博弈模型更为恰当。

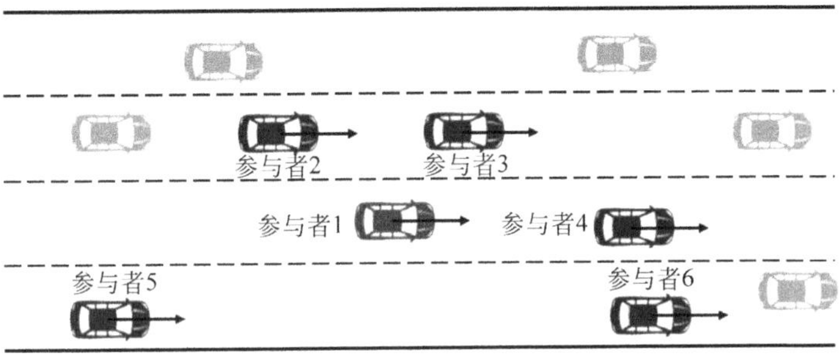

图 2-15　动态博弈示意图

以 Yu 等[5]设计的斯塔克伯格动态博弈决策方法为例，探讨基于博弈论的行为决策方法的一般流程。

（1）确定博弈模型：笔者认为在换道决策场景中，周边车会依据自车的决策决定自身应采取的动作，而自车在决策时也需要考虑周边车辆预期会采取的行为，自车与周边车辆间存在主-从非合作交互模式，因而选用斯塔克伯格博弈模型。

（2）构造博弈问题：如图 2-16 所示，将自车及自车周边一定范围内的环境车辆视为斯塔克伯格博弈参与者，其余环境车辆转化为动态位置约束。

（3）确定各博弈参与者的策略空间及代价函数：参与者的策略空间为离散换道动作和连续加速度值的组合，定义各博弈参与者的收益函数为式(2-3)所示形式：

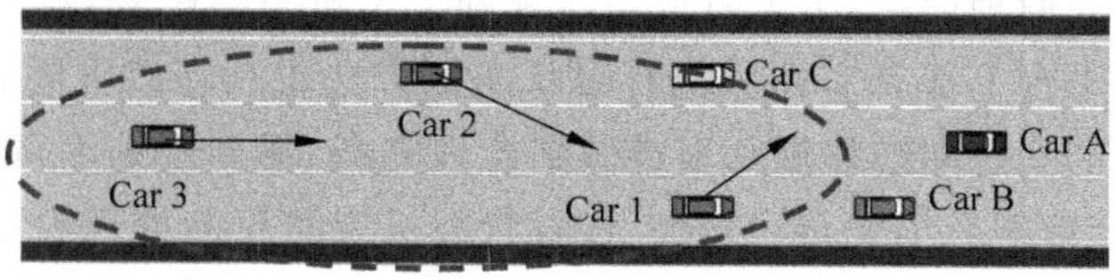

图 2-16 斯塔克伯格博弈参与者

$$U_{\text{payoff}} = f_w(a, a0)((1-\beta(q)) * U_{\text{safety}}(a) + \beta(q) * U_{\text{space}}(a) + 1) - 1 \qquad (2\text{-}3)$$

式中，U_{safety} 为定义的安全代价；U_{space} 为定义的空间代价；$0 \leqslant \beta(q) \leqslant 1$ 为参与者预估驾驶激进度系数，越接近 1 说明其越可能采取激进的抢行行为。自车通过图 2-17 所示的迭代过程来估计其他参与者的驾驶激进度。

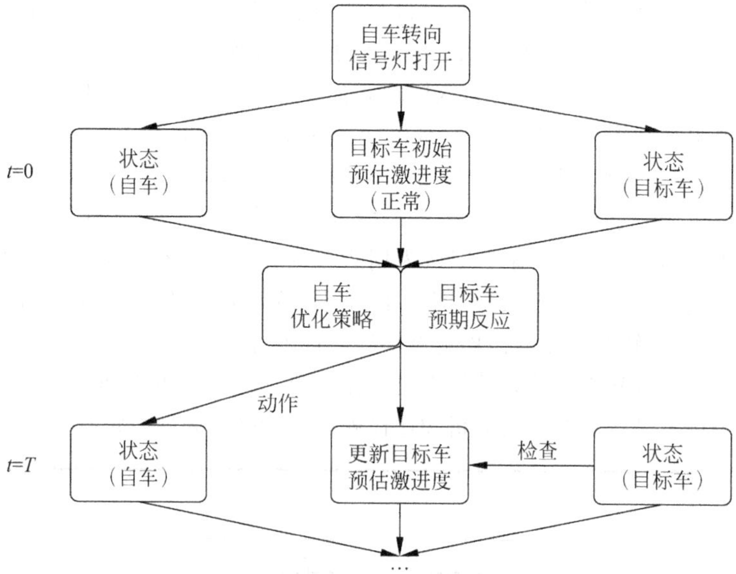

图 2-17 博弈参与者驾驶激进度

(4) 自车每一行为决策周期，均需求解式(2-4)所示斯塔克伯格博弈问题：

$$\begin{array}{ccc} \min\limits_{a_1, c_1} U_{\text{payoff}}^{\text{player1}} & & \text{Constraint 1} \\ \vdots & , \ \text{s.t.}: & \vdots \\ \min\limits_{a_n, c_n} U_{\text{payoff}}^{\text{player}n} & & \text{Constraint } k \end{array} \qquad (2\text{-}4)$$

如上所示，各博弈参与者均试图最小化自身代价函数值以最大化自身收益，约束条件 Constraint 包括步骤(1)中提到的其他环境车辆转化的动态位置约束、道路边界带来的静态约束以及车辆运动动力学特性带来的决策动作约束等。求解该斯塔克伯格博弈平衡点实质上就是求解一带约束的多目标优化问题的最佳可行解，一般可通过策略空间遍历、数值方法、进化算法等进行求解得到自车对应决策动作作为行为决策结果下发执行。

(5) 迭代测试优化：在图 2-18 所示的仿真环境中测试并根据测试结果微调代价函数参数以优化决策性能。

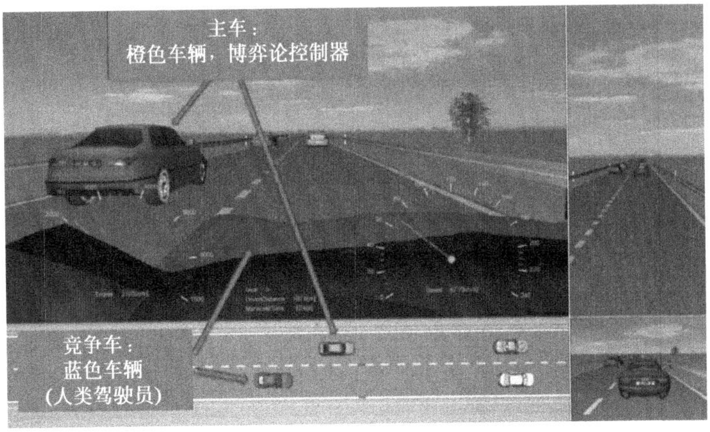

图 2-18　基于 dSPACE 搭建的仿真测试验证环境

动态博弈决策方法决策过程中考虑到了周边车辆的持续交互影响，接近人类驾驶员驾驶决策的内在机理，各参与者的收益函数及全局约束条件也可根据场景灵活配置，适用性强。但该方法也存在如下问题：首先，各博弈模型均是对真实问题从某一角度进行的抽象简化，不同的先验假设会引起不同的偏差，往往需要多轮测试分析才能最终确定选用哪一种博弈模型最为恰当；其次，各博弈参与者的收益函数设置对决策性能影响较大，比较复杂的问题中往往难以直接人为设置，需要多次尝试调整；同时，在博弈参与者数量较多、收益函数形式较为复杂、全局约束条件较多时，博弈平衡点的求解难度很高，在车载嵌入式计算平台算力、内存有限的情况下，决策实时性可能难以满足实际需求，这也在一定程度上制约了基于博弈论的决策方法的工程落地应用。

2.4　基于模仿学习的智能车辆决策方法

基于模仿学习的决策方法的基本思想是认定人类专家驾驶员可以充分胜任决策任务，那么模仿人类专家驾驶员策略进行决策同样可以胜任，从而将决策问题转化为常规监督学习问题处理。基于模仿学习的决策方法基本流程如下：首先通过实车试验或先进驾驶模拟器试验记录场景观测信息及对应人类专家驾驶员操纵信息，进而从中提取得到训练样本；之后使用监督学习方法基于训练样本训练模仿学习模型，训练目标是最小化模仿学习模型和人类专家驾驶员决策结果间的差异；最后基于准确率、查准率、查全率、AUC 值等指标综合评估测试得到的模仿学习模型。模仿学习模型可选用支持向量机、决策树模型、集成学习决策树模型、深度神经网络等监督学习模型，但由于深度神经网络具备强大自学习能力和非线性拟合能力，因而目前较多使用深度神经网络模型。

以图 2-19 所示的 Bojarski 等[6]设计的卷积神经网络端到端决策控制模型为例，进一步深入探讨模仿学习决策方法。

(1) 训练样本获取：使用加装了车载相机的试验车开展实车试验，同步记录左、中央、右三个车载相机的图像信息和专家驾驶员驾驶操纵方向盘转角信息。为提升模仿学习决策控制模型的鲁棒性，随机抽取一定比例训练样本的图像附加平移/旋转处理。

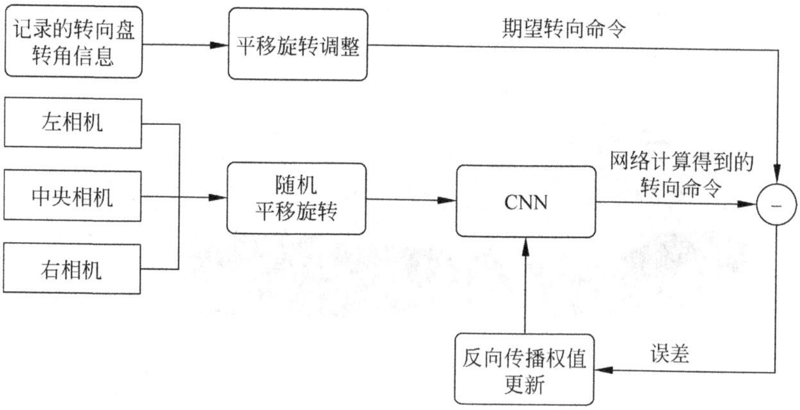

图 2-19 卷积神经网络端到端决策控制模型框架

(2) 模仿学习模型选择：选用图 2-20 所示卷积神经网络作为模仿学习模型，该卷积神经网络共包含 9 层：1 层归一化层，5 层卷积层和 3 层全连接层。网络输入为拼合后的车载相机图像信息，网络输出转向盘转角，网络中共计包含约 27000000 个连接和约 250000 个网络参数。

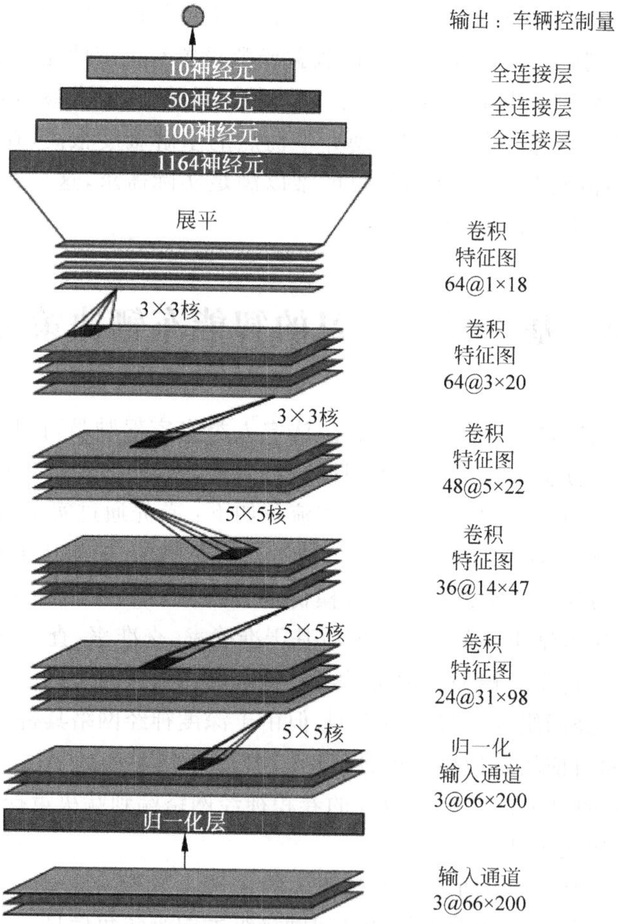

图 2-20 卷积神经网络模型

(3) 模型训练：使用训练样本训练上述卷积神经网络模型直至收敛。由于模型复杂，训练过程需要 GPU 提供并行计算加速。

(4) 评估测试：使用图 2-21 所示虚拟交通环境测试得到的模仿学习决策控制模型，主要关注接管次数、平顺性等指标。

图 2-21 测试用虚拟交通环境

模仿学习决策方法基于数据驱动，无须先验知识和人为假设，且所使用的监督学习模型已有多年的深入研究，有坚实的理论基础及成熟的训练部署框架。但该方法也存在如下不足之处：该方法模仿人类专家驾驶员策略，因而性能难以超越人类专家驾驶员水平；为取得较好效果，需要采集海量的高质量训练样本用于模型训练，且神经网络模型为黑箱模型，为充分保障安全，部署前需进行多轮安全性及鲁棒性迭代测试，因而落地应用成本高昂；模型部署在车载计算平台上执行前向推理时需要 GPU 提供加速以满足实时性要求，且模型参数固定，无法根据环境变化在线调整优化策略，泛化性和适应性不足。

近年来，学者在原始模仿学习决策方法基础上提出了一些针对性的改进措施。首先由于决策问题异常复杂，需要选用复杂的网络模型并进行多轮次迭代训练才能取得较好效果，驾驶员也难以影响干预决策过程，Codevilla 等[7]针对这些问题，将分治思想引入模仿学习行为决策中进而提出图 2-22 所示条件模仿学习框架，通过驾驶员指令分解原始行为决策问题，不仅可以加速训练收敛、降低训练成本，而且可以使驾驶员在一定程度上参与行为决策以更充分保障行车安全。近年来，有学者尝试将生成对抗网络(图 2-23)等深度学习领域的最新研究成果引入模仿学习决策中，提出了广义模仿学习决策的概念，如 Kuefler 等[8]使用生成对抗网络来学习专家驾驶员策略进行决策，实验结果表明该方法与监督学习方法效果不相伯仲，同样能学习到诸如紧急状况处置等高阶策略。

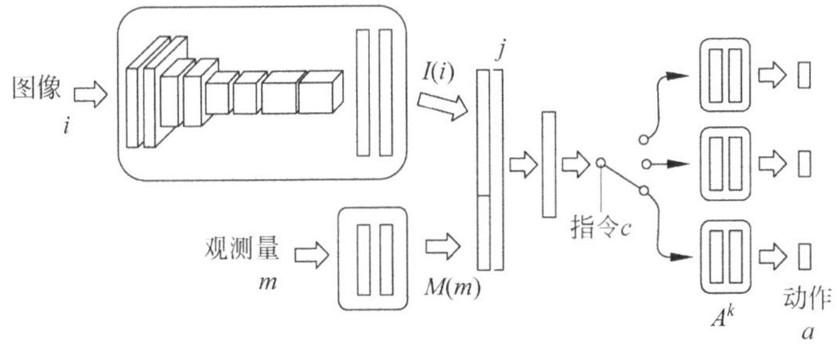

图 2-22 条件模仿学习方法框架

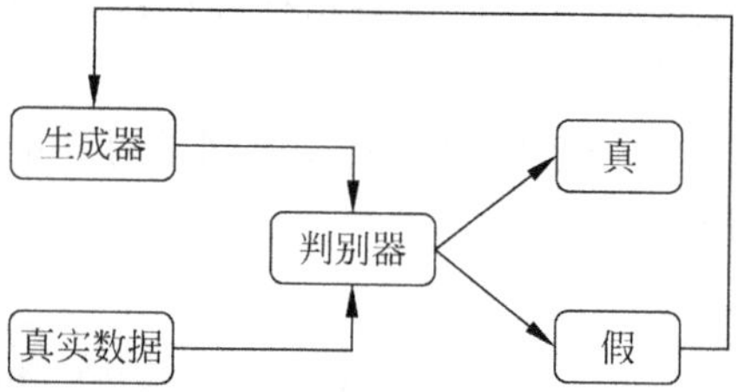

图 2-23 生成对抗网络模型

2.5 基于强化学习的智能车辆方法

正如 2.1 节所述，强化学习尤其是深度强化学习是近年来机器学习领域的研究热点之一，已在围棋、电子游戏、机器人等领域取得丰硕成果，近年来有学者开始考虑将其应用于智能车辆决策领域。由于强化学习可在与环境在线交互的过程中学习优化策略，因此可以克服模仿学习方法无法根据环境变化在线调整优化策略的弊端。该方法需要先对决策问题进行简化将其转化为无模型马尔可夫决策过程并设定奖励函数，再根据决策动作空间是否连续来选择恰当的深度强化学习模型，之后和环境交互过程在奖励值的引导下进行主动策略探索和策略学习优化，待策略学习收敛后即可在车载计算平台上部署，同时继续以较小的学习率定期使用与环境交互收集到的经历数据进行策略学习更新，不断调整优化策略从而适应复杂多变的真实道路环境。

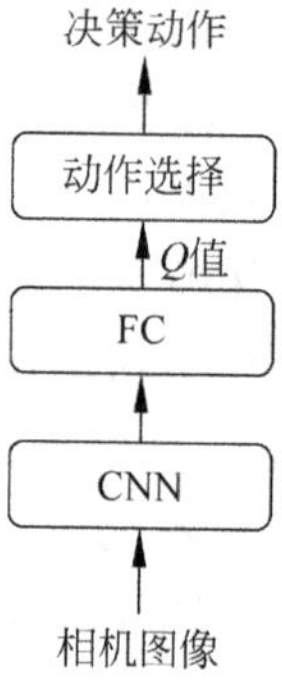

图 2-24 基于 DQN 的端到端决策方法

下边将以 Min 等人[9]的研究中提到的基于 DQN 的端到端的决策方法为例，进一步深入探究基于强化学习的智能车辆决策的通用流程，该方法基本框架如图 2-24 所示。

(1) 马尔可夫决策过程定义：观测状态为经过预先训练的 CNN 从原始车载相机图像中提取的特征向量；决策动作空间为 5 个有限离散动作，即当前车道匀速、当前车道加速、当前车道减速、匀速向左换道、匀速向右换道；衰减因子 γ 取 0.99；奖励函数采用式(2-5)所示复合形式：

$$r_{\mathrm{tot}}=r_{\mathrm{v}}+r_{\mathrm{ov}}+r_{\mathrm{lc}}+r_{\mathrm{col}} \tag{2-5}$$

式中，$r_{\mathrm{v}}=(v-40)/(80-40)$ 表征速度奖励；

$$r_{\mathrm{lc}}=\begin{cases}-0.25, & \text{换道}\\ 0, & \text{其他}\end{cases} \text{表征换道惩罚；}$$

$$r_{\mathrm{ov}}=\begin{cases}0.5(\mathrm{carnum}_{\mathrm{ov}}-\mathrm{carnum0}_{\mathrm{ov}}), & \text{换道}\\ 0, & \text{其他}\end{cases} \text{表征超车奖励；}$$

$$r_{\mathrm{col}}=\begin{cases}-10, & \text{发生碰撞}\\ 0, & \text{其他}\end{cases} \text{表征碰撞惩罚。}$$

(2) 网络细节及学习超参数设置：DQN 的当前网络及目标网络结构相同，均由三层激活函数为 ReLU 的卷积层及一层激活函数为 ReLU 的全连接层组成，通过 ε-贪婪算法根据当前网络输出的各决策动作预测价值来进行决策动作选取。强化学习的超参数设置如表 2-3 所示。

表 2-3　策略学习超参数设置

超参数名称	超参数含义	取值
training steps	训练步数	1.0×10^6
learning rate	学习率	0.00025
mini-batch size	批采样数目	32
discount factor	衰减系数	0.99
initial ε	初始 ε 值	1
final ε	ε 终值	0.1
changerate of ε	ε 变化率	0.9×10^{-6}
replay memory size	经验回放库容量	1.0×10^5

（3）策略学习：使用 Min 等人基于 Unity ML-Agents 开发的开源虚拟驾驶环境作为训练交互环境，设定决策周期为 1s，进行共计 1.0×10^6 轮次训练，训练过程中受控主车平均车速、平均换道次数及平均超越车辆数目的变化曲线分别如图 2-25、图 2-26、图 2-27 所示。可以看出，行为决策模块通过强化学习的奖励值的引导下的主动策略探索不断优化行为决策策略，在避免碰撞保障行车安全的前提下，平均车速及超越车辆数目得到提升，同时减少了不必要的换道行为，最终学习得到的优化策略通行效率高、行驶平顺性好。

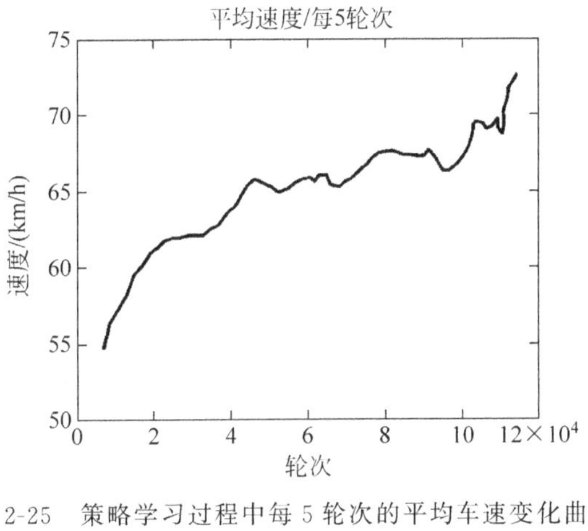

图 2-25　策略学习过程中每 5 轮次的平均车速变化曲线

早期学者主要研究离散决策动作空间问题，Mirchevsk 等[10]使用深度 Q 网络（Deep Q Network，DQN）深度强化学习方法进行智能车辆高速公路场景换道行为决策，仿真试验表明该方法决策性能优于传统基于复杂规则的方法。Min 等人[9]则基于原始车载前向视觉传感器图像及激光雷达点云进行端到端的行为决策，设计了基于分位数回归深度 Q 网络（Quantile Regression Deep Q Network，QR-DQN）的智能车辆高速公路场景行为决策方法，并深入探究了输入信息类型、噪声等因素对策略学习的影响。近年来也有学者针对连续决策动作空间问题进行研究，Wang 等人[11]使用深度确定性策略梯度（DDPG）解决连续决策动作空间变道行为决策问题，并基于仿真试验进行测试验证。

由于强化学习方法未利用先验知识，仅通过主动策略探索来寻找优化策略，因而策略学

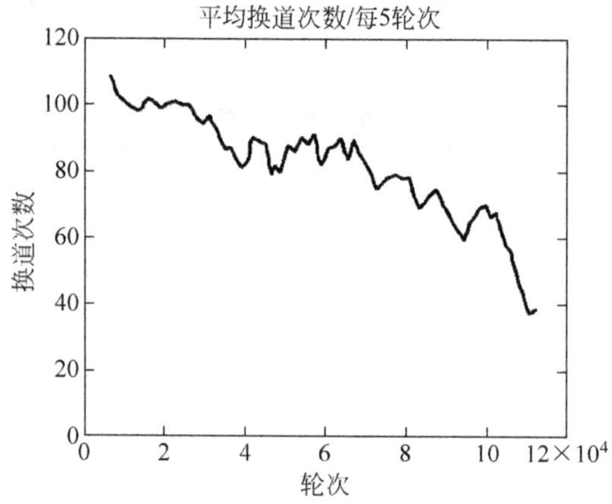

图 2-26 策略学习过程中每 5 轮次的平均换道次数变化曲线

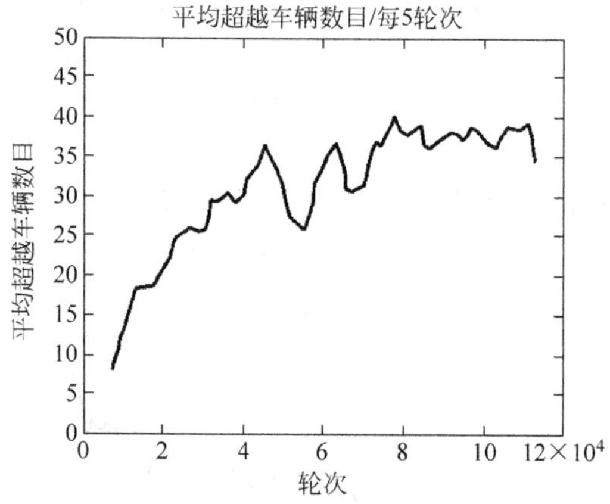

图 2-27 策略学习过程中每 5 轮次的平均超越车辆数目变化曲线

习效率偏低，处理复杂问题能力不足，制约了其在智能车辆决策领域的应用。当前学者针对上述问题提出了几种改进思路：第一种思路是站在巨人的肩膀上，即强化学习和监督学习结合，这类方法中最有代表性的是 DQfD[12]，该方法使用专家驾驶员示范数据对 Q 网络进行监督学习预训练，并将专家驾驶员示范数据留存在经验回访库中，每次按设定比例从收集到的经历数据和专家驾驶员示范数据中分层采样经历用于策略学习更新，通过示范引导来加速策略学习；第二种思路是分治，即通过模仿学习或驾驶员指令将原始行为决策问题分解为若干规模较小的子问题，再分别使用强化学习求解各子问题的最优策略，通过分治降低优化策略的求解难度从而加速策略学习收敛，这类方法的典型代表是 CIRL[13]；第三种思路是分层强化学习，即将原始问题进行层次划分，分别求解各层最优策略后组合得到全局优化策略，但是由于实际问题中各层的策略往往紧密耦合且难以解耦，因而分层强化学习的通用求解方法仍有待进一步探索，对此类方法感兴趣的可以参阅文献[14-15]。

强化学习方法面临的另一个问题是奖励函数的设置，由于强化学习依赖奖励值的引导进行主动策略探索优化，然而很多实际问题中难以人为设定恰当的奖励函数，试错法效率过于低下，近年学者针对该问题提出使用逆强化学习来得到强化学习所需的奖励函数：逆强化学习利用专家驾驶员示范样本学习设定形式目标奖励函数的系数，再利用该奖励函数引导强化学习策略学习来得到优化策略，从而规避了人为设置奖励函数。例如，You 等人[16]使用最大熵逆强化学习方法从专家驾驶员示范中学习线性形式的目标奖励函数，再利用此奖励函数进行强化学习得到优化的行为策略，仿真结果表明这种逆强化学习和强化学习结合的方法可以充分胜任自动驾驶行为决策任务。但逆强化学习与强化学习结合的方法存在以下问题：首先，逆强化学习每一次迭代中均包含强化学习子过程，训练耗时高且学习收敛性脆弱，为保障收敛现有研究多选用线性形式的目标奖励函数；其次，从专家驾驶员示范中学习奖励函数参数，必然会受到专家驾驶员示范数据分布的影响，而且专家驾驶员最优决策这一前提假设在实际中往往也不完全成立，这都会对奖励函数的质量造成影响。

深度强化学习方法尚有如下问题有待解决：首先，由于强化学习相关研究起步较晚，因而理论基础和方法储备都有欠缺，需要进一步深入研究完善；其次，深度强化学习在车载计算平台上部署时也需要 GPU 提供前向推理加速，更糟糕的是，NVIDIA Xavier 等现有车载计算平台硬件架构多针对前向推理设计，执行定期策略学习更新所需的梯度计算及反向传播参数更新效率低下，而云端计算等手段目前受限于延时、稳定性等问题也无法大规模应用，这些都制约了深度强化学习方法的工程落地，未来边缘计算芯片和 5G 技术的快速发展有望为解决上述问题提供可能。

习　题

2.1　MNIST 数据集由美国国家标准与技术研究所（National Institute of Standards and Technology，NIST）发布，其中训练集由 250 个人手写的数字构成，其中 50%是高中学生，50%是人口普查局的工作人员，包含约 60000 样本；测试集也是同样比例的手写数字数据，包含约 10000 样本。数据集中的每张图片由 28×28 像素点构成，每个像素点用一个灰度值表示。请分别使用逻辑回归（LR）、多层感知机（MLP）、卷积神经网络（CNN）构建分类模型，使用训练集样本训练分类模型，使用测试集样本评估训练得到的分类模型的性能（可使用准确率、查准率、查全率、ROC 曲线等指标）。

2.2　股市中的股票价格受多种因素耦合影响，价格波动剧烈且随机性很大，因此要想在股市中利用价格波动套利需要对股票价格的变动趋势做出较好的预测。近年来很多投行及金融机构开始把目光投向机器学习，希望以此更加准确地对股票价格变动做出预判。

（1）请思考哪些机器学习模型适用于处理股票价格预测任务，简述原因。

（2）编程实现你所选用的模型，并使用开源的 S&P 500 数据集进行训练及测试评估，S&P 500 数据集可从 statworx 网站下载。

2.3　OpenAI Gym 是一个研究和比较强化学习相关算法的 Python 开源工具包，包含了许多经典的仿真环境和各种数据。目前强化学习的研究面临着使用的环境缺乏标准化的问题，这个问题使得很难复制已发表的研究结果以及比较不同论文的结果，而 Gym 正好为这一问题提供了很好的解决方案。如图 2-28 所示是 Gym 中包含的一个仿真环境倒立摆 CartPole，小车上放了一根杆，通过推动小车左右移动来保持杆竖立不因重力原因倒下，杆倒下即认为任务失败，其中观测状态信息为倒立摆两端的坐标，可执行动作为 0（向小车左侧施力)和1(向小车右侧施力)两个离散动作。

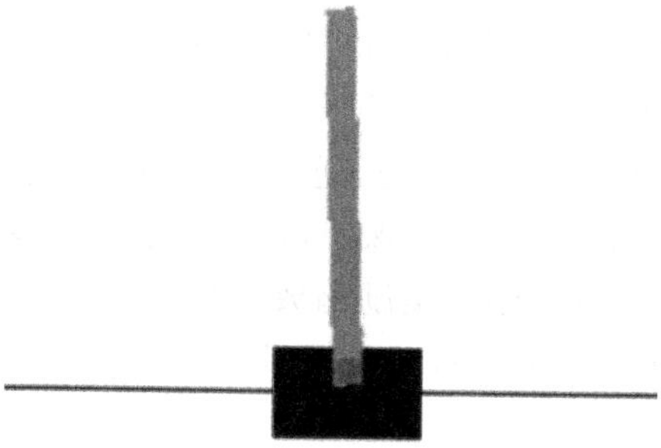

图 2-28 CartPole示意图

(1) 如果考虑使用DQN深度强化学习方法来求解优化操控策略,奖励函数应该如何设置比较恰当?

(2) 编程实现DQN控制倒立摆的程序,观察平均奖励值变化曲线,分析平均奖励值变化趋势并分析原因。

2.4 DeepMind公司发表了一篇题为"*Mastering game of Go without human knowledge*"的论文,公布了代号AlphaGo Zero的围棋对弈程序,其核心思想是深度强化学习及蒙特卡罗树搜索,能在不借鉴任何围棋棋谱的条件下,仅利用围棋规则本身,通过自我对弈的形式实现了对公司既往开发的各个围棋人工智能软件版本的超越。考虑将围棋游戏转化为马尔可夫决策过程时,观测状态空间、动作空间及奖励函数应当如何设置?

2.5 假设你所控制的机器人处于如图2-29(a)所示栅格世界中,需要从随机指定的起始点start运动到目标点target,环境中还存在随机位置分布的障碍物(黑色实心格子),每一决策周期机器人需要决策向前、向左、向右运动还是停在原地。

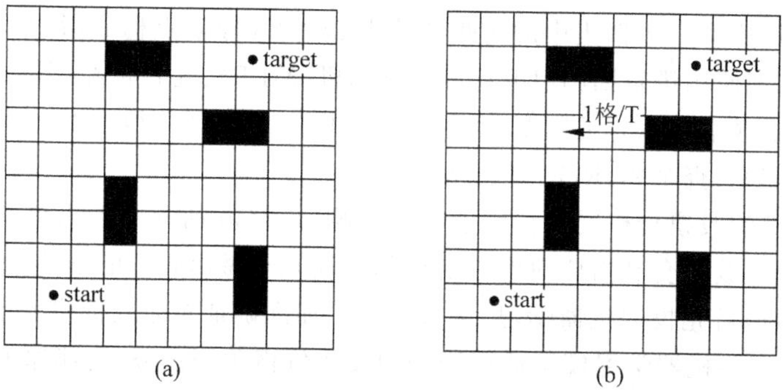

图 2-29 栅格世界

(a) 静态栅格世界;(b) 动态栅格世界

(1) 试设计一个可以胜任该任务的有限状态机决策器(注意考虑无法到达目标位置的情况)。

(2) 如果栅格世界中的部分障碍物可以如图2-29(b)所示进行匀速运动,此时有限状态机决策器又该如何设计?

2.6 Kyushik Min等人基于Unity ML-Agents开发了一个开源虚拟驾驶环境,该驾驶仿真环境可以设置环境车数量和天气状况，并且可以模拟并输出主车车载前向视觉传感器图像及激光雷达点云信息。环境中的主车可以执行当前车道匀速、当前车道加速、当前车道减速、匀速向左换道、匀速向右换道五个离散动作，开源虚拟驾驶环境使用说明请参阅 https://github.com/MLJejuCamp2017/DRL_based_SelfDrivingCarControl。请使用车载前向视觉传感器图像作为决策输入信息，设计并实现一个基于除 DQN 之外的深度强化学习方法的行为决策器，基于该虚拟驾驶环境进行优化策略学习及性能测试。

参考文献

[1] 周志华. 机器学习：发展与未来[J]. 中国计算机学会通讯，2017，013(001)：44-51.

[2] Maaten L，Hinton G. Visualizing data using t-SNE[J]. Journal of Machine Learning Research，2008，9：2579-2605.

[3] Zhang M，Li N，Girard A，et al. A finite state machine based automated driving controller and its stochastic optimization [C]//Dynamic Systems and Control Conference. American Society of Mechanical Engineers，2017，58288：V002T07A002.

[4] Wang M，Hoogendoorn S P，Daamen W，et al. Game theoretic approach for predictive lane-changing and car-following control[J]. Transportation Research Part C：Emerging Technologies，2015，58：73-92.

[5] Yu H，Tseng H E，Langari R. A human-like game theory-based controller for automatic lane changing [J]. Transportation Research Part C：Emerging Technologies，2018，88：140-158.

[6] Bojarski M，Del Testa D，Dworakowski D，et al. End to end learning for self-driving cars[J]. arXiv preprint arXiv：1604.07316，2016.

[7] Codevilla F，Miiller M，López A，et al. End-to-end driving via conditional imitation learning[C]//2018 IEEE International Conference on Robotics and Automation (ICRA). IEEE，2018：1-9.

[8] Kuefler A，Morton J，Wheeler T，et al. Imitating driver behavior with generative adversarial networks [C]//2017 IEEE Intelligent Vehicles Symposium (IV). IEEE，2017：204-211.

[9] Min K，Kim H，Huh K. Deep distributional reinforcement learning based high-level driving policy determination[J]. IEEE Transactions on Intelligent Vehicles，2019，4(3)：416-424.

[10] Mirchevska B，Pek C，Werling M，et al. High-level decision making for safe and reasonable autonomous lane changing using reinforcement learning[C]//2018 21st International Conference on Intelligent Transportation Systems (ITSC). IEEE，2018：2156-2162.

[11] Wang P，Li H，Chan C Y. Continuous Control for Automated Lane Change Behavior Based on Deep Deterministic Policy Gradient Algorithm[J]. arXiv preprint arXiv：1906.02275，2019.

[12] Hester T，Vecerik M，Pietquin O，et al. Deep Q-learning from demonstrations[J]. arXiv preprint arXiv：1704.03732，2017.

[13] Liang X，Wang T，Yang L，et al. CIRL：Controllable imitative reinforcement learning for vision-based self-driving[C]//Proceedings of the European Conference on Computer Vision (ECCV). 2018：584-599.

[14] Levy A，Konidaris G，Platt R，et al. Learning multi-level hierarchies with hindsight[J]. arXiv preprint arXiv：1712.00948，2017.

[15] Nachum O，Gu S S，Lee H，et al. Data-efficient hierarchical reinforcement learning[C]//Advances in Neural Information Processing Systems. 2018：3303-3313.

[16] You C，Lu J，Filev D，et al. Advanced planning for autonomous vehicles using reinforcement learning and deep inverse reinforcement learning[J]. Robotics and Autonomous Systems，2019，114：1-18.

第 3 章

智能车辆规划与控制基础

本章拟将针对智能车辆规划与控制所必备的基础知识点进行扼要介绍，包括路径规划所需的 Frenét 坐标系、调和函数、几何样条曲线、二次规划求解、轨迹跟随所需掌握的各种常用的基本控制理论，以及简单的车辆动力学模型等。

3.1 路径规划基础知识

3.1.1 平面内的 Frenét 坐标系

首先我们来介绍质点在平面内沿一条连续可微曲线 $r(t)$ 在 Frenét 坐标系中的运动学特征，如图 3-1 所示，曲线 $r(t)$ 上的点 O 在时间 t 内质点移动的距离（即弧长定义）可表示为

$$s(t)=\int_0^t \| \boldsymbol{r}'(\tau) \| \mathrm{d}\tau \tag{3-1}$$

假定 $\boldsymbol{r}'\neq 0$，并且 $s(t)$ 单调递增，这样有 $\boldsymbol{r}(s)=\boldsymbol{r}(t(s))$，意味着曲线 r 可以描述成关于弧长 s 的函数。

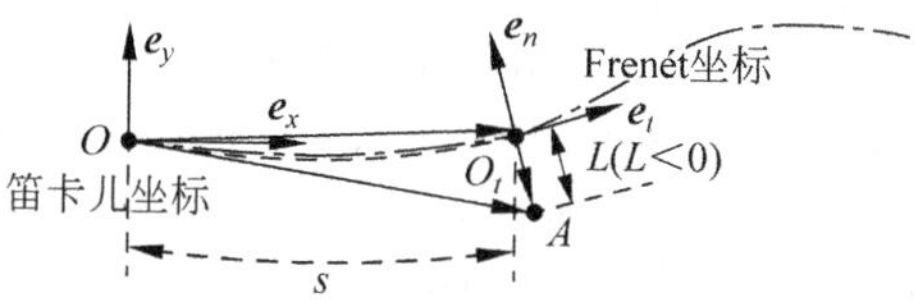

图 3-1 Frenét 坐标系

首先，考察

$$\frac{\mathrm{d}}{\mathrm{d}s}=\frac{\mathrm{d}}{\mathrm{d}t}\frac{\mathrm{d}t}{\mathrm{d}s}=\frac{1}{\mathrm{d}s/\mathrm{d}t}\frac{\mathrm{d}}{\mathrm{d}t}=\frac{1}{\| \boldsymbol{r}' \|}\frac{\mathrm{d}}{\mathrm{d}t} \tag{3-2}$$

并进一步定义曲线上某点沿曲线运动方向的单位切向量 $\boldsymbol{e}_t$ 为

$$\boldsymbol{e}_t=\frac{\boldsymbol{r}'}{\| \boldsymbol{r}' \|}=\frac{\mathrm{d}\boldsymbol{r}}{\mathrm{d}s} \tag{3-3}$$

定义曲率

$$\kappa := \frac{\mathrm{d}\boldsymbol{e}_t}{\mathrm{d}s}$$

假设曲率 κ 为非零值，则曲线在该点处对应的单位法向量 $\boldsymbol{e}_n$ 为

$$\boldsymbol{e}_n=\frac{1}{\kappa}\frac{\mathrm{d}\boldsymbol{e}_t}{\mathrm{d}s} \tag{3-4}$$

考虑到 $\|\boldsymbol{e}_t\|^2=\boldsymbol{e}_t\cdot\boldsymbol{e}_t$，于是

$$\boldsymbol{e}_t\cdot\boldsymbol{e}_n=\frac{1}{\kappa}\left(\boldsymbol{e}_t\cdot\frac{\mathrm{d}\boldsymbol{e}_t}{\mathrm{d}s}\right)=\frac{1}{2\kappa}\left(\frac{\mathrm{d}\boldsymbol{e}_t}{\mathrm{d}s}\cdot\boldsymbol{e}_t+\boldsymbol{e}_t\cdot\frac{\mathrm{d}\boldsymbol{e}_t}{\mathrm{d}s}\right)=\frac{1}{2\kappa}\frac{\mathrm{d}}{\mathrm{d}s}\|\boldsymbol{e}_t\|^2=0 \tag{3-5}$$

因此，$\boldsymbol{e}_n$ 与 $\boldsymbol{e}_t$ 是正交的。

经过时间 t 后，O 移动到 O_t，并将其作为 Frenét 坐标原点，然后在原点处分别计算对应的单位切向量 $\boldsymbol{e}_t$ 和单位法向量 $\boldsymbol{e}_n$，若某点 A 沿着 $\boldsymbol{e}_n$ 方向到原点 O_t 的距离为 $|L|$，我们把此时 O_t 对应的弧长 s 以及带符号的距离量 L（规定沿 $\boldsymbol{e}_n$ 为正）称为一组 Frenét 坐标 (s,L)。

3.1.2 调和函数

定义 3.1（调和函数）：如果一个二阶连续可导的函数 $\boldsymbol{f}:\boldsymbol{U}\to\mathbb{R}$，其中 $\boldsymbol{U}$ 是 $\mathbb{R}^n$ 里的一个开子集，$\boldsymbol{f}$ 满足拉普拉斯方程

$$\sum_{i=1}^{n}\frac{\partial^2\boldsymbol{f}_i}{\partial\boldsymbol{u}_i^2}=\boldsymbol{0} \tag{3-6}$$

则 $\boldsymbol{f}$ 称为**调和函数**。式(3-6)也经常写作

$$\Delta\boldsymbol{f}=\boldsymbol{0} \tag{3-7}$$

其中，符号 Δ 为拉普拉斯算子。

调和函数具有几个非常友好的性质，这对于后续章节中有关基于人工势场法的路径规划有很大的帮助，比如：

(1) 调和函数的和、差以及数乘的结果依然是调和函数，这意味着如果将调和函数表示的危险势场进行叠加，其结果仍然是一个调和函数。

(2) 如果 $\boldsymbol{f}$ 是 $\boldsymbol{U}$ 上的一个调和函数，那么 $\boldsymbol{f}$ 所有的偏导数也仍然是 $\boldsymbol{U}$ 上的调和函数。

(3) 极大值定理：如果 K 是 $\boldsymbol{U}$ 的一个紧子集，那么 $\boldsymbol{f}$ 在 K 上诱导的函数只能在边界上达到其最大值和最小值。如果 $\boldsymbol{U}$ 是连通的，那么这个定理意味着非常值函数 $\boldsymbol{f}$ 不能达到最大值和最小值。

上述性质中最后一条对于路径规划而言相当有用，如果我们选择调和函数作为"障碍物势场"函数的候选者，那么其极大值出现在障碍物的边界，从而避免一般人工势场路径规划法中出现的"极小值陷阱"问题。

3.1.3 几何样条曲线

定义 3.2（B 样条曲线）：给定 $m+1$ 个节点 t_i，分布在 $[0,1]$ 区间，满足 $t_0<t_1<t_2<\cdots<t_m$，一个 n 次 B 样条曲线是一参数曲线 $S:[0,1]\to\mathbb{R}^2$，它由 n 次 B 样条基组成

$$S(t)=\sum_{t=0}^{m}\boldsymbol{P}_i b_{i,n}(t) \tag{3-8}$$

其中，$\boldsymbol{P}_i$ 称为控制点。B 样条基定义为

$$b_{j,0}(t)=\begin{cases}1, & t_j<t<t_{j+1}\\ 0, & 其他\end{cases},\quad b_{j,n}(t)=\frac{t-t_j}{t_{j+n}-t_j}b_{j,n-1}(t)+\frac{t_{j+n+1}-t}{t_{j+n+1}-t_{j+1}}b_{j+1,n-1}(t)$$

当节点等距，称为**均匀 B 样条曲线**，否则为**非均匀 B 样条曲线**。例如三次 B 样条曲线

通常用于实现路径规划中节点间的平滑连接。

定义 3.3(自然三次样条曲线)：假设一样条曲线由连接 m 个控制点构成的分段三次多项式曲线光滑拼接而成，且每段曲线的末尾节点处的二阶导数为 0，则称该样条曲线为**自然三次样条曲线**。考虑一组由 $n+1$ 个点构成的一维样条曲线，$\boldsymbol{y}=[y_0,y_1,\cdots,y_n]^{\mathrm{T}}$，且三次样条曲线由下列三次多项式描述：

$$Y_i(t)=a_i+b_it+c_it^2+d_it^3,\quad t\in[0,1],0\leqslant i\leqslant n \tag{3-9}$$

其中，a_i,b_i,c_i,d_i 为待求系数。

依据每段样条曲线的首端和末端即为已知点，可得

$$\begin{cases}Y_i(0)=y_i=a_i\\Y_i(1)=y_{i+1}=a_i+b_i+c_i+d_i\end{cases} \tag{3-10}$$

对 Y_i 求导可得

$$\begin{cases}Y'_i(0)=b_i=D_i\\Y'_i(1)=b_i+2c_i+3d_i=D_{i+1}\end{cases} \tag{3-11}$$

其中，D_i 为新引进的求解变量，联立求解式(3.10)、式(3.11)可得 a_i,b_i,c_i,d_i，即

$$\begin{cases}a_i=y_i\\b_i=D_i\\c_i=3(y_{i+1}-y_i)-(2D_i+D_{i+1})\\d_i=2(y_i-y_{i+1})+D_i+D_{i+1}\end{cases} \tag{3-12}$$

此外，考虑到每段样条曲线端点处的二阶导数应保持一致，即

$$\begin{cases}Y_{i-1}(1)=y_i\\Y'_{i-1}(1)=Y'_i(0)\\Y''_{i-1}(1)=Y''_i(0)\\Y_i(0)=y_i\end{cases} \tag{3-13}$$

对于曲线的首尾两点需满足

$$\begin{cases}Y_0(0)=y_0\\Y_{n-1}(1)=y_n\end{cases} \tag{3-14}$$

此外，样条曲线首末两个端点处的二阶导数为 0：

$$\begin{cases}Y''_0(0)=0\\Y''_{n-1}(1)=0\end{cases} \tag{3-15}$$

这样，依据式(3-12)～式(3-15)可以得到一个线性方程组：

$$\begin{bmatrix}2&1&&&&&\\1&4&1&&&&\\&1&4&1&&&\\\vdots&\ddots&\ddots&\ddots&\ddots&\ddots&\ddots\\&&&1&4&1&\\&&&&1&4&1\\&&&&&1&2\end{bmatrix}\begin{bmatrix}D_0\\D_1\\D_2\\\vdots\\D_{n-2}\\D_{n-1}\\D_n\end{bmatrix}=3\begin{bmatrix}y_1-y_0\\y_2-y_0\\y_3-y_1\\\vdots\\y_{n-1}-y_{n-3}\\y_n-y_{n-2}\\y_n-y_{n-1}\end{bmatrix} \tag{3-16}$$

将其表示成矩阵形式为

$$MD = 3Ny \tag{3-17}$$

其中，M，N 为常值矩阵，

$$M = \underbrace{\begin{bmatrix} 2 & 1 & & & & & \\ 1 & 4 & 1 & & & & \\ & 1 & 4 & 1 & & & \\ \vdots & \ddots & \ddots & \ddots & \ddots & \ddots & \ddots \\ & & & 1 & 4 & 1 & \\ & & & & 1 & 4 & 1 \\ & & & & & 1 & 2 \end{bmatrix}}_{(n+1)\times(n+1)}, \quad N = \underbrace{\begin{bmatrix} -1 & 1 & & & & & \\ -1 & 0 & 1 & & & & \\ & -1 & 0 & 1 & & & \\ \vdots & \ddots & \ddots & \ddots & \ddots & \ddots & \ddots \\ & & & -1 & 0 & 1 & \\ & & & & -1 & 0 & 1 \\ & & & & & -1 & 1 \end{bmatrix}}_{(n+1)\times(n+1)}$$

一旦 D 确认，可以得到以下结论：

$$\begin{cases} \left.\dfrac{\mathrm{d}Y(t)}{\mathrm{d}t}\right|_{t=0} = D = (3M^{-1}N)y \\ \left.\dfrac{\mathrm{d}^2Y(t)}{\mathrm{d}t^2}\right|_{t=0} = 2[c_i] = 6Qy - 2PD = 6(Q - PM^{-1}N)y \end{cases} \tag{3-18}$$

其中，$Qy = \mathrm{Matrix}\,[y_{i+1} - y_i]$，$PD = \mathrm{Matrix}\,[2D_i + D_{i+1}]$，$i = 0, \cdots, n-1$，$Q$，$P$ 为常数矩阵：

$$Q = \underbrace{\begin{bmatrix} -1 & 1 & & & & & \\ & -1 & 1 & & & & \\ & & -1 & 1 & & & \\ \vdots & \ddots & \ddots & \ddots & \ddots & \ddots & \ddots \\ & & & -1 & 1 & & \\ & & & & -1 & 1 & \\ & & & & & -1 & 1 \end{bmatrix}}_{n\times(n+1)}, \quad P = \underbrace{\begin{bmatrix} 2 & 1 & & & & & \\ & 2 & 1 & & & & \\ & & 2 & 1 & & & \\ \vdots & \ddots & \ddots & \ddots & \ddots & \ddots & \ddots \\ & & & 2 & 1 & & \\ & & & & 2 & 1 & \\ & & & & & 2 & 1 \end{bmatrix}}_{n\times(n+1)}$$

重写式(3-18)得到

$$\begin{cases} \left.\dfrac{\mathrm{d}Y(t)}{\mathrm{d}t}\right|_{t=0} = Gy \\ \left.\dfrac{\mathrm{d}^2Y(t)}{\mathrm{d}t^2}\right|_{t=0} = Hy \end{cases} \tag{3-19}$$

其中，$G = 3M^{-1}N$，$H = 6(Q - PM^{-1}N)$。

由此可知：三次自然样条曲线在各节点处的一阶导数和二阶导数可以表示成关于控制点 y 的线性形式。

3.1.4 二次规划问题

考虑如下约束优化问题：

$$\min\left\{f(x) = \frac{1}{2}x^{\mathrm{T}}Qx + P^{\mathrm{T}}x\right\}, \quad x \in \mathbb{R}^n \tag{3-20}$$

$$\text{s.t.}\begin{cases}\boldsymbol{A}_{\text{in}}\boldsymbol{x}+\boldsymbol{b}_{\text{in}}\leqslant\boldsymbol{0}\\ \boldsymbol{A}_{\text{eq}}\boldsymbol{x}+\boldsymbol{b}_{\text{eq}}=\boldsymbol{0}\\ \boldsymbol{x}_{\min}\leqslant\boldsymbol{x}\leqslant\boldsymbol{x}_{\max}\end{cases}$$

其中，$\boldsymbol{Q}\in\mathbb{R}^{n\times n}$ 为对称矩阵，且 $\boldsymbol{P}\in\mathbb{R}^{n\times 1}$，$\boldsymbol{A}_{\text{in}}\in\mathbb{R}^{m\times n}$，$\boldsymbol{b}_{\text{in}}\in\mathbb{R}^{m\times 1}$，$\boldsymbol{A}_{\text{eq}}\in\mathbb{R}^{l\times n}$，$\boldsymbol{b}_{\text{eq}}\in\mathbb{R}^{l\times 1}$，$\boldsymbol{x}_{\max}\in\mathbb{R}^{n\times 1}$，$\boldsymbol{x}_{\min}\in\mathbb{R}^{n\times 1}$，则称上述问题为二次规划(Quadratic Programming)问题。求解完整的二次规划问题通常比较烦琐，常用的解法包括内点(interior point)法、主动集(active set)法等，在 MATLAB 软件中，可以调用 quadprog 函数[1]对二次规划问题进行快速方便的求解。

3.2 现代控制理论基础

3.2.1 线性时不变系统的可控性和可观测性

本小节中有关现代控制理论基础如线性时不变系统的可控性、可观测性、稳定性判据等，读者可以参考任何一本通行的相关教材(如《线性系统控制理论》等)，并进行拓展学习。本书中我们只列举可为后续章节内容服务的相关概念和结论。

系统**可控性**(Controllability)是指在确定性系统的状态空间内可以完全描述系统在任一时间下的状态。值得注意的是，可控制性表示可以使系统到达任意状态，但不表示系统可以维持在该状态，有可能系统只是在该状态停留短暂间而已。

针对离散线性时不变(Linear Time Invariant，LTI)系统

$$\begin{cases}\boldsymbol{x}(k+1)=\boldsymbol{A}\boldsymbol{x}(k)+\boldsymbol{B}\boldsymbol{u}(k)\\ \boldsymbol{y}(k)=\boldsymbol{C}\boldsymbol{x}(k)+\boldsymbol{D}\boldsymbol{u}(k)\end{cases}\tag{3-21}$$

其中，$\boldsymbol{x}$ 为状态变量，$\boldsymbol{u}$ 为控制输入，$\boldsymbol{y}$ 为观测输出，$\boldsymbol{A}$，$\boldsymbol{B}$，$\boldsymbol{C}$，$\boldsymbol{D}$ 为系统常矩阵；若系统的可控性矩阵(Controllability matrix)$\mathcal{C}$满秩，则此系统可控，对于连续系统也有类似的结论，在此不再赘述。用数学语言描述为：如果

$$\mathcal{C}=\begin{bmatrix}\boldsymbol{B} & \boldsymbol{AB} & \boldsymbol{A}^2\boldsymbol{B} & \cdots & \boldsymbol{A}^{n-1}\boldsymbol{B}\end{bmatrix},\quad \operatorname{rank}(\mathcal{C})=n\tag{3-22}$$

则($\boldsymbol{A}$，$\boldsymbol{B}$)可控制。由于$\mathcal{C}$中有 n 列是线性独立的，意味着 n 个状态中的每一个都可以用适当的输入 $\boldsymbol{u}$ 来达到。

线性时不变系统的**可观测性**(Observability)是指系统可以由其外部输出推断其内部状态的程度，它与系统可控性是数学上对偶的概念。在用状态空间表示的线性离散时不变系统中，同样也有一个简单的方式来确认系统是否可观测：即考虑一有 n 个状态的单输入/单输出系统，若以下可观测性矩阵(Observability matrix)中的行秩等于 n，则此系统为可观测系统，用数学语言描述：如果

$$\mathcal{O}=\begin{bmatrix}\boldsymbol{C} & \boldsymbol{CA} & \boldsymbol{CA}^2 & \cdots & \boldsymbol{CA}^{n-1}\end{bmatrix}^{\mathrm{T}},\quad \operatorname{rank}(\mathcal{O})=n\tag{3-23}$$

则($\boldsymbol{A}$，$\boldsymbol{C}$)可观测。

需要注意的是，一个可控的或可观测的连续系统，当其离散化后并不一定能保持其可控性或可观测性，若采样周期选择不当，对应的离散化系统便有可能不可控或不可观测甚至既

不可控又不可观测；若连续系统不可控或不可观测，不管采样周期如何选择，离散化后的系统一定是不可控或不可观测的。

3.2.2 动态系统的稳定性判据

1. 赫尔维茨稳定性判据

赫尔维茨稳定性判据(Hurwitz stability criterion)是控制理论中关于线性时不变系统(LTI)稳定的充分必要条件。假设某一线性系统的特征方程为

$$A_n s^n + A_{n-1} s^{n-1} + \cdots + A_2 s^2 + A_1 s + A_0 = 0 \tag{3-24}$$

则使线性系统稳定的必要条件是：在特征方程(3-24)中，各项系数均为正数。

上述判断稳定性的必要条件是容易证明的，因为根据代数方程的基本理论，有下列关系式成立：

$$\frac{a_1}{a_0} = -\sum_{i=1}^{n} s_i, \quad \frac{a_2}{a_0} = -\sum_{i,j=1,i\neq j}^{n} s_i s_j, \quad \cdots, \quad \frac{a_n}{a_0} = (-1)^n \prod_{i=1}^{n} s_i \tag{3-25}$$

式(3-25)中所有比值必须大于 0，否则系统至少有一个正实部根；但注意到该条件是不充分的，因为各项系数为整数的系统特征方程，完全可能拥有正实部的根。

根据赫尔维茨稳定性判据，线性系统稳定的充要条件是：由系统方程(3-24)各项系数所构成的主行列式

$$\Delta = \begin{vmatrix} A_{n-1} & A_{n-3} & A_{n-5} & \cdots & & & \\ A_n & A_{n-2} & A_{n-4} & \cdots & & & \\ 0 & A_{n-1} & A_{n-3} & A_{n-5} & \cdots & & \\ 0 & A_n & A_{n-2} & A_{n-4} & \cdots & & \\ \vdots & \vdots & \vdots & \vdots & \ddots & \vdots & \vdots \\ 0 & 0 & 0 & 0 & \cdots & A_1 & 0 \\ 0 & 0 & 0 & 0 & \cdots & A_2 & A_0 \end{vmatrix} \tag{3-26}$$

及其顺序主子式 $\Delta_i (i=1,2,\cdots,n-1)$ 全部为正。

以四阶线性系统为例，其稳定性条件为：$A_0, A_1, A_2, A_3, A_4 > 0$，且

$$\Delta_1 = A_3 > 0, \quad \Delta_2 = \begin{vmatrix} A_3 & A_1 \\ A_4 & A_2 \end{vmatrix} = A_2 A_3 - A_1 A_4 > 0$$

$$\Delta_2 = \begin{vmatrix} A_3 & A_1 & 0 \\ A_4 & A_2 & A_0 \\ 0 & A_3 & A_1 \end{vmatrix} = A_1 A_2 A_3 - A_3^2 A_0 - A_1^2 A_4 > 0$$

当 $n>4$ 时，由于计算量显著增加，我们一般不使用该判据进行系统稳定性分析。

2. 李雅普诺夫稳定性

在自动控制领域中，可用李雅普诺夫稳定性(Lyapunov stability)来描述该动力系统的稳定性，运用于线性及非线性的系统中。如果该动力系统任何初始条件在 $\boldsymbol{x}_0$ 附近的轨迹

均能维持在 $\boldsymbol{x}_0$ 附近，那么该系统可以称为在 $\boldsymbol{x}_0$ 处李雅普诺夫稳定；若任何初始条件在 $\boldsymbol{x}_0$ 附近的轨迹最后都趋近 $\boldsymbol{x}_0$，那么该系统可以称为在 $\boldsymbol{x}_0$ 处渐近稳定。更具体地，给定一个完备的赋范向量空间 $\mathbb{E}$（例如 $\mathbb{R}^n$），假设 $\boldsymbol{U}$ 是 $\mathbb{E}$ 的开子集，并考虑一个自治的非线性动力系统：

$$\dot{\boldsymbol{x}} = \boldsymbol{f}(\boldsymbol{x}(t)), \quad \boldsymbol{x}(t_0) = \boldsymbol{x}_0 \tag{3-27}$$

其中，$\boldsymbol{x}(t) \in \boldsymbol{U}$ 是系统的状态向量，$\boldsymbol{f}: \boldsymbol{U} \rightarrow \mathbb{E}$ 是 $\boldsymbol{U}$ 上的连续函数，假设函数 $\boldsymbol{f}$ 有一个零点：$\boldsymbol{f}(\boldsymbol{a})=0$，则 $\boldsymbol{x}=\boldsymbol{a}$ 是动力系统的平衡解，并且：

(1) 称点 $\boldsymbol{a}$ 李雅普诺夫稳定（简称稳定），如果对每个 $\varepsilon>0$，均存在 $\delta=\delta(\varepsilon)>0$，使得对所有满足 $\|\boldsymbol{x}_0 - a\| < \delta$ 的 $\boldsymbol{x}_0$，只要 $t \geqslant t_0$，就有 $\|\boldsymbol{x}(t) - a\| < \varepsilon$；

(2) 称点 $\boldsymbol{a}$ 渐近稳定，如果点 a 李雅普诺夫稳定，且存在 $\delta>0$，使得对所有满足 $\|\boldsymbol{x}_0 - a\| < \delta$ 的 $\boldsymbol{x}_0$，$\lim\limits_{t \rightarrow \infty} x(t) = a$；

(3) 称点 $\boldsymbol{a}$ 指数稳定，如果点 $\boldsymbol{a}$ 渐近稳定，且存在 $\alpha, \beta, \delta > 0$，使得对所有满足 $\|\boldsymbol{x}_0 - a\| < \delta$ 的 $\boldsymbol{x}_0$，只要 $t \geqslant t_0$，就有 $\|\boldsymbol{x}(t) - \boldsymbol{a}\| \leqslant \alpha \|\boldsymbol{x}_0 - \boldsymbol{a}\| \mathrm{e}^{-\beta t}$。

离散时间系统下稳定性的定义和连续时间系统下的定义几乎相同。给定度量空间 $(\boldsymbol{X}, \boldsymbol{d})$，设 $\boldsymbol{f}: \boldsymbol{X} \rightarrow \boldsymbol{X}$ 为一连续函数，如果对任意 $\varepsilon>0$，都存在 $\delta>0$，使得只要 $x \in \boldsymbol{X}$ 满足 $\boldsymbol{d}(\boldsymbol{x}, \boldsymbol{a}) < \delta$，就有 $\forall n \in \mathbb{N}, d(f^n(x), f^n(a)) < \varepsilon$，则称点 $a \in \boldsymbol{X}$ 为李雅普诺夫稳定；如果 a 是李雅普诺夫稳定的点，而且在稳定点集合的内部，即存在 $\delta>0$，使得只要 $x \in \boldsymbol{X}$ 满足 $\boldsymbol{d}(\boldsymbol{x}, \boldsymbol{a}) < \delta$，就有 $\lim\limits_{n \rightarrow \infty} d(f^n(x), f^n(a)) = 0$，则称点 $\boldsymbol{a}$ 渐近稳定。

考虑一个函数 $V(\boldsymbol{x}): \mathbb{R} \rightarrow \mathbb{R}$ 使得

(1) $V(\boldsymbol{x}) \geqslant 0$ 只有在 $\boldsymbol{x}=\boldsymbol{0}$ 处等号成立（正定）；

(2) $\dot{V}(\boldsymbol{x}) < 0$（负定）；

(3) $V(0)=0$。

则 $V(\boldsymbol{x})$ 称为李雅普诺夫函数（Lyapunov function），且系统为渐近稳定，上述结论亦称为**李雅普诺夫稳定性第二定理**。举一个简单的例子，考虑如下的动态系统：

$$\begin{cases} \dot{x}_1 = x_2 \\ \dot{x}_2 = -x_1 \quad \varepsilon(x_2^3 + x_2) \end{cases}$$

其中，ε 为任意正数，很显然它的平衡点为 $x_1=0, x_2=0$，假设李雅普诺夫函数为

$$V = \frac{1}{2}(x_1^2 + x_2^2)$$

显然 V 是正定的，进一步可求得它的导数

$$\dot{V} = x_1\dot{x}_1 + x_2\dot{x}_2 = x_1x_2 - x_2x_1 - \varepsilon x_2^4 - \varepsilon x_2^2 = -\varepsilon x_2^2(1 + x_2^2) < 0$$

对任意 $\varepsilon>0$ 成立，因此该系统在原点处渐近稳定。

3.3 动态规划和哈密顿-雅可比-贝尔曼方程

考虑如下形式的离散系统：

$$\boldsymbol{x}_{k+1} = \boldsymbol{f}(\boldsymbol{x}_k, \boldsymbol{u}_k), \quad k = 0, 1, 2, \cdots, T-1 \tag{3-28}$$

其中，$x_k \in X$，$u_k \in U$，X，U 中元素个数分别为 M，N。对于给定的初始状态 x_0，最终状态 x_T 不做约束，且从 x_k 转换到 x_{k+1} 的控制量为 u_k。假设我们规定了每种可能的状态转换代价以及终止代价，对于每条轨迹而言，在时间 T 内累计总代价等于从初始时刻 $0 \sim T-1$ 的代价之和加上终止代价。现在，我们希望能找到总代价最小的路径。

解决这个问题不计成本的最简单方法是直接“暴力”求解：从 x_0 开始，在时间 T 内枚举所有可能的轨迹并分别计算每条轨迹的成本，通过比较成本选择最优轨迹。图 3-2 展示了此思路的可视化场景，我们很容易估计实现该解决方案所需的计算工作量：存在 M^T 条轨迹，需要 T 次加法运算来计算每条轨迹的成本，最终导致大约 $O(M^T T)$ 次代数运算量。

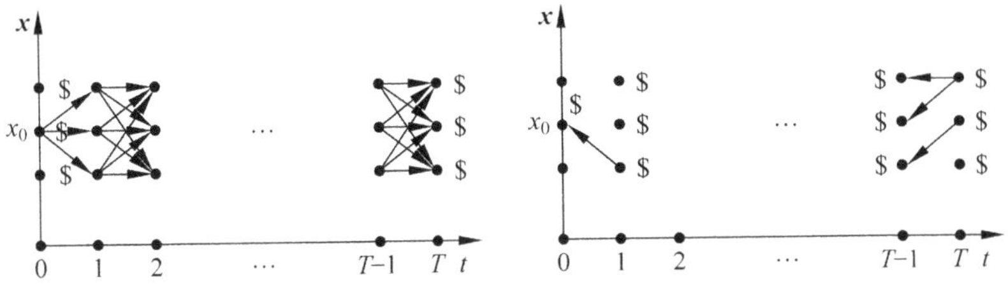

图 3-2　“前向”和“后向”搜索策略

现在让我们来看看另外一种思路，即从 T 时刻往后推算，由于在 $k=T$ 处，每个 x_k 的终止代价是已知的，那么在 $k=T-1$ 处，对于每个 x_k 得找到最合适的 x_{k+1} 以获得最小总代价(即运行一步的代价加上终止代价)，我们可以在每个 x_k 旁边记录下这个最优“代价”，并标记选择的路径(图 3-2，如果存在多条路径有相同的代价，则随机选择其中一条)；以此类推，对于 $k=T-2,\cdots,0$ 重复上述步骤，并使用前一步的代价来代替终止代价；最终，这一系列操作将生成从 x_0 到 x_T 的最佳轨迹。我们再来评估一下这种反向方案的计算量：在每个时刻 k，每个状态 x_k 和控制 u_k 生成对应的 x_{k+1}，计算其相应的代价所需操作的数是 $O(NMT)$，对比前向方案所需的 $O(M^T T)$，不难发现当 N，M 保持不变的情况下，当 T 较大时，这种后向方案效率更高。

上述描述的递归策略其实就是离散动态规划的一个实例，其理论依据称为**最优化原理**(the Principle of Optimality)，该原理表示：对于每个时间步 k，如果 x_k 是最优轨迹上的一个点，那么剩余的决策(从时间 k 开始)必须构成以 x_k 为初始条件的最优策略。正因如此，最优化原理保证了在上述例子中我们丢弃的路径均不是最优轨迹的一部分；相反，在最开始的前向策略中，我们在到达终端完成所有计算之前无法丢弃任何路径。因此，对于具有一般形式的代价泛函

$$J(t,x,u) := \int_t^T L(\tau, x(\tau), u(\tau))\,\mathrm{d}\tau + K(x(T)) \tag{3-29}$$

其中，$t \in [t_0, T)$，$x(\cdot) \in \mathbb{R}^n$ 表示在控制量 u 作用下的对应状态轨迹，并引入成本函数 $V(t,x)$：$[t_0,T) \times \mathbb{R}^n \to \mathbb{R}$：

$$\begin{cases} V(t,x) = \inf\limits_{u_{[t_0,T]}} J(t,x,u) \\ V(T,x) = K(x) \end{cases} \tag{3-30}$$

其中，$u_{[t_0,T]}$ 表示控制量 $u(t)$ 限定在 (t_0, T) 范围内，如果不存在终止约束($K \equiv 0$)，则

$V(T,\boldsymbol{x})=0$。最优化原理指出：对任意$(t,\boldsymbol{x})\in[t_0,T)\times\mathbb{R}^n$，$\Delta t\in(0,T-t]$，成本函数(3-29)满足如下关系：

$$V(t,\boldsymbol{x})=\inf_{\boldsymbol{u}_{[t,t+\Delta t]}}\left\{\int_t^{t+\Delta t}L(\boldsymbol{\tau},\boldsymbol{x}(\tau),\boldsymbol{u}(\tau))\,\mathrm{d}\tau+V(t+\Delta t,\boldsymbol{x}(t+\Delta t))\right\} \tag{3-31}$$

这意味着：如果想要寻求最优控制，我们可以在小段时间间隔内搜索一控制量，使得这段时间内的总代价(总代价等于这段时间内的运行代价和随后的最佳成本之和)最小。为了方便证明此结论，我们将式(3-31)右侧表示为

$$\bar{V}(t,\boldsymbol{x})=\inf_{\boldsymbol{u}_{[t,t+\Delta t]}}\left\{\int_t^{t+\Delta t}L(\boldsymbol{\tau},\boldsymbol{x}(\tau),\boldsymbol{u}(\tau))\mathrm{d}\tau+V(t+\Delta t,\boldsymbol{x}(t+\Delta t))\right\} \tag{3-32}$$

基于成本函数定义，对于任意$\boldsymbol{u}(\cdot)\in\boldsymbol{u}_{[t,t+\Delta t]}$，有

$$\begin{aligned}
&V(t,\boldsymbol{x})\leqslant J(t,\boldsymbol{x},\boldsymbol{u}(\cdot))\\
&=\int_t^T L(\boldsymbol{\tau},\boldsymbol{x}(\tau),\boldsymbol{u}(\tau))\,\mathrm{d}\tau+K(\boldsymbol{x}(T))\\
&=\int_t^{t+\Delta t}L(\boldsymbol{\tau},\boldsymbol{x}(\tau),\boldsymbol{u}(\tau))\,\mathrm{d}\tau+\underbrace{\int_{t+\Delta t}^{T}L(\boldsymbol{\tau},\boldsymbol{x}(\tau),\boldsymbol{u}(\tau))\mathrm{d}\tau+K(\boldsymbol{x}(T))}_{J(t+\Delta t,\boldsymbol{x}_\varepsilon(t+\Delta t),\boldsymbol{u}_\varepsilon)}\\
&=\int_t^{t+\Delta t}L(\boldsymbol{\tau},\boldsymbol{x}(\tau),\boldsymbol{u}(\tau))\,\mathrm{d}\tau+J(t+\Delta t,\boldsymbol{x}(t+\Delta t),\boldsymbol{u}(\cdot))
\end{aligned} \tag{3-33}$$

在控制域$\boldsymbol{u}_{[t,t+\Delta t]}$上取下确界可得到

$$V(t,\boldsymbol{x})\leqslant\bar{V}(t,\boldsymbol{x}) \tag{3-34}$$

另外依据下确界定义，对于任意$\varepsilon>0$，存在$\boldsymbol{u}_\varepsilon\in\boldsymbol{u}_{[t,t+\Delta t]}$，使得

$$\begin{aligned}
&V(t,\boldsymbol{x})+\varepsilon\geqslant J(t,\boldsymbol{x},\boldsymbol{u}_\varepsilon)\geqslant\int_t^{t+\Delta t}L(\boldsymbol{\tau},\boldsymbol{x}_\varepsilon(\tau),\boldsymbol{u}_\varepsilon(\tau))\,\mathrm{d}\tau+\\
&\inf_{\boldsymbol{u}_{[t+\Delta t,T]}}J(t+\Delta t,\boldsymbol{x}_\varepsilon(t+\Delta t),\boldsymbol{u}_\varepsilon)\\
&=\int_t^{t+\Delta t}L(\boldsymbol{\tau},\boldsymbol{x}_\varepsilon(\tau),\boldsymbol{u}_\varepsilon(\tau))\,\mathrm{d}\tau+V(t+\Delta t,\boldsymbol{x}_\varepsilon(t+\Delta t))\geqslant\bar{V}(t,\boldsymbol{x})
\end{aligned} \tag{3-35}$$

即

$$V(t,\boldsymbol{x})+\varepsilon\geqslant\bar{V}(t,\boldsymbol{x}) \tag{3-36}$$

对于任意$\varepsilon>0$均成立。当$\varepsilon\to0$，结合式(3-34)，可知$V(t,\boldsymbol{x})=\bar{V}(t,\boldsymbol{x})$，故式(3-31)得证。

由于式(3-31)右边式子过于复杂，直接求解式(3-30)是相当困难的，因此我们尝试对其进行进一步的化简：考虑在时间$[0,T]$内，确定系统最优控制的问题

$$V(\boldsymbol{x}(0),0)=\min_{\boldsymbol{u}}\left\{\int_0^T L(\boldsymbol{x}(t),\boldsymbol{u}(t))\,\mathrm{d}t+K(\boldsymbol{x}(T))\right\} \tag{3-37}$$

其中，$L(\cdot)$为标量代价函数，$K(\cdot)$为终止代价函数，$\boldsymbol{x}(t)$为系统状态向量，$\boldsymbol{x}(0)$为初始状态值，$\boldsymbol{u}(t)$是控制量，且$0\leqslant t\leqslant T$，系统状态$\boldsymbol{x}$满足下述动态方程：

$$\dot{\boldsymbol{x}}(t)=\boldsymbol{f}(\boldsymbol{x}(t),\boldsymbol{u}(t)) \tag{3-38}$$

假设$V(\boldsymbol{x}(t),t)$是最优代价函数，则根据动态规划的贝尔曼方程，从时间t到$t+\mathrm{d}t$，可得

$$V(\boldsymbol{x}(t),t)=\min_{u}\left\{\int_t^{t+\mathrm{d}t}L(\boldsymbol{x}(t),\boldsymbol{u}(t))\,\mathrm{d}t+V(\boldsymbol{x}(t+\mathrm{d}t),t+\mathrm{d}t)\right\} \tag{3-39}$$

最后一项的泰勒展开式如下：

$$V(\boldsymbol{x}(t+\mathrm{d}t),t+\mathrm{d}t)=V(\boldsymbol{x}(t),t)+\dot{V}(\boldsymbol{x}(t),t)\mathrm{d}t+\nabla_x V(\boldsymbol{x}(t),t)\dot{\boldsymbol{x}}(t)\mathrm{d}t+o(\mathrm{d}t) \tag{3-40}$$

其中，$o(\mathrm{d}t)$是泰勒展开式中的高阶项，若在等式两侧删除$V(\boldsymbol{x}(t),t)$，除以$\mathrm{d}t$，并取$\mathrm{d}t$趋近为0的极限，则可得到哈密顿-雅可比-贝尔曼方程(Hamilton-Jacobi-Bellman Equation，HJB方程)：

$$\dot{V}(\boldsymbol{x}(t),t)+\min_u\left\{\int_t^{t+\mathrm{d}t}L(\boldsymbol{x}(t),\boldsymbol{u}(t))+\nabla_x V(\boldsymbol{x}(t),t)f(\boldsymbol{x}(t),\boldsymbol{u}(t))\right\}=0 \tag{3-41}$$

若存在这样一个最优控制量$\boldsymbol{u}^*$，则HJB方程可进一步化简为

$$\dot{V}(\boldsymbol{x}(t),t)+L(\boldsymbol{x}(t),\boldsymbol{u}^*(t))+\nabla_x V(\boldsymbol{x}(t),t)\boldsymbol{f}(\boldsymbol{x}(t),\boldsymbol{u}^*(t))=0 \tag{3-42}$$

不难发现，HJB方程可视为动态规划在连续时间上的推广，并且由于只需计算一阶导数，运算量明显降低。

3.4 常用控制方法介绍

本节中将依次扼要介绍几种常见控制方法，如线性二次规划控制、非线性系统“输入-输出”线性化、滑模控制以及反演控制背后的基础理论知识。

3.4.1 线性二次规划控制器

线性二次规划控制(Linear Quadratic Regulator，LQR)理论是现代控制理论中发展最早也最为成熟的一种状态空间设计法，LQR可得到状态线性反馈的最优控制规律，易于构成闭环最优控制。考虑如式(3-43)所示的单输入线性时不变系统

$$\dot{\boldsymbol{x}}=\boldsymbol{A}\boldsymbol{x}+\boldsymbol{B}u,\quad \boldsymbol{A}\in\mathbb{R}^{n\times n},\quad \boldsymbol{B}\in\mathbb{R}^{n\times 1},\quad \boldsymbol{x}\in\mathbb{R}^{n\times 1},\quad u\in\mathbb{R} \tag{3-43}$$

和有限时域下的成本函数

$$J=\int_0^T L(\boldsymbol{x}(\tau),\boldsymbol{u}(\tau))\mathrm{d}\tau+K(\boldsymbol{x}(T))$$

并且$K(\boldsymbol{x})=\boldsymbol{x}^{\mathrm{T}}\boldsymbol{Q}_f\boldsymbol{x}$，$\boldsymbol{Q}_f=\boldsymbol{Q}_f^{\mathrm{T}}\geqslant\boldsymbol{0}$，$L(\boldsymbol{x},\boldsymbol{u})=\boldsymbol{x}^{\mathrm{T}}\boldsymbol{Q}\boldsymbol{x}+\boldsymbol{u}^{\mathrm{T}}\boldsymbol{R}\boldsymbol{u}$，$\boldsymbol{Q}=\boldsymbol{Q}^{\mathrm{T}}\geqslant\boldsymbol{0}$，$\boldsymbol{R}=\boldsymbol{R}^{\mathrm{T}}>\boldsymbol{0}$。

根据HJB方程，有

$$\min_u\left\{\boldsymbol{x}^{\mathrm{T}}\boldsymbol{Q}\boldsymbol{x}+\boldsymbol{u}^{\mathrm{T}}\boldsymbol{R}\boldsymbol{u}+\frac{\partial V}{\partial\boldsymbol{x}}(\boldsymbol{A}\boldsymbol{x}+\boldsymbol{B}\boldsymbol{u})\right\}+\frac{\partial V}{\partial t}=0 \tag{3-44}$$

欲求其最小值，即需求解

$$\frac{\partial}{\partial\boldsymbol{u}}\left(\boldsymbol{x}^{\mathrm{T}}\boldsymbol{Q}\boldsymbol{x}+\boldsymbol{u}^{\mathrm{T}}\boldsymbol{R}\boldsymbol{u}+\frac{\partial V}{\partial\boldsymbol{x}}(\boldsymbol{A}\boldsymbol{x}+\boldsymbol{B}\boldsymbol{u})+\frac{\partial V}{\partial t}\right)=2\boldsymbol{u}^{\mathrm{T}}\boldsymbol{R}+\frac{\partial V}{\partial\boldsymbol{x}}\boldsymbol{B}=\boldsymbol{0}$$

从而，最优控制量为

$$\boldsymbol{u}^*=-\frac{1}{2}\boldsymbol{R}^{-1}\boldsymbol{B}^{\mathrm{T}}\left(\frac{\partial V}{\partial\boldsymbol{x}}\right)^{\mathrm{T}} \tag{3-45}$$

假定成本函数拥有如下特定的二次形式，

$$V(\boldsymbol{x},t)=\boldsymbol{x}^{\mathrm{T}}\boldsymbol{P}\boldsymbol{x},\quad \boldsymbol{P}=\boldsymbol{P}^{\mathrm{T}}>\boldsymbol{0} \tag{3-46}$$

这样便有

$$\frac{\partial V}{\partial \boldsymbol{x}}=2\boldsymbol{x}^{\mathrm{T}}\boldsymbol{P},\quad \frac{\partial V}{\partial t}=\boldsymbol{x}^{\mathrm{T}}\dot{\boldsymbol{P}}\boldsymbol{x}$$

因此，可以得到

$$\boldsymbol{u}^{*}=-\boldsymbol{R}^{-1}\boldsymbol{B}^{\mathrm{T}}\boldsymbol{P}\boldsymbol{x},\boldsymbol{x}^{\mathrm{T}}(\boldsymbol{Q}-\boldsymbol{P}(t)\boldsymbol{B}\boldsymbol{R}^{-1}\boldsymbol{B}^{\mathrm{T}}\boldsymbol{P}(t)+\boldsymbol{P}(t)\boldsymbol{A}+\boldsymbol{A}^{\mathrm{T}}\boldsymbol{P}(t)+\dot{\boldsymbol{P}}(t))\boldsymbol{x}=\boldsymbol{0} \tag{3-47}$$

其中，$\boldsymbol{P}(t)$需要满足以下连续 Riccati 方程：

$$-\dot{\boldsymbol{P}}(t)=\boldsymbol{P}(t)\boldsymbol{A}+\boldsymbol{A}^{\mathrm{T}}\boldsymbol{P}(t)-\boldsymbol{P}(t)\boldsymbol{B}\boldsymbol{R}^{-1}\boldsymbol{B}^{\mathrm{T}}\boldsymbol{P}(t)+\boldsymbol{Q} \tag{3-48}$$

以及终止条件 $\boldsymbol{P}(T)=\boldsymbol{Q}_f$。请注意，上述推导描述的是有限时域下 LQR 问题的解，如果是无限时域问题，即目标函数为

$$J=\int_0^{\infty}L(\boldsymbol{x}(\tau),\boldsymbol{u}(\tau))\,\mathrm{d}\tau+K(\boldsymbol{x}(T)) \tag{3-49}$$

此时 $\boldsymbol{P}$ 对应的是方程(3-48)的稳态解，$\dot{\boldsymbol{P}}(t)=\boldsymbol{0}$，即

$$\boldsymbol{P}\boldsymbol{A}+\boldsymbol{A}^{\mathrm{T}}\boldsymbol{P}-\boldsymbol{P}\boldsymbol{B}\boldsymbol{R}^{-1}\boldsymbol{B}^{\mathrm{T}}\boldsymbol{P}+\boldsymbol{Q}=\boldsymbol{0} \tag{3-50}$$

在 MATLAB 中，对于连续系统我们可以用 lqr 函数[2]（离散系统使用 dlqr[3]）来求得对应的反馈控制矩阵 $\boldsymbol{K}$。

3.4.2 非线性系统的“输入-输出”线性化

我们先考虑单输入/单输出(Single-Input-Single-Output，SISO)的仿射非线性系统

$$\begin{cases}\dot{\boldsymbol{x}}=\boldsymbol{f}(\boldsymbol{x})+\boldsymbol{g}(\boldsymbol{x})u\\ y=h(\boldsymbol{x})\end{cases} \tag{3-51}$$

其中，系统状态 $\boldsymbol{x}\in\mathbb{R}^{n\times1}$，控制输入 $u\in\mathbb{R}$，系统输出 $y\in\mathbb{R}$，$\boldsymbol{f}:\mathbb{R}^{n\times1}\to\mathbb{R}^{n\times1}$，$\boldsymbol{g}:\mathbb{R}^{n\times1}\to\mathbb{R}^{n\times1}$ 和 $h:\mathbb{R}^{n\times1}\to\mathbb{R}$ 都是已知函数。针对非线性系统进行控制率设计时，其难度通常大于线性系统的控制设计，为此，我们很自然地想到是不是存在一种方法使得式(3-51)具有线性表达形式，并且能否找到合适的控制率 u 使得该系统稳定。为此，我们有如下的定义：形如式(3-51)的非线性系统，若存在一个微分同胚 $\boldsymbol{T}:\mathbb{R}^{n\times1}\to\mathbb{R}^{n\times1}$ 定义如式(3-52)所示的坐标变换

$$z=\boldsymbol{T}(\boldsymbol{x}) \tag{3-52}$$

且存在如式(3-53)所示的控制率

$$\boldsymbol{u}=\boldsymbol{\vartheta}(\boldsymbol{x})+\boldsymbol{\omega}^{-1}(\boldsymbol{x})\boldsymbol{v} \tag{3-53}$$

则非线性系统式(3-51)可以变换成如式(3-54)所示的线性状态空间形式，即

$$\dot{z}=\boldsymbol{A}z+\boldsymbol{B}\boldsymbol{v} \tag{3-54}$$

我们称非线性系统式(3-51)是可“输入-输出”线性化的。

将输出方程微分可得

$$\dot{y}=\frac{\partial h}{\partial \boldsymbol{x}^{\mathrm{T}}}\dot{\boldsymbol{x}}=\frac{\partial h}{\partial \boldsymbol{x}^{\mathrm{T}}}\boldsymbol{f}(\boldsymbol{x})+\frac{\partial h}{\partial \boldsymbol{x}^{\mathrm{T}}}\boldsymbol{g}(\boldsymbol{x})u=L_f h(\boldsymbol{x})+L_g h(\boldsymbol{x})u \tag{3-55}$$

其中，L 是 Lie 导数运算符，若 $L_g h(\boldsymbol{x})\neq0$，则可定义控制量 u 为

$$u=(-L_f h(\boldsymbol{x})+v)/L_g h(\boldsymbol{x}) \tag{3-56}$$

将 u 代入 $\dot{y}$ 的表达式可得到微分方程 $\dot{y}=v$。

若 $L_g h(\boldsymbol{x})=0$,我们则对 y 继续进行微分,直到对于某个整数 $r\leqslant n$,使得

$$y^{(r)}=L_f^r h(\boldsymbol{x})+L_g L_f^{r-1} h(\boldsymbol{x}) u \tag{3-57}$$

且 $L_g L_f^{r-1} h(\boldsymbol{x})\neq 0$,这样我们可令

$$u=(-L_f^r h(\boldsymbol{x})+v)/L_g L_f^{r-1} h(\boldsymbol{x}) \tag{3-58}$$

并回代到式(3-57)中,则可得到线性微分方程 $y^{(r)}=v$。获得该微分方程需要对 y 进行微分操作的次数称为系统的相对阶,更具体地,即对于非线性仿射系统式(3-51),如果

$$L_g L_f^i h(\boldsymbol{x})=0, \quad \forall 0\leqslant i<r-1, \quad L_g L_f^{r-1} h(\boldsymbol{x})\neq 0 \tag{3-59}$$

则系统具有相对阶 r。

特别地,如果系统相对阶 r 与系统的维数 n 相等,系统式(3-51)可完全实现输入输出的线性化,且对应是坐标变换式(3-52)和反馈控制律式(3-53)需满足以下三个条件:

(1) $\dfrac{\partial T_i}{\partial \boldsymbol{x}^{\mathrm{T}}} g(\boldsymbol{x})=0, \forall i=1,2,\cdots,n-1, \dfrac{\partial T_n}{\partial \boldsymbol{x}^{\mathrm{T}}} g(x)\neq 0$;

(2) $\dfrac{\partial T_i}{\partial \boldsymbol{x}^{\mathrm{T}}} \boldsymbol{f}(\boldsymbol{x})=T_{i+1}, \forall i=1,2,\cdots,n-1$;

(3) 函数 $\boldsymbol{\vartheta}(\boldsymbol{x})$ 和 $\boldsymbol{\omega}(\boldsymbol{x})$ 由 $\boldsymbol{\omega}(\boldsymbol{x})=\dfrac{\partial T_n}{\partial \boldsymbol{x}^{\mathrm{T}}} g(\boldsymbol{x}), \boldsymbol{\vartheta}(\boldsymbol{x})=-\left(\dfrac{\partial T_n}{\partial \boldsymbol{x}^{\mathrm{T}}} \boldsymbol{f}(\boldsymbol{x})\right)\Big/\left(\dfrac{\partial T_n}{\partial \boldsymbol{x}^{\mathrm{T}}} \boldsymbol{g}(\boldsymbol{x})\right)$ 确定。

限于篇幅,我们不加证明地给出:此时坐标变换 $\boldsymbol{T}$ 的各分量形式为 $T_i=L_f^{n-1} h(\boldsymbol{x})$。我们将在后续章节中进一步运用上述推导简化非线性车辆动力学系统,以方便控制率设计。

3.4.3 滑模控制

针对如式(3-60)所示的动态系统

$$\dot{\boldsymbol{x}}(t)=\boldsymbol{f}(\boldsymbol{x},t)+\boldsymbol{g}(\boldsymbol{x},t)\boldsymbol{u} \tag{3-60}$$

其中,$\boldsymbol{x}\in\mathbb{R}^n, \boldsymbol{u}\in\mathbb{R}^m, \boldsymbol{f}: \mathbb{R}^n\times\mathbb{R}\rightarrow\mathbb{R}^n, \boldsymbol{g}: \mathbb{R}^n\times\mathbb{R}\rightarrow\mathbb{R}^{n\times m}$ 是连续函数。滑模控制的常见思路是设计一个状态反馈控制律 $\boldsymbol{u}(\boldsymbol{x}(t))$,在此控制律下强迫系统轨迹进入一降阶子空间,并让轨迹维持在该子空间内从而可以在子空间内滑动,这个降阶子空间称为"滑移超曲面"(简称为"滑移面")。通常选择一个函数 $s:\mathbb{R}^n\rightarrow\mathbb{R}^m$,表示状态 $\boldsymbol{x}$ 远离滑模面的程度,在滑移面外的状态 $\boldsymbol{x}$ 会有 $s(\boldsymbol{x})\neq\boldsymbol{0}$,在滑移面上的状态有 $\boldsymbol{s}(\boldsymbol{x})=\boldsymbol{0}$,滑移面的维度是 $n\times m$(其中 n 是状态维度,m 是输入信号维度),这样,针对每个控制都有对应的滑膜面

$$\{\boldsymbol{x}\in\mathbb{R}^n: s_k(\boldsymbol{x})=\boldsymbol{0}\}, \quad 1\leqslant k\leqslant m, \quad k\in\mathbb{N}^+ \tag{3-61}$$

滑膜面将状态空间分为上下两部分:$s_k>0$ 及 $s_k<0$,如图 3-3 所示,在切换面上存在三种运动点,分别是:常规点 A,系统运动点到达切换面 $s_k=0$ 附近时穿过的点;起始点 B,系统运动点到达切换面 $s_k=0$ 附近时,向切换面两边离开的点;终止点 C,系统运动点到达切换面 $s_k=0$ 附近时,从切换面两边趋近的点。如果切换面上的某一区域内所有点都是终止点,则系统运动点趋于该区域时,就会停留在该区域内运动,称 $s_k=0$ 上所有运动点都

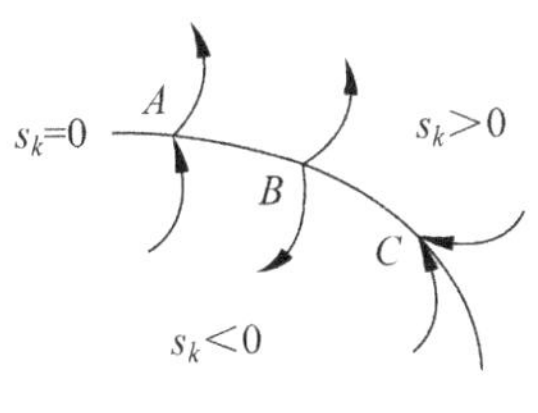

图 3-3 切换面三种点的特性

是终止点的区域为“滑动模态区”；系统在“滑动模态区”内的运动称为“滑模运动”。

因此，滑模控制关键是选择控制律使得“滑模运动”存在，并且确认系统可以从任意的初始条件到达滑模面 $\boldsymbol{s}(\boldsymbol{x})=\boldsymbol{0}$；到达 $\boldsymbol{s}(\boldsymbol{x})=\boldsymbol{0}$ 后，可以通过反馈控制让系统维持在 $\boldsymbol{s}(\boldsymbol{x})=\boldsymbol{0}$ 上。从直观上理解：当运动点到达切换面 $s_k=0$ 附近时，必有 $\lim\limits_{s_k\to 0^+}\dot{s}_k\leqslant 0$ 以及 $\lim\limits_{s_k\to 0^-}\dot{s}_k\geqslant 0$，可写为 $\lim\limits_{s_k\to 0}s_k\dot{s}_k\leqslant 0$，此式对系统保证了李雅普诺夫稳定条件。对于李雅普诺夫函数 $V=\boldsymbol{s}^{\mathrm{T}}\boldsymbol{s}/2$，如果 $\dot{V}\leqslant 0$，则系统是李雅普诺夫稳定的，且最终稳定于切换面 $\boldsymbol{s}=\boldsymbol{0}$ 上。

假设

$$\frac{\partial \boldsymbol{s}}{\partial \boldsymbol{x}}\boldsymbol{g}(\boldsymbol{x},t) \tag{3-62}$$

是非奇异的，也就是说，系统有某种可控制性使得永远存在一种控制方式可以让轨迹更靠近滑动模式。只要达到了滑模模式 $\boldsymbol{s}(\boldsymbol{x})=\boldsymbol{0}$，系统会维持在滑模上，沿着滑模轨迹，$\boldsymbol{s}(\boldsymbol{x})$ 为定值，因此滑模轨迹可以用以下的微分方程来描述，即

$$\dot{\boldsymbol{s}}(\boldsymbol{x})=\frac{\partial \boldsymbol{s}}{\partial \boldsymbol{x}}\dot{\boldsymbol{x}}(t)=\frac{\partial \boldsymbol{s}}{\partial \boldsymbol{x}}(\boldsymbol{f}(\boldsymbol{x},t)+\boldsymbol{g}(\boldsymbol{x},t)\boldsymbol{u})=\boldsymbol{0} \tag{3-63}$$

对应的等效控制为

$$\boldsymbol{u}=-\left(\frac{\partial \boldsymbol{s}}{\partial \boldsymbol{x}}\boldsymbol{g}(\boldsymbol{x},t)\right)^{-1}\frac{\partial \boldsymbol{s}}{\partial \boldsymbol{x}}f(\boldsymbol{x},t) \tag{3-64}$$

类似地，在滑动模式上的系统轨迹类似

$$\begin{aligned}\dot{\boldsymbol{x}}(t)&=\boldsymbol{f}(\boldsymbol{x},t)+\boldsymbol{g}(\boldsymbol{x},t)\left(\frac{\partial \boldsymbol{s}}{\partial \boldsymbol{x}}\boldsymbol{g}(\boldsymbol{x},t)\right)^{-1}\frac{\partial \boldsymbol{s}}{\partial \boldsymbol{x}}f(\boldsymbol{x},t)\\&=\boldsymbol{f}(\boldsymbol{x},t)\left(\boldsymbol{I}-g(\boldsymbol{x},t)\left(\frac{\partial \boldsymbol{s}}{\partial \boldsymbol{x}}\boldsymbol{g}(\boldsymbol{x},t)\right)^{-1}\frac{\partial \boldsymbol{s}}{\partial \boldsymbol{x}}\right)\end{aligned} \tag{3-65}$$

所得的系统符合滑动模式的微分方程 $\dot{\boldsymbol{s}}(\boldsymbol{x})=\boldsymbol{0}$。只要滑模面 $\boldsymbol{s}(\boldsymbol{x})=\boldsymbol{0}$ 具有李雅普诺夫稳定性，从到达相位的轨迹条件可以简化为上述较简单的条件。因此，系统在找到滑动模式后，会经过一些初始的暂态，之后就可以假定为符合较简单的 $\dot{\boldsymbol{s}}(\boldsymbol{x})=\boldsymbol{0}$ 条件。若 $\boldsymbol{s}(\boldsymbol{x})=\boldsymbol{0}$ 只是近似成立，系统的动态仍可以近似为上述的特性。

从上可以看出，滑模运动对进入系统时足够小的扰动是不敏感的，只要控件输入满足 $\boldsymbol{s}^{\mathrm{T}}\dot{\boldsymbol{s}}\leqslant\boldsymbol{0}$ 即可，而且 $\dot{\boldsymbol{s}}$ 均匀有界地远离 0，滑模的运作就如同系统没有扰动时一样。滑模控制对特定扰动及模型不确定性的不敏感是很具吸引力的，满足鲁棒控制，因而受到青睐。为了简便说明滑模控制的具体实施步骤，考虑式(3-60)中单输入的情况，并定义如下滑模面：

$$s(\boldsymbol{x})=\sum_{i=1}^{n}p_i x_i=\boldsymbol{p}\boldsymbol{x} \tag{3-66}$$

其中，加权系数 $p_i>0$，且 $\boldsymbol{p}=[p_1,p_2,\cdots,p_n]$，若轨迹强迫在曲面上滑行则需有

$$\dot{s}(\boldsymbol{x})=\boldsymbol{p}\dot{\boldsymbol{x}}=0 \tag{3-67}$$

很明显式(3-67)是阶数为 $n-1$ 的降阶系统。

定义李雅普诺夫函数为 $V=\boldsymbol{s}^{\mathrm{T}}\boldsymbol{s}/2$，对其求导可得

$$\dot{V}=s^{\mathrm{T}}\dot{s}=s^{\mathrm{T}}\boldsymbol{p}\dot{\boldsymbol{x}}=s^{\mathrm{T}}(\boldsymbol{p}\boldsymbol{f}(\boldsymbol{x},t)+\boldsymbol{p}\boldsymbol{g}(\boldsymbol{x},t)u) \tag{3-68}$$

为了保证 $\dot{V}\leqslant 0$，选择控制率 u

$$u(\boldsymbol{x})=\begin{cases}u^{+}(\boldsymbol{x}), & s(\boldsymbol{x})>0\\ u^{-}(\boldsymbol{x}), & s(\boldsymbol{x})<0\end{cases}\tag{3-69}$$

u^{+} 和 u^{-} 表示两种不同的控制模式，从而使得

$$\begin{cases}\dot{s}<0, & s(\boldsymbol{x})>0\\ \dot{s}<0, & s(\boldsymbol{x})<0\end{cases}\tag{3-70}$$

例如，让 $(\boldsymbol{p}f(\boldsymbol{x},t)+\boldsymbol{p}\boldsymbol{g}(\boldsymbol{x},t)u)=-\operatorname{sign}(\boldsymbol{s})$，sign 表示符号函数，这样 $\dot{V}=-\boldsymbol{s}^{\mathrm{T}}\operatorname{sign}(\boldsymbol{s})=-|s|\leqslant 0$ 保证系统可渐近稳定。具体的控制率为

$$u(\boldsymbol{x})=\begin{cases}-(1+\boldsymbol{p}\boldsymbol{f}(\boldsymbol{x},t))/(\boldsymbol{p}\boldsymbol{g}(\boldsymbol{x},t)), & s(\boldsymbol{x})>0\\ (1-\boldsymbol{p}\boldsymbol{f}(\boldsymbol{x},t))/(\boldsymbol{p}\boldsymbol{g}(\boldsymbol{x},t)), & s(\boldsymbol{x})<0\end{cases}\tag{3-71}$$

从上述推导不难看出，滑模控制是一类特殊的非线性控制，且非线性表现为控制的不连续性；并且滑动模态可以灵活设计，与对象参数及扰动无关，使得滑模控制具有快速响应、对应参数变化及扰动不灵敏、无须系统在线辨识、物理实现简单等优点，在各类工程应用中得到广泛应用。

3.4.4 反演控制

反演控制(Backstepping Control)也是另一种常用的非线性系统设计方法，它通过引入虚拟控制，将复杂的非线性系统分解成多个更简单和阶数更低的系统，然后选择适当的李雅普诺夫函数来保证系统的稳定性，并逐步导出最终的控制律及参数自适应律，实现对系统的有效控制和全局调节。让我们考虑最简单的一种带有积分器的非线性动态系统

$$\begin{cases}\dot{\boldsymbol{x}}=\boldsymbol{f}(\boldsymbol{x})+\boldsymbol{g}(\boldsymbol{x})\sigma\\ \dot{\sigma}=u\end{cases}\tag{3-72}$$

其中，$[\boldsymbol{x},\sigma]^{\mathrm{T}}\in\mathbb{R}^{n+1}$ 为系统的状态向量，$u\in\mathbb{R}$ 是控制输入，$\boldsymbol{f}:\mathbb{R}^{n\times 1}\to\mathbb{R}^{n\times 1}$ 和 $\boldsymbol{g}:\mathbb{R}^{n\times 1}\to\mathbb{R}^{n\times 1}$ 都是已知函数。我们需要设计一个状态反馈控制律，使得当 $t\to\infty$ 时，$\boldsymbol{x},\sigma\to 0$。

假设存在光滑的状态反馈控制律 $\sigma=\phi(\boldsymbol{x})$，其中 $\phi:\mathbb{R}^{n\times 1}\to\mathbb{R}^{1\times n}$，$\phi(0)=0$，使得系统 $\dot{\boldsymbol{x}}=\boldsymbol{f}(\boldsymbol{x})+\boldsymbol{g}(\boldsymbol{x})\phi(\boldsymbol{x})$ 在原点是渐近稳定的，且存在相应的李雅普诺夫函数 $V(\boldsymbol{x})$，使得

$$\dot{V}(\boldsymbol{x})=\frac{\partial V}{\partial \boldsymbol{x}}(\boldsymbol{f}(\boldsymbol{x})+\boldsymbol{g}(\boldsymbol{x})\phi(\boldsymbol{x}))\leqslant -W(\boldsymbol{x})<0,\quad W(\boldsymbol{x})>0,\forall\,\boldsymbol{x}\in\mathbb{R}^{n\times 1}\tag{3-73}$$

通过在式(3-72)的右边加上和减去 $\boldsymbol{g}(\boldsymbol{x})\phi(\boldsymbol{x})$，有

$$\begin{cases}\dot{\boldsymbol{x}}=\boldsymbol{f}(\boldsymbol{x})+\boldsymbol{g}(\boldsymbol{x})\phi(\boldsymbol{x})+\boldsymbol{g}(\boldsymbol{x})(\sigma-\phi(\boldsymbol{x}))\\ \dot{\sigma}=u\end{cases}\tag{3-74}$$

并用 e_σ 表示状态 σ 与虚拟控制 $\phi(\boldsymbol{x})$ 之间的误差：

$$e_\sigma=\sigma-\phi(\boldsymbol{x})\tag{3-75}$$

将式(3-75)代入系统式(3-74)，可得

$$\begin{cases}\dot{\boldsymbol{x}}=\boldsymbol{f}(\boldsymbol{x})+\boldsymbol{g}(\boldsymbol{x})\phi(\boldsymbol{x})+\boldsymbol{g}(\boldsymbol{x})e_\sigma\\ \dot{e}_\sigma=u-\dot{\phi}(\boldsymbol{x})\end{cases}\tag{3-76}$$

由于 $\boldsymbol{f}$，$\boldsymbol{g}$ 和 ϕ 是已知的，并且

$$\dot{\phi}(\boldsymbol{x})=\frac{\partial \phi}{\partial \boldsymbol{x}}(\boldsymbol{f}(\boldsymbol{x})+\boldsymbol{g}(\boldsymbol{x})\sigma) \tag{3-77}$$

令

$$u=v+\dot{\phi} \tag{3-78}$$

其中，$v\in\mathbb{R}$ 是标称控制输入，这样式(3-76)变换后的系统可表示为

$$\begin{cases}\dot{\boldsymbol{x}}=\boldsymbol{f}(\boldsymbol{x})+\boldsymbol{g}(\boldsymbol{x})\phi(\boldsymbol{x})+\boldsymbol{g}(\boldsymbol{x})e_{\sigma}\\ \dot{e}_{\sigma}=v\end{cases} \tag{3-79}$$

不难发现式(3-79)与初始系统式(3-72)有着相似的形式，不同之处在于在输入为零时，系统式(3-79)的第一个子系统在原点处渐近稳定，虚拟控制 $\phi(\boldsymbol{x})$ 可以从 $u=v+\dot{\phi}$ 通过积分器"反演"得到。

现在再来设计针对整个系统的李雅普诺夫函数 $\hat{V}(\boldsymbol{x},\sigma)$，设为

$$\hat{V}(\boldsymbol{x},\sigma)=V(\boldsymbol{x})+\frac{1}{2}e_{\sigma}^{2} \tag{3-80}$$

并计算它的一阶导数

$$\begin{aligned}\dot{\hat{V}}(\boldsymbol{x},\sigma)=&\frac{\partial V}{\partial \boldsymbol{x}}(\boldsymbol{f}(\boldsymbol{x})+\boldsymbol{g}(\boldsymbol{x})\phi(\boldsymbol{x}))+\frac{\partial V}{\partial \boldsymbol{x}}\boldsymbol{g}(\boldsymbol{x})e_{\sigma}+\\ &e_{\sigma}v\leqslant -W(\boldsymbol{x})+\frac{\partial V}{\partial \boldsymbol{x}}\boldsymbol{g}(\boldsymbol{x})e_{\sigma}+e_{\sigma}v\end{aligned} \tag{3-81}$$

假定控制输入 v 选择为

$$v=-\frac{\partial V}{\partial \boldsymbol{x}}\boldsymbol{g}(\boldsymbol{x})-ke_{\sigma},\quad k>0 \tag{3-82}$$

将式(3-82)代入式(3-81)，有

$$\dot{\hat{V}}(\boldsymbol{x},\sigma)=-W(\boldsymbol{x})-ke_{\sigma}^{2}\leqslant 0 \tag{3-83}$$

这表明系统式(3-79)在原点处($\boldsymbol{x}=\boldsymbol{0},e_{\sigma}=0$)是渐近稳定的。由于 $\phi(0)=0$，且当 $t\to\infty$，$e_{\sigma}\to 0$；因此，系统式(3-72)在原点 $\boldsymbol{x}=\boldsymbol{0},\sigma=0$)也是渐近稳定的。

最后将式(3-75)、式(3-77)、式(3-82)代入式(3-78)，控制律的最终形式为

$$u=v+\dot{\phi}=\frac{\partial \phi}{\partial \boldsymbol{x}}(\boldsymbol{f}(\boldsymbol{x})+\boldsymbol{g}(\boldsymbol{x})\sigma)-\frac{\partial V}{\partial \boldsymbol{x}}\boldsymbol{g}(\boldsymbol{x})-k(\sigma-\phi(\boldsymbol{x})) \tag{3-84}$$

3.5 车辆二自由度动力学模型

车辆作为复杂的非线性系统比较难以建立完整的车辆动力学模型，对于车辆路径跟踪控制而言，出于简化考虑，做出如下假设：

(1) 假设左前轮和右前轮转向角一致，并忽略车辆转向系统的作用，直接以前轮转角作为路径跟随控制器的控制输入；

(2) 假设悬架系统是刚体，忽略悬架系统对轮胎的作用；

(3) 假设轮胎侧偏特性在线性区内；不考虑轮胎回正力矩；

(4) 假设道路水平,无高度变化,不考虑垂向、俯仰及侧倾运动;

(5) 假设车辆无载荷转移;

(6) 假设车辆以匀速 V 行驶。

基于上述假设,如图 3-4 所示,当车辆沿 x 轴方向匀速行驶(纵向速度 $u \approx V$ 且保持不变),车辆只包含横向和横摆两个自由度。OXY 为固定的大地全局坐标系,$O'xy$ 为车辆局部坐标系,F_{yf} 和 F_{yr} 分别为车辆前后轴所受到的侧偏力,r 为车辆质心处的横摆角速度,δ 为前轮转角,α_f 和 α_r 分别指前后轮的轮胎侧偏角,γ 为车辆前轴速度与 x 轴的夹角,L_f 和 L_r 分别为质心到前后轴的距离,m 和 I_z 为车辆质量和绕 z 轴的转动惯量。

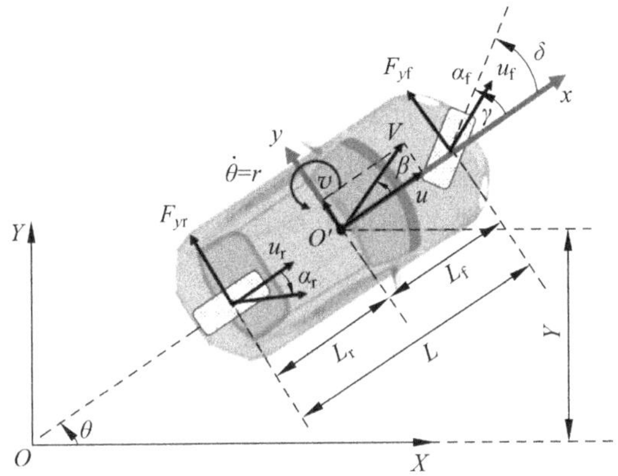

图 3-4 车辆二自由度动力学模型

车辆在 y 轴方向的合力及绕质心处的合力矩为

$$\begin{cases} F_Y = F_{yf}\cos(\gamma) + F_{yr} \\ M_Z = \alpha F_{yf}\cos(\gamma) - bF_{yr} \end{cases} \tag{3-85}$$

当车辆侧向加速度较小时轮胎处于线性工作区域,对应的轮胎侧偏角较小,前后轮的轮胎侧偏力由下式给出:

$$\begin{cases} F_{yf} = -C_f\alpha_f \\ F_{yr} = -C_r\alpha_r \end{cases} \tag{3-86}$$

其中,C_f,C_r 分别为前后轮的等效侧偏刚度。

此外,一般情况下,γ 较小,$\cos(\gamma) \approx 1$,故有

$$F_Y = -2C_f\alpha_f - 2C_r\alpha_r \tag{3-87}$$

$$M_Z = -2L_fC_f\alpha_f + 2L_rC_r\alpha_r \tag{3-88}$$

车辆动力学方程的表现形式在不同参考坐标系的视角下是有所差异的,我们首先来考察其在车辆局部坐标系 $O'xy$ 下的表现形式,从图不难得到,前后侧偏角 α_f,α_r 分别为

$$\alpha_f = \frac{\dot{y} + L_f r}{V} - \delta \tag{3-89}$$

$$\alpha_r = \frac{\dot{Y} - L_r r}{V} \tag{3-90}$$

依据牛顿第二定律,y 坐标方向的运动方程为

$$m(\ddot{y}+Vr)=-2C_{\mathrm{f}}\left(\frac{\dot{y}+L_{\mathrm{f}}r}{V}-\delta\right)-2C_{\mathrm{r}}\left(\frac{\dot{y}-L_{\mathrm{r}}r}{V}\right) \tag{3-91}$$

假设车辆绕 z 轴旋的横摆运动可认为是刚体绕定轴转动，故有

$$J_{z}\dot{r}=-2L_{\mathrm{f}}C_{\mathrm{f}}\left(\frac{\dot{y}+L_{\mathrm{f}}r}{V}-\delta\right)+2L_{\mathrm{r}}C_{\mathrm{r}}\left(\frac{\dot{y}-L_{\mathrm{r}}r}{V}\right) \tag{3-92}$$

注意到 $r=\mathrm{d}\theta/\mathrm{d}t$，于是可以得到车辆局部坐标系下的二自由度动力学方程

$$\begin{cases}m\left(\dfrac{\mathrm{d}^2 y}{\mathrm{d}t^2}\right)+2\dfrac{C_{\mathrm{f}}+C_{\mathrm{r}}}{V}\dfrac{\mathrm{d}y}{\mathrm{d}t}+\left(2\dfrac{L_{\mathrm{f}}C_{\mathrm{f}}-L_{\mathrm{r}}C_{\mathrm{r}}}{V}+mV\right)\dfrac{\mathrm{d}\theta}{\mathrm{d}t}=2C_{\mathrm{f}}\delta \\ J_{z}\dfrac{\mathrm{d}^2\theta}{\mathrm{d}t^2}+2\dfrac{L_{\mathrm{f}}^2C_{\mathrm{f}}+L_{\mathrm{r}}^2C_{\mathrm{r}}}{V}\dfrac{\mathrm{d}\theta}{\mathrm{d}t}+2\dfrac{L_{\mathrm{f}}C_{\mathrm{f}}-L_{\mathrm{r}}C_{\mathrm{r}}}{V}\dfrac{\mathrm{d}y}{\mathrm{d}t}=2L_{\mathrm{f}}C_{\mathrm{f}}\delta\end{cases} \tag{3-93}$$

如图 3-4 所示，在大地坐标系下，如果车辆近似地直线行进，车辆全局质心侧偏角中 φ 和横摆角 θ 都比较小，即 $|\theta|\ll 1$，$|\varphi|\ll 1$，这样对应的车辆前轮转向角也比较小，$|\delta|\ll 1$，此时作用于车轮的侧向力方向与大地 Y 轴近乎重合。因此大地坐标系下的车辆动力学方程可近似为

$$m\ddot{Y}=-2C_{\mathrm{f}}\alpha_{\mathrm{f}}-2C_{\mathrm{r}}\alpha_{\mathrm{r}} \tag{3-94}$$

$$J_{z}\dot{r}=-2L_{\mathrm{f}}C_{\mathrm{f}}\alpha_{\mathrm{f}}+2L_{\mathrm{r}}C_{\mathrm{r}}\alpha_{\mathrm{r}} \tag{3-95}$$

由于 $|\varphi|\ll 1$，车辆质心处 x 方向的纵向速度 $V\cos\varphi\approx V$，而 y 方向的速度分量 $V\sin\varphi\approx V\varphi=\dot{Y}$，此时前后侧偏角 α_{f}，α_{r} 分别为

$$\alpha_{\mathrm{f}}\approx\frac{\dot{Y}+L_{\mathrm{f}}r}{V}-\delta-\theta \tag{3-96}$$

$$\alpha_{\mathrm{r}}\approx\frac{\dot{Y}-L_{\mathrm{r}}r}{V}-\theta \tag{3-97}$$

最终，大地坐标系下的车辆二自由度动力学方程为

$$\begin{cases}m\left(\dfrac{\mathrm{d}^2 Y}{\mathrm{d}t^2}\right)+\dfrac{2(C_{\mathrm{f}}+C_{\mathrm{r}})}{V}\dfrac{\mathrm{d}Y}{\mathrm{d}t}+\dfrac{2(L_{\mathrm{f}}C_{\mathrm{f}}-L_{\mathrm{r}}C_{\mathrm{r}})}{V}\dfrac{\mathrm{d}\theta}{\mathrm{d}t}-2(C_{\mathrm{f}}+C_{\mathrm{r}})\theta=2C_{\mathrm{f}}\delta \\ J_{z}\dfrac{\mathrm{d}^2\theta}{\mathrm{d}t^2}+\dfrac{2(L_{\mathrm{f}}^2C_{\mathrm{f}}+L_{\mathrm{r}}^2C_{\mathrm{r}})}{V}\dfrac{\mathrm{d}\theta}{\mathrm{d}t}-2(L_{\mathrm{f}}C_{\mathrm{f}}-L_{\mathrm{r}}C_{\mathrm{r}})\theta+\dfrac{2(L_{\mathrm{f}}C_{\mathrm{f}}-L_{\mathrm{r}}C_{\mathrm{r}})}{V}\dfrac{\mathrm{d}Y}{\mathrm{d}t}=2L_{\mathrm{f}}C_{\mathrm{f}}\delta\end{cases} \tag{3-98}$$

习　　题

3.1　在 Frenét 坐标系中对单位切向量和法向量进行微分操作，可得到

$$\begin{cases}\dfrac{\mathrm{d}\boldsymbol{e}_t}{\mathrm{d}s}=\kappa\boldsymbol{e}_n \\ \dfrac{\mathrm{d}\boldsymbol{e}_n}{\mathrm{d}s}=-\kappa\boldsymbol{e}_t\end{cases}$$

上式亦称为平面内的 Frenét-Serret 定理，请证明该结论。

3.2 请找出两种不同类型的非常值调和函数，并证明你的结论。

3.3 在 MATLAB 软件中，分别用 B 样条曲线和三次自然样条曲线方法对如表 3-1 所示的双移线路径采样点进行插值，并对比这两种方法的插值效果。

表 3-1 双移线参考采样点坐标 m

X	0	65	70	75	80	85	90	95	120	125	130	135	140	145	160
Y	0	0	0.1	0.7	1.8	2.8	3.4	3.5	3.5	3.3	2.4	1.1	0.2	0	0

3.4 用 MATLAB 求解如下二次规划问题：

$$\min_{x} \frac{1}{2}\boldsymbol{x}^{\mathrm{T}}\boldsymbol{H}\boldsymbol{x}+\boldsymbol{f}^{\mathrm{T}}\boldsymbol{x}, \quad \boldsymbol{H}=\begin{bmatrix}2 & 1 & -1\\ 1 & 3 & 0.5\\ -1 & 0.5 & 5\end{bmatrix}, \quad f=\begin{bmatrix}4\\ -7\\ 12\end{bmatrix}$$

$$\text{s.t.}\begin{cases}2x_1+x_2+x_3\leqslant 10\\ 4x_1+3x_2+2x_3\leqslant 20\\ 3x_1+5x_2+4x_3\leqslant 30\end{cases}$$

如果额外考虑非线性约束 $x_1^2+x_2^2+x_3^2\leqslant 12$，试问结果如何？

3.5 讨论如下动态系统

$$\begin{cases}\dot{x}=-x+y^2\\ \dot{y}=-2y+3x^2\end{cases}$$

在其平衡点的李雅普诺夫稳定性。

3.6 如考虑如下非线性系统

$$\begin{cases}\dot{x}_1=a\sin x_2\\ \dot{x}_2=-x_1^2+u\\ y=x_1\end{cases}$$

其中，x_1，x_2 是系统状态变量，u 为控制输入，y 为系统输出，$a\in\mathbb{R}$ 为已知常数，确定一坐标变化 $\boldsymbol{T}$ 使得该系统可转化为一等效线性系统。

3.7 考虑如下的控制系统

$$\dot{\boldsymbol{x}}=\boldsymbol{A}\boldsymbol{x}+\boldsymbol{B}u$$

其中，$\boldsymbol{A}=\begin{bmatrix}0 & 1 & 0\\ 0 & -2 & 1\\ 0 & 0 & -1\end{bmatrix}$，$\boldsymbol{B}=\begin{bmatrix}0\\ 0\\ 10\end{bmatrix}$，若控制目标函数为

$$\mathcal{J}=\int_0^{\infty}\frac{1}{2}\boldsymbol{x}^{\mathrm{T}}(t)\boldsymbol{x}(t)+u^2(t)\mathrm{d}t$$

初始状态为 $\boldsymbol{x}_0=[0.5,0,-1]^{\mathrm{T}}$，请尝试：(1)在 MATLAB 中用 LQR 设计反馈控制律使得该系统在原点处镇定，并画出在此控制率下的系统状态 10s 内的响应值；(2)若采样时间为 0.01s，对上述连续动态系统采样后得到离散系统，若仍想实现此控制目标，在 MATLAB 中如何设计状态反馈控制率？(3)利用 SMC 方法，设计合适的滑模面和切换函数使得上述系统在原点处镇定，并在 MATLAB 中画出在此控制率下的系统状态 10s 内的响应值。

3.8 针对习题 3.6 中的动态系统，假设 $a=1$，初始状态 $\boldsymbol{x}_0=[0.5,-1]^{\mathrm{T}}$，用反演控制方法设计状态反馈控制律使其在原点处镇定，并在 MATLAB 中画出在此控制率下的系统状态 10s 内的响应值。

3.9 假设某测试车辆的相关参数如表 3-2 所示，请在 MATLAB/Simulink 中搭建该仿真模型并画出该动态系统在角阶跃输入(方向盘转角输入为 90°)下 10s 内的系统状态响应值。

表 3-2 车辆系统参数

参　　数	值	单　　位
前轴长度	1.4	m
后轴长度	1.65	m
前轮侧偏刚度	7200	N/rad
后轮侧偏刚度	7200	N/rad
车辆质量	1800	kg
车辆绕 Z 轴旋转的转动惯量	3200	$\mathrm{kg\cdot m^2}$
转向系传动比	18	—

参 考 文 献

[1] MATLAB quadprog Help Page,https://www.mathworks.com/help/optim/ug/quadprog.html.
[2] MATLAB lqr Help Page,https://www.mathworks.com/help/control/ref/lqr.html.
[3] MATLAB dlqr Help Page,https://www.mathworks.com/help/control/ref/dlqr.html.

第 4 章

智能车辆轨迹规划理论与方法

车辆轨迹规划作为无人车辆的重要功能模块之一，是无人车辆信息感知和车辆控制的桥梁，是无人车辆自主驾驶的基础。轨迹规划是实现车辆主动避障、自动导航等重要功能的关键技术。车辆的主动避障研究也从单纯的路径规划，即只考虑本车和障碍物之间的几何关系寻找一条不与障碍物发生碰撞的路径，转向为不仅包含路径信息，还应包含路径对应的速度信息的轨迹规划，同时还需考虑车辆速度对车辆驾驶舒适性、安全性的影响。无人车的主动避障系统、道路保持系统、堵车辅助系统以及自动泊车系统等子功能模块及其相应控制的实现过程是根据环境信息进行路径规划为前提的[1-2]。如式(4-1)所示，车辆轨迹规划问题本质上可以视为满足车辆动力学约束和道路环境约束，以优化路径性质(如长度、曲率等)为目标的最优化问题，即

$$\min_{\boldsymbol{u}}\int_{t=0}^{t=t_e}\mathcal{J}(\boldsymbol{x},\boldsymbol{u},t)\,\mathrm{d}t$$

$$\text{s. t.}\begin{cases}\dot{\boldsymbol{x}}=\boldsymbol{f}(\boldsymbol{x},\boldsymbol{u},t)\\ \boldsymbol{F}(\boldsymbol{x},\boldsymbol{u},t)=0\\ \boldsymbol{g}_{\min}\leqslant\boldsymbol{G}(\boldsymbol{x},\boldsymbol{u},t)\leqslant\boldsymbol{g}_{\max}\\ \boldsymbol{u}_{\min}\leqslant\boldsymbol{u}\leqslant\boldsymbol{u}_{\max}\\ \Delta\boldsymbol{u}_{\min}\leqslant\Delta\boldsymbol{u}\leqslant\Delta\boldsymbol{u}_{\max}\end{cases}\tag{4-1}$$

其中，$\mathcal{J}$ 为轨迹优化目标函数，t_e 为规划终止时刻，$\boldsymbol{x}$ 为系统状态，$\boldsymbol{u}$ 为控制变量，$\Delta\boldsymbol{u}$ 为控制增量，下标 max 和 min 分别表述最大值和最小值，$\boldsymbol{f}$，$\boldsymbol{F}$，$\boldsymbol{G}$ 表示车辆动力学系统，以及与系统状态和控制相关的等式约束表达式和不等式约束表达式。但我们不难感觉直接求解式(4-1)是相当复杂且耗时的，为了降低问题的复杂度，避免直接求解，目前常见的方法是：一方面将车辆视作质点模型，采取**“先规划后跟随”**的策略，即先规划车辆轨迹，然后基于车辆动力学和先进控制理论，生成最优控制量使得车辆跟随规划轨迹；另一方面，将轨迹规划问题解耦为“路径规划”和“速度规划”，其中路径规划保证车辆获得可跟随的免碰撞路径，然后在规划路径基础上再进一步匹配安全的车速。

目前大多数无人驾驶车辆的路径规划借鉴了移动机器人路径规划方法，即将机器人的规划算法改进运用到车辆的路径规划中。本章将介绍几种针对智能车辆路径规划常用方法，包括在移动机器人领域较为运用广泛的人工势场法、弹性绳法、快速随机决策树法(RRT)、智能群落算法、基于多项式和最优选择机制的路径规划算法以及基于二次规划的最优路径规划算法等。

4.1 道路模型

如图 4-1 所示，假定道路中心线的全局笛卡儿坐标位置 $\boldsymbol{R}_c=(X_c,Y_c)$ 可以描述成关于道路中心线弧长 s_c 的一组参数方程，即

$$\begin{cases}X_c=f_X(s_c)\\ Y_c=f_Y(s_c)\end{cases} \tag{4-2}$$

若道路中心线由一系列数据采样点构成（假定共有 N 个数据点），那么每个采样点对应的道路中心线弧长 $s_{c,i}$ 可由下式近似给出：

$$s_{c,i}=s_{c,i-1}+\sqrt{(X_{c,i}-X_{c,i-1})^2+(Y_{c,i}-Y_{c,i-1})^2},\quad i=1,2,\cdots,N,s_0=0 \tag{4-3}$$

为了更加方便描述在道路环境中的位置，基于 3.1 节中的内容，引入基于道路中心线的 Frenét 道路坐标系，则其切向和法向单位向量的计算如下：

$$\begin{cases}\boldsymbol{e}_t(s_c)=\dfrac{f'_X(s_i)}{\sqrt{f'^2_X(s_c)+f'^2_Y(s_c)}}\boldsymbol{e}_x+\dfrac{f'_Y(s_i)}{\sqrt{f'^2_X(s_c)+f'^2_Y(s_c)}}\boldsymbol{e}_y\\ \boldsymbol{e}_n(s_c)=\dfrac{-f'_Y(s_i)}{\sqrt{f'^2_X(s_c)+f'^2_Y(s_c)}}\boldsymbol{e}_x+\dfrac{f'_X(s_i)}{\sqrt{f'^2_X(s_c)+f'^2_Y(s_c)}}\boldsymbol{e}_y\end{cases} \tag{4-4}$$

这样，倘若给定道路上任意某一位置 $\boldsymbol{R}=(X,Y)$，以及对应的道路中心线长度 s_c 和到道路中心线的法向偏离 L，根据如图 4-1 所示的向量关系式 $\boldsymbol{R}=\boldsymbol{R}_c+L\boldsymbol{e}_n$，则有

$$\begin{cases}X(s_c)=X_c(s_c)-\dfrac{Lf'_Y(s_i)}{\sqrt{f'^2_X(s_c)+f'^2_Y(s_c)}}\\ Y(s_c)=Y_c(s_c)+\dfrac{Lf'_X(s_i)}{\sqrt{f'^2_X(s_c)+f'^2_Y(s_c)}}\end{cases} \tag{4-5}$$

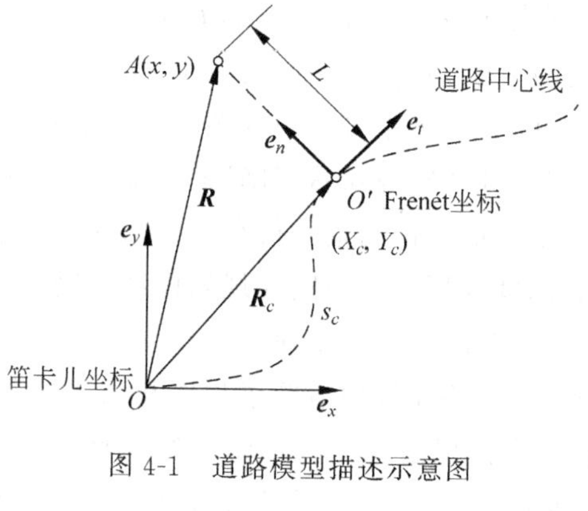

图 4-1 道路模型描述示意图

式(4-4)给出了道路 Frenét 坐标系与道路全局笛卡儿坐标系之间的一一对应关系：$(s_c,L)\mapsto(X,Y)$。让我们看一个具体例子，假设道路中心线为三次多项式曲线，道路长度约 $L=250\text{m}$，道路开始处的曲率为 0，终止处的曲率为 $C_f=1/800$，道路曲率变化率 $C=(C_f-C_0)/L=1/200000$，道路中心线侧向位移方程设为 $y_r=Cx_r^3/6=x_r^3/1200000$。首先，在

该中心线上以间距为 1 采样得到关于道路中心线的笛卡儿 X 坐标值($\boldsymbol{x}_r=0:1:250$,共计 $n=251$ 个采样点),并以此计算得到道路中心线纵向笛卡儿 Y 坐标值,然后参照式(4-6)通过勾股定理近似计算出相邻采样点之间的距离,并累计得到路径向量 $\boldsymbol{s}$(初始值 $s[0]=0$)。

$$s[i]=s[i-1]+\mathrm{sqrt}((x[i]-x[i-1])^2+(y[i]-y[i-1])^2),\quad i=1,2,\cdots,n \tag{4-6}$$

依据三次样条曲线插值方法分别获得 X、Y 坐标与路程 s 的函数关系式:

$$\begin{cases} f_{rx}=\mathrm{SplineInterpolation}(\boldsymbol{s},\boldsymbol{x}_r,\text{'cubic'}) \\ f_{ry}=\mathrm{SplineInterpolation}(\boldsymbol{s},\boldsymbol{y}_r,\text{'cubic'}) \end{cases} \tag{4-7}$$

依据式(4-4)计算道路中心线上对应采样点的法向向量 $\boldsymbol{e}_n=(\boldsymbol{\chi},\boldsymbol{\sigma})$,其中,

$$\boldsymbol{\chi}=\frac{-f'_{ry}(\boldsymbol{s})}{\sqrt{f'^2_{rx}(\boldsymbol{s})+f'^2_{ry}(\boldsymbol{s})}},\quad \boldsymbol{\sigma}=\frac{f'_{rx}(\boldsymbol{s})}{\sqrt{f'^2_{rx}(\boldsymbol{s})+f'^2_{ry}(\boldsymbol{s})}} \tag{4-8}$$

类似地,同样构建道路中心线法向向量分量与路程的函数关系,即

$$\begin{cases} f_{r\chi}=\mathrm{SplineInterpolation}(\boldsymbol{s},\boldsymbol{\chi}) \\ f_{r\sigma}=\mathrm{SplineInterpolation}(\boldsymbol{s},\boldsymbol{\sigma}) \end{cases} \tag{4-9}$$

这样,任意道路 Frenét 坐标(s,L)和相应的笛卡儿坐标(x,y)的转化关系为

$$\begin{cases} x(s)=x_r(s)+Lf_{r\chi}(s) \\ y(s)=y_r(s)+Lf_{r\sigma}(s) \end{cases} \tag{4-10}$$

假设道路宽度为 b,令 $L=\pm b$,代入式(4-10)即可算出道路左右边界的数据点,在 MATLAB 中通过 plot 命令将其画出,如图 4-2 所示。

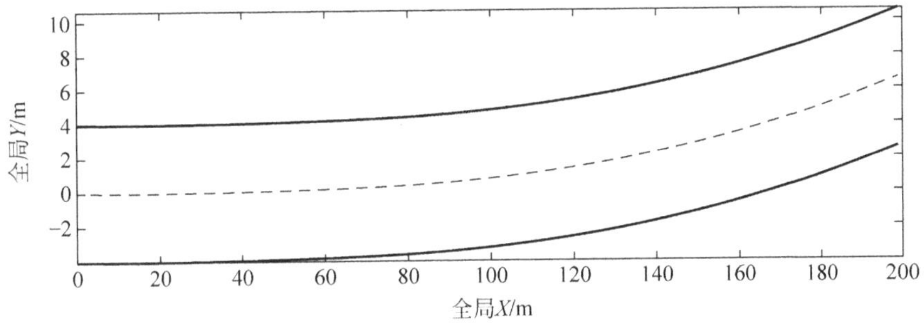

图 4-2　道路模型绘制示例

程序 4.1

4.2　人工势场法

虚拟人工势场法最早由 Khatib 提出[4],其核心原理是将车辆在环境中的运动视为其处于虚拟人工力场中的运动。如图 4-3 所示,作用于障碍物的“障碍物势场”对车辆产生“排斥力”,而作用于目标点的“目标势场”对车辆产生“吸引力”。通常而言,吸引力场会随着车辆与目标点距离的增加而逐渐减小,其方向仍指向目标处;排斥力场随着主车与障碍物距离的增大而逐渐减小,其方向背离障碍物边界,且在障碍物边界存在极大值。吸引力和排斥力的合力为车辆运动的合力,它决定了车辆的运动方向,并进一步计算出

车辆的行驶路径。人工势场方法最大的优势在于具有良好的实时性、结构简单、方便底层控制，因而在实时避障方面得到广泛的应用。首先我们来介绍传统人工势场理论在车辆局部路径规划中的应用。

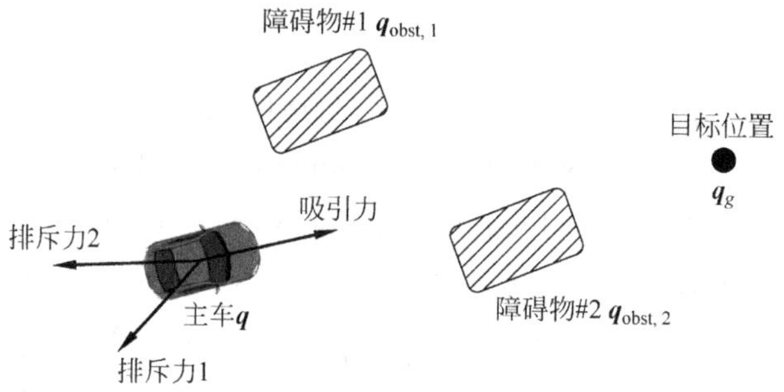

图 4-3 人工势场法路径规划示意图

4.2.1 人工势场理论在车辆局部路径规划中的应用

如前所述，引力势场主要与车辆和目标点间的距离有关，距离越大，车辆的势能值就越大；距离越小，车辆的势能值则越小。为此，引力势场的函数可设计为

$$U_{\text{att}}(\boldsymbol{q})=\frac{1}{2}\eta(\rho(\boldsymbol{q},\boldsymbol{q}_g))^2 \tag{4-11}$$

式中，η 为正比例增益系数，$\rho(\boldsymbol{q},\boldsymbol{q}_g)$表示车辆的位置 $\boldsymbol{q}$ 和目标点位置 $\boldsymbol{q}_g$ 之间的距离，其大小为两者间的欧几里得距离 $\|\boldsymbol{q}-\boldsymbol{q}_g\|$，矢量方向是从车辆的位置指向目标点位置。相应的引力 $F_{\text{att}}(\boldsymbol{q})$为引力场对距离的负梯度，引力方向指向目标点，即

$$\boldsymbol{F}_{\text{att}}(\boldsymbol{q})=-\nabla U_{\text{att}}(\boldsymbol{q})=\eta\rho(\boldsymbol{q},\boldsymbol{q}_g) \tag{4-12}$$

类似地，决定障碍物斥力势场的因素是车辆与障碍物间的距离，当车辆未进入障碍物的影响范围时，其受到的势能值为零；在车辆进入障碍物的影响范围后，两者之间的距离越大，车辆受到的势能值就越小，距离越小，车辆势能值就越大。因此，斥力势场的势场函数为

$$U_{\text{req}}(\boldsymbol{q})=\begin{cases}\dfrac{1}{2}k\left(\dfrac{1}{\rho_{\text{obst}}(\boldsymbol{q},\boldsymbol{q}_{\text{obst}})}-\dfrac{1}{\rho_0}\right)^2, & 0\leqslant\rho_{\text{obst}}(\boldsymbol{q},\boldsymbol{q}_{\text{obst}})\leqslant\rho_0\\ 0, & \rho_{\text{obst}}(\boldsymbol{q},\boldsymbol{q}_{\text{obst}})>\rho_0\end{cases} \tag{4-13}$$

式中，k 为正比例系数，$\rho_{\text{obst}}(\boldsymbol{q},\boldsymbol{q}_{\text{obst}})$表示车辆的位置 $\boldsymbol{q}$ 和障碍物位置 $\boldsymbol{q}_{\text{obst}}$ 之间的距离，大小为汽车与障碍物间的欧几里德距离 $\|\boldsymbol{q}-\boldsymbol{q}_{\text{obst}}\|$，方向为从障碍物指向车辆；$\rho_0$ 为一常数，表示障碍物对车辆产生作用的最大距离。继而，相应的斥力为斥力场对距离的负梯度，即

$$\begin{aligned}\boldsymbol{F}_{\text{req}}(\boldsymbol{q})&=-\nabla U_{\text{req}}(\boldsymbol{q})\\&=\begin{cases}k\left(\dfrac{1}{\rho_{\text{obst}}(\boldsymbol{q},\boldsymbol{q}_{\text{obst}})}-\dfrac{1}{\rho_0}\right)\dfrac{\nabla\rho_{\text{obst}}(\boldsymbol{q},\boldsymbol{q}_{\text{obst}})}{(\rho_{\text{obst}}(\boldsymbol{q},\boldsymbol{q}_{\text{obst}}))^2}, & 0\leqslant\rho_{\text{obst}}(\boldsymbol{q},\boldsymbol{q}_{\text{obst}})\leqslant\rho_0\\ 0, & \rho_{\text{obst}}(\boldsymbol{q},\boldsymbol{q}_{\text{obst}})>\rho_0\end{cases}\end{aligned} \tag{4-14}$$

最终，车辆受到由上两节建立的引力势场和障碍物斥力势场组成的复合场的作用，在车辆前往目标点的过程中很有可能同时受到多个障碍物的斥力场作用，即车辆所受到的斥力场作用是叠加的，车辆的势能值为一个引力场和多个障碍物斥力场的共同作用，即

$$U(\boldsymbol{q}) = U_{\mathrm{att}}(\boldsymbol{q}) + \sum_{i=1}^{m} U_{\mathrm{req},i}(\boldsymbol{q}) \tag{4-15}$$

式中，m 为对车辆起作用的障碍物的个数。

因此，车辆所受到的合力为

$$\boldsymbol{F}(\boldsymbol{q}) = -\nabla U(\boldsymbol{q}) = \boldsymbol{F}_{\mathrm{att}}(\boldsymbol{q}) + \sum_{i=1}^{m} \boldsymbol{F}_{\mathrm{req},i}(\boldsymbol{q}) \tag{4-16}$$

它决定了车辆的运动方向，从而进一步计算出车辆的行驶路径。若将主车视作质点，在引力场和多个障碍物斥力场的共同作用下运动，其行驶路径用 $\boldsymbol{P}$ 表示。路径生成的伪代码过程如表 4-1 所示。

表 4-1 基于传统人工势场法路径生成伪代码

1. 初始化：$p_{x,1} = x_{\mathrm{start}}$，$p_{y,1} = y_{\mathrm{start}}$，设置路径搜索步长 $\mathrm{d}s$
2. $k=1$；

Loop

$$F_{x,k} = -\frac{\partial U}{\partial x}\bigg|_{\substack{x=p_{x,k}\\ y=p_{y,k}}},\quad F_{y,k} = -\frac{\partial U}{\partial y}\bigg|_{\substack{x=p_{x,k}\\ y=p_{y,k}}}$$

$$\theta_k = \arctan\left(\frac{F_{y,k}}{F_{x,k}}\right)$$

$$p_{x,k+1} = p_{x,k} + \mathrm{d}s \cdot \cos\theta_k,\quad p_{y,k+1} = p_{y,k} + \mathrm{d}s \cdot \sin\theta_k$$

$k = k+1$；

End do

为了验证上述算法，如图 4-4 所示，文献[5]设置了一条长度为 1800m，车道宽 3.5m 的双车道直道中的避障仿真场景，图 4-4(a)中共有 5 个静态障碍物，其位置与图 4-4(b)中的前 5 个障碍物相同，图 4-4(b)中的 7 个障碍物的位置分别为(262.34，1.93)，(568.62，2.37)，(826.17，4.2)，(853.74，1.21)，(1099.2，3.09)，(1350.41，2.32)，(1601.18，2.8)。障碍物的最大影响距离 $\rho_0 = 15\mathrm{m}$，障碍物斥力势场系数 $k=1.5$，引力势场系数 $\eta=17$。在图 4-4(a)中，路径经过了目标点，但是没有在目标点停下来而是继续往下走，即遇到目标不可达的问题；这是由于障碍物与目标点距离太近，当车辆到达目标点时，根据势场函数可知，目标点的引力降为零，而障碍物的斥力不为零，此时车辆虽到达目标点，但在斥力场的作用下不能停下来，从而导致目标不可达的问题。在图 4-4(b)中，路径没有到达目标点，而是在某个障碍物前陷入了局部极小点，这是由于引力势场的范围比较大，而斥力的作用范围只是局部的，容易在某个点出现引力和斥力刚好大小相等方向相反的情况，则出现局部最优解。当位于局部极小点时，规划的路径容易产生振荡或者停滞不前。障碍物越多，产生局部最小点的可能性就越大，因而产生局部最小点的数量也就越多，从而导致规划难度增加，甚至失败。

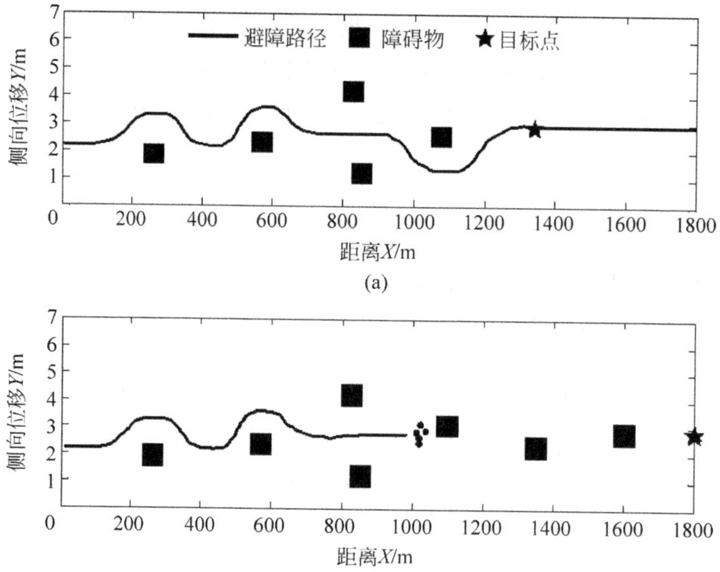

图 4-4 传统人工势场法规划的路径

(a) 目标点不可达；(b) 局部极小点

4.2.2 弹性绳和虚拟人工势场的路径规划理论

为了避免上述人工势场法的"极小值陷阱"问题，我们可以选择 3.1 节中介绍的调和函数作为人工势场函数，由于调和函数仅在边界处存在极值，这样可以避免在路径规划可行域内出现极小点。对于车辆局部路径规划而言，理想的人工势场函数的设计应该满足以下两个要点：

(1) 边界约束。即构建的势场必须保证车辆始终位于道路边界约束内部。为了满足这个条件，通常使用对数函数或负指数函数来构建道路边界势场(边界处势场值趋于无穷大)，使得车辆远离道路边界。

(2) 势场异向性。即构建的势场危险值应与主车和障碍物的相对位置相关，比如主车在侧向保持与障碍物相距 1m 远比主车在纵向上与障碍物保持 1m 的距离安全得多。因此在构建"障碍物势场"时，须使得在同一与障碍物中心距离上的车辆纵向势场值大于其横向上的势场值。

考虑到危险势场包括道路边界势场和障碍物势场，结合上述设计要点，势场具体设计如下：

(1) 道路边界势场。为了使车辆不会越过道路边界，应当使得车辆靠近道路边界时，道路边界势场值趋向无穷大，为此选取如式(4-17)所示的虚拟势场：

$$U_{\text{border},q} = -k_{\text{border},q}\ln(\|\boldsymbol{R}-\boldsymbol{R}_q\|) \tag{4-17}$$

式中，$k_{\text{border},q}$ 为道路边界刚度值，下标 $q\in[l,r]$，分别表示道路左右边界。

(2) 障碍物势场。类似地，为了使车辆不会与障碍物发生碰撞，应当使得车辆靠近障碍物时，障碍物势场值趋向无穷大：

$$U_{\text{obst}}=\begin{cases}-k_{\text{obst}}\cdot\ln(\|\boldsymbol{R}-\boldsymbol{R}_{o,m}\|-r_{\text{sc}}), & \|\boldsymbol{R}-\boldsymbol{R}_{o,m}\|>r_{\text{sc}}\\+\infty, & \text{其他}\end{cases}\tag{4-18}$$

式中，k_{obst} 为障碍物势场刚度值；$\boldsymbol{R}_{o,m}$ 为第 m 个障碍车辆的质心坐标；r_{sc} 为安全圆半径，如图 4-5 所示，所谓安全圆即以障碍车辆质心为圆心、半径为 r_{sc} 且包含障碍车的虚拟圆。

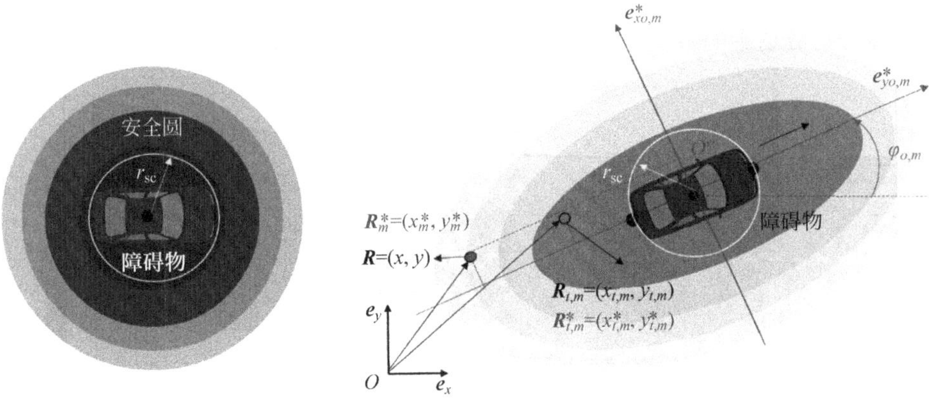

(a) (b)

彩图 4-5

图 4-5 障碍物势场示意图

(a) 原始障碍物势场；(b) 改进后的障碍物势场

但式(4-18)所示的障碍物势场等高线是圆形的，无法满足前面提到的势场异向性。为了扩大障碍物势场在纵向上的影响范围，我们拟将纵向坐标点进行"缩放"(保持横向坐标点不变)，从而使得原来离障碍物的更远点再经变换后离障碍物"更近"。考虑以障碍车辆的质心 $\boldsymbol{R}_o$ 为坐标原点，障碍车纵向轴线为 X 轴构建的**障碍车局部坐标系 $\boldsymbol{O}^*_m$**，道路全局坐标系下的任意点 $\boldsymbol{R}=(x,y)$ 在障碍物局部坐标系 $\boldsymbol{O}^*$ 下对应的坐标点 $\boldsymbol{R}^*=(x^*,y^*)$，$\boldsymbol{R}_t=(x_t,y_t)$ 表示 $\boldsymbol{R}$ 经缩放变换后的全局坐标点，$\boldsymbol{R}^*_t=(x^*_t,y^*_t)$ 表示 $\boldsymbol{R}_t$ 在障碍物局部坐标系 $\boldsymbol{O}^*$ 下对应的坐标点，$\boldsymbol{R}^*$ 和 $\boldsymbol{R}^*_t$ 之间的几何关系为

$$\begin{bmatrix}x^*_t\\y^*_t\end{bmatrix}=\begin{bmatrix}\beta & 0\\0 & 1\end{bmatrix}\begin{bmatrix}x^*\\y^*\end{bmatrix},\quad 0<\beta<1\tag{4-19}$$

式中，β 称为障碍物势场缩放因子。这样式(4-19)可以重写为

$$\boldsymbol{R}^*_t=\boldsymbol{\Gamma}\boldsymbol{R}^*,\quad \boldsymbol{\Gamma}=\begin{bmatrix}\beta & 0\\0 & 1\end{bmatrix}\tag{4-20}$$

另外，$\boldsymbol{R}$ 和 $\boldsymbol{R}^*$，以及 $\boldsymbol{R}_t$ 跟 $\boldsymbol{R}^*_t$ 满足如下的旋转变化：

$$\boldsymbol{R}^*=\mathcal{R}(\boldsymbol{R}-\boldsymbol{R}_o),\quad \boldsymbol{R}^*_t=\mathcal{R}(\boldsymbol{R}_t-\boldsymbol{R}_o),\quad \mathcal{R}=\begin{bmatrix}\cos\varphi_o & \sin\varphi_o\\-\sin\varphi_o & \cos\varphi_o\end{bmatrix}\tag{4-21}$$

式中，φ_o 表示障碍物的横摆角。这样经缩放变换后的全局坐标点与障碍物质心的距离为

$$\boldsymbol{R}_t-\boldsymbol{R}_o=\mathcal{T}(\boldsymbol{R}-\boldsymbol{R}_o)\tag{4-22}$$

其中，$\mathcal{T}=\mathcal{R}^{-1}\boldsymbol{\Gamma}\mathcal{R}$。最终经改进后的障碍物势场表达式可表示为

$$U^*_{\text{obst}}=\begin{cases}-k_{\text{obst}}\ln(\|\mathcal{T}(\boldsymbol{R}-\boldsymbol{R}_{o,m})\|-r_{\text{sc}}), & \|\mathcal{T}(\boldsymbol{R}-\boldsymbol{R}_{o,m})\|>r_{\text{sc}}\\+\infty, & \text{其他}\end{cases}\tag{4-23}$$

最后将“道路边界势场”与“障碍物势场”之和称为“外势场”，如下所示：

$$U_{\text{ext}} = U_{\text{border}} + U_{\text{obst}}^{*} \tag{4-24}$$

由于每个时间障碍物的位置和状态可能是变化的，因此它可以描述成关于时间的函数。图 4-6 表示的是在曲线车道上障碍物势场在改进前后的对比，从图中可以清晰地观察到，改进后的障碍物势场值对比改进之前有显著增加，主车受到的障碍物“排斥”效果更为显著；改进后的障碍物势场影响范围更大，能够引导主车提前避障，保证安全。

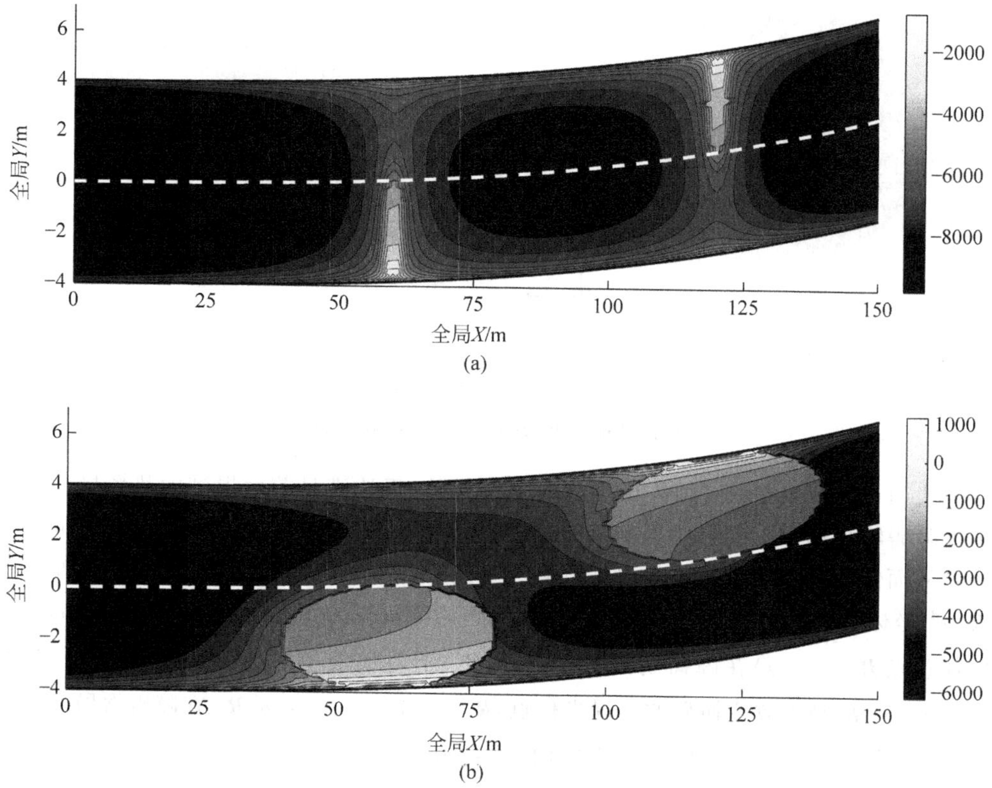

彩图 4-6

图 4-6 改进障碍物势场前后的外部势场效果对比图

(a) 原始势场；(b) 改进后的势场

危险势场定义好以后，我们再来介绍避障路径弹性绳模型。弹性绳模型的核心思想即假定车辆避障路径是由一根虚拟弹性绳连接而成，如图 4-7 所示，假设该弹性绳由 $N+1$ 个节点组成的 N 个线性弹簧串联，弹簧的拉伸满足简单的胡克定律。每个节点的位置向量在道路坐标系中可表示为

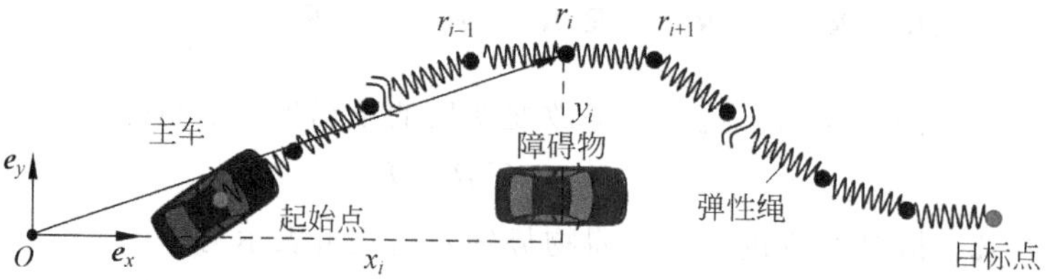

图 4-7 弹性绳模型示意图

$$\boldsymbol{r}_i = x_i \boldsymbol{e}_x + y_i \boldsymbol{e}_y, \quad 0 \leqslant i \leqslant N \tag{4-25}$$

由于弹性绳首尾两端固定(意味着弹性绳首尾处节点坐标已知),节点处的弹性势能可由相邻的两个节点间的拉伸长度给出,即

$$U_{\text{int},i} = \frac{1}{2}(k_{\text{int}}(\| \boldsymbol{r}_i - \boldsymbol{r}_{i-1} \| - l_0)^2 + k_{\text{int}}(\| \boldsymbol{r}_{i+1} - \boldsymbol{r}_i \| - l_0)^2), \quad 1 \leqslant i \leqslant N \tag{4-26}$$

式中,k_{int} 为第 i 段弹簧的刚度,l_0 为第 i 段弹簧自然状态下的未拉伸长度,长度定义为欧氏空间距离,即

$$\| \boldsymbol{r}_i - \boldsymbol{r}_{i-1} \| = \sqrt{(x_i - x_{i-1})^2 + (y_i - y_{i-1})^2} \tag{4-27}$$

弹性绳每个节点受到外界势场所生成的“斥力”,它应与弹性绳之间“内势场”产生的拉力保持平衡,这样通过求解弹性绳节点的平衡位置即为避障路径。每个弹性绳节点因虚拟势场生成的虚拟势场力可通过对虚拟势场的梯度运算得到。

(1) 道路边界势场力为

$$\boldsymbol{F}_{\text{border},i} = -\nabla_i U_{\text{border},q} = \frac{k_{\text{border},q}}{\| \boldsymbol{R} - \boldsymbol{R}_q \|} \frac{\boldsymbol{R} - \boldsymbol{R}_q}{\| \boldsymbol{R} - \boldsymbol{R}_q \|} \tag{4-28}$$

式中,$1 \leqslant i \leqslant N$ 表示弹性绳节点序号。

(2) 类似地,障碍物虚拟势场力计算公式为

$$\boldsymbol{F}_{\text{obst},i} = -\nabla U_{\text{obst},i} = \begin{cases} k_{\text{obst}} \sum_{j=1}^{M} \dfrac{\mathcal{T}}{\| \mathcal{T}(\boldsymbol{r}_i - \boldsymbol{R}_{o,j}) \| - r_{\text{sc}}} \cdot \dfrac{\boldsymbol{r}_i - \boldsymbol{R}_{o,j}}{\| \boldsymbol{r}_i - \boldsymbol{R}_{o,j} \|}, & \mathcal{T}\| \boldsymbol{r}_{i,t,j} - \boldsymbol{R}_{o,j} \| > r_{\text{sc}} \\ 0, & \text{其他} \end{cases} \tag{4-29}$$

式中,M 表示主车检测到的障碍物数目,下标 j 表示障碍物序号。

(3) 每个节点因弹性绳内部势场产生的内力计算公式为

$$\boldsymbol{F}_{\text{int},i} = \boldsymbol{F}_{\text{int},r} + \boldsymbol{F}_{\text{int},l} = -\nabla U_{\text{int},i} = K_r \boldsymbol{r}_{i+1} - (K_r + K_l)\boldsymbol{r}_i + K_l \boldsymbol{r}_{i-1} \tag{4-30}$$

其中,

$$K_r = -\frac{k_{\text{int}}(\| \boldsymbol{r}_{i+1} - \boldsymbol{r}_i \| - l_0)}{\| \boldsymbol{r}_{i+1} - \boldsymbol{r}_i \|}, \quad K_l = -\frac{k_{\text{int}}(\| \boldsymbol{r}_{i-1} - \boldsymbol{r}_i \| - l_0)}{\| \boldsymbol{r}_{i-1} - \boldsymbol{r}_i \|}$$

我们把道路边界虚拟势场力和障碍物虚拟势场力的合力称为外部合力,记为

$$\boldsymbol{F}_{\text{ext},i} = \boldsymbol{F}_{\text{border},i} + \boldsymbol{F}_{\text{obst},i} \tag{4-31}$$

如图4-8所示,根据节点处力平衡状态得到下式:

$$\boldsymbol{F}_{\text{ext},i} + \boldsymbol{F}_{\text{int},i} = 0, \quad 1 \leqslant i \leqslant N \tag{4-32}$$

对于 $N+1$ 个弹性绳节点,若首尾节点均固定,将方程式(3-34)分解到横向和纵向两个方向将得到 $2(N-1)$ 大小的方程组。考虑到车辆进行换道避障时路径节点的纵向位移可均匀分布取点,为了计算更加简便,我们可以约束节点的纵向位移,即

$$\boldsymbol{r}_i \boldsymbol{e}_x = x_i = i \cdot \Delta x, \quad i = 1, 2, \cdots, N \tag{4-33}$$

式中,Δx 为节点之间的纵向间隔,这样方程(4-32)可以化简为

$$\boldsymbol{F}_{\text{ext},y,i} + \boldsymbol{F}_{\text{int},y,i} = 0, \quad 1 \leqslant i \leqslant N-1 \tag{4-34}$$

求解此非线性方程组便可得到弹性绳节点的横向位置。

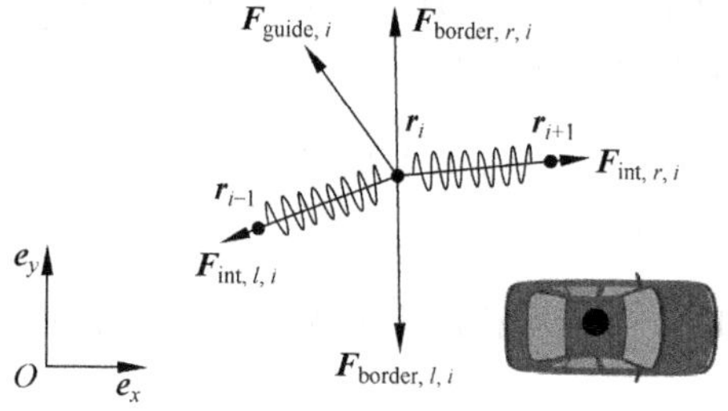

图 4-8 弹性绳节点处受力分析

目前非线性方程组的求解无论在理论还是实际应用方面都不如线性方程组成熟和有效。一般来说，非线性方程组大都是通过迭代的数值方法来求解，常见的方法包括区间迭代法、Newton-Raphson 法、Broyden 弦截法等。其中对于非线性方程组的迭代求解方法最具代表性的是 Newton-Raphson 法以及其变形应用，Newton-Raphson 算法是一种在可能存在方程根的区间上通过将方程表达式进行泰勒级数展开近似求解寻根的方法，因此该算法要求求解的函数表达式连续可微，并且其一阶导数是连续的。该方法虽然不具有全局收敛性质，但对于足够好的初始值收敛效果还是比较快速的。

若方程组(4-34)可表示为如下形式：

$$\boldsymbol{F}(\boldsymbol{z})=0,\quad \dim \boldsymbol{z}=N-1 \tag{4-35}$$

其中，$\boldsymbol{F}=[\boldsymbol{F}_{\text{total},1},\boldsymbol{F}_{\text{total},2},\cdots,\boldsymbol{F}_{\text{total},N-1}]^{\mathrm{T}}$，$\boldsymbol{F}_{\text{total},i}=\boldsymbol{F}_{\text{ext},y,i}+\boldsymbol{F}_{\text{int},y,i}$，选取一组初始值为 $\boldsymbol{z}^{(0)}$ 来进行迭代逼近。我们可以采取一种简单的几何方法来获得一组初始解，如图 4-9 所示：在 Frenét 道路坐标系内获取到障碍物车辆边界与离它较远的车道边界的中点 P_i，将起始点标记为 P_0，并联合这些中点 P_i 以及目标点 P_N，基于弹性绳各节点纵向位置值采用拉格朗日插值法求得各点对应的横向位置，最后转换回笛卡儿坐标系作为初始解。

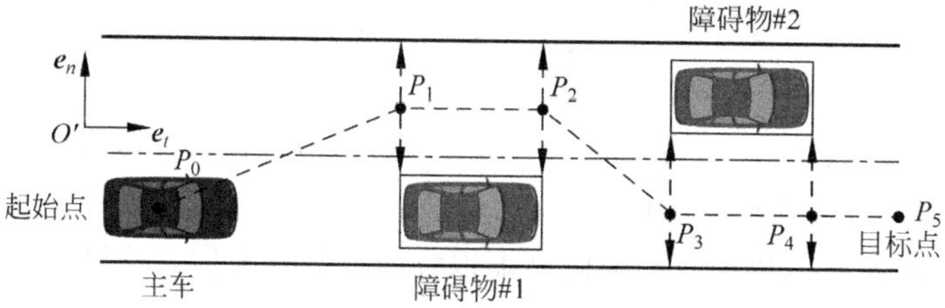

图 4-9 初始解生成示意图(以两个障碍车为例)

在第 k 步迭代过程中，对式(4-35)中 $\boldsymbol{F}(\boldsymbol{z})$进行泰勒展开并略去二阶以上的高阶项：

$$\boldsymbol{F}(\boldsymbol{z})\approx\boldsymbol{F}(\boldsymbol{z}^{(k)})+\boldsymbol{J}(\boldsymbol{z}^{(k)})(\boldsymbol{z}-\boldsymbol{z}^{(k)}) \tag{4-36}$$

式中，$\boldsymbol{J}$ 为式 $\boldsymbol{F}$ 的雅可比矩阵。

将方程 $\boldsymbol{F}(\boldsymbol{z})=\boldsymbol{0}$ 的解记为 $\boldsymbol{z}^{(k+1)}$，则有

$$\boldsymbol{z}^{(k+1)}=\boldsymbol{z}^{(k)}-\boldsymbol{J}^{-1}(\boldsymbol{z}^{(k)})\boldsymbol{F}(\boldsymbol{z}^{(k)}) \tag{4-37}$$

一直迭代下去直到所得到的误差 $\Delta\boldsymbol{z}^{(k)}=\boldsymbol{z}^{(k+1)}-\boldsymbol{z}^{(k)}$ 在预期范围 $\boldsymbol{\varepsilon}$ 停止。

此外，由于道路的危险势场具有时变性质，因此在面对动态障碍时，路径规划算法需以一定的频率进行路径更新；这样上次规划的路径可以作为下次路径规划的初始值，重复该

求解过程即可得到下一规划时刻的避障路径。

为了验证上述算法的可行性，可以进行一个简单的针对静态障碍的路径规划，假定主车能通过车载激光雷达获取与前方障碍物的距离，通过车载摄像头识别道路边界并计算得到与道路边界的侧向偏差，通过车载 GPS 获取本车的位置信息。仿真场景如图 4-10 所示，模拟的障碍物车辆设定为长 4m，宽 2m 的矩形，右侧车道中心 50m 处和左侧车道中心 125m 处均设有障碍物，采用弹性绳路径规划算法的效果如图 4-10 所示，仿真参数设置如表 4-2 所示，其中，点划线为规划的避障路径，容易观察到规划的路径可以成功避开前方的两个静态障碍物，且路径过渡平滑、无曲率变化突兀的地方。

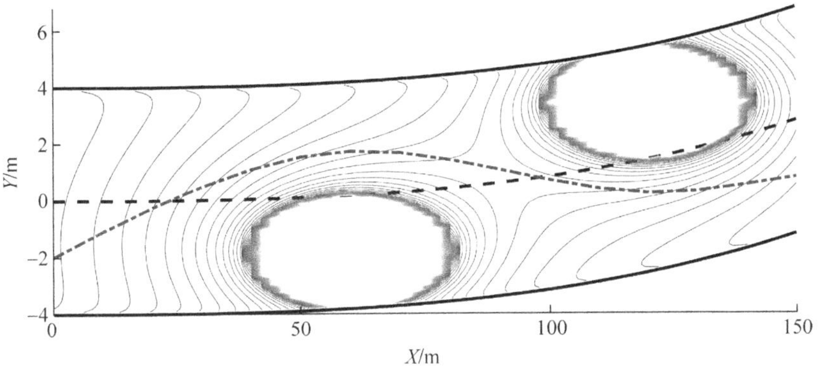

彩图 4-10

程序 4.2.2

图 4-10 基于调和人工势场和弹性绳法的主动避障

表 4-2 仿真参数设置

符 号	值	单 位	描 述
k_{border}	100	—	道路势场刚度
d	4	m	安全圆直径
β	0.10	—	障碍物势场缩放因子
l_0	8	m	弹性绳自然长度
k_{int}	1000	N/m	弹性绳刚度
k_{obst}	1000	N/m	障碍物势场刚度
Δx	10	m	弹性绳节点纵向间隔
ε	0.001	m	Newton-Raphson 法求解精度

4.3 RRT 算 法

快速扩展随机树(Rapidly-exploring Random Tree，RRT)是一种通过随机构建空间填充树来有效搜索非凸高维空间的算法，算法中的“树”是从搜索空间中随机抽取的样本逐步构建的，且本质上倾向于朝向大部分未探测区域生长[16]。RRT 算法可以被看作是一种具有状态约束的非线性系统生成开环轨迹的技术，原始 RRT 每次搜索都从初始状态点生长的扩展随机树来搜索整个状态空间。基本的 RRT 算法如图 4-11 所示，RRT 算法根据当前环境快速有效地搜索可行域空间，以给定的起始点为随机树根节点，通过随机采样点，将搜索导向空白区域并增加随机树的叶节点直至目标点区域，从而生成从起始点到目标点的路径。

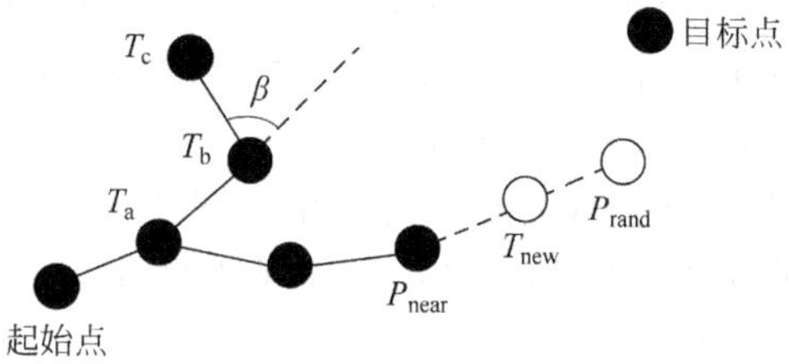

图 4-11 RRT 算法扩展示意图

常规 RRT 算法的伪代码如表 4-3 所示，具体步骤如下：

表 4-3 原始 RRT 伪代码

```
Initialization
Environment() //Build the map
P_goal //goal region that identifies success
N_max //number of iterations algorithm should run for
Counter = 0 //keeps track of iterations
Path // containing edges and vertices,initialized as empty

WHILE counter < N_max
    Prand = RandomPosition()
    IF IsInObstacle() == True:
        CONTINUE
    END IF
    Pnear = NearestP() //find the nearest node
    Tnew = NewP() // Get a new node
    AppendP() // Add the new node to the path
    IF Tnew in Qgoal:
        RETURN Path
    END IF
END
RETURN Path
```

(1) 定义目标点区域 P_goal，最大循环次数 N_max，通过 Environment()函数建立环境地图，并初始化计数器 Counter 以及避障路径 Path；

(2) 通过 WHILE 循环来进行随机树节点的生成，如果当前计数小于允许的最大值则继续执行，首先根据 RandomPosition()生成随机采样点 P_{rand}，然后用 IsInObstacle()判断 P_{rand} 与障碍物是否存在交集，如果没有则继续执行，否则终止本次搜索；用函数 NearestP()选择距离 P_{rand} 最近的树节点作为扩展节点 P_{near}，并通过扩展函数 NewP()得到新的树节点 T_{new}，最后通过 AppendP()将其添加到随机树路径 Path 上；如果 T_{new} 达到目标点范围 P_goal 内，则终止搜索并返回最终得到的避障路径 Path。

(3) 当循环计数达到最大值，终止搜索，并返回生成的避障路径 Path。

如图 4-12 所示，传统的 RRT 算法应用到车辆路径规划中存在以下问题：①由于随机采样点随机性大，导致搜索空间中有过多的冗余搜索，表现为搜索树布满了道路环境空间；②搜索出来的路径曲率变化过大，甚至出现小范围内直角变化，这样的路径并不能满足汽车行驶的正常状态；③路径在靠近障碍时才开始避障，对于运动中的车辆会造成失稳或者与障碍物发生碰撞。

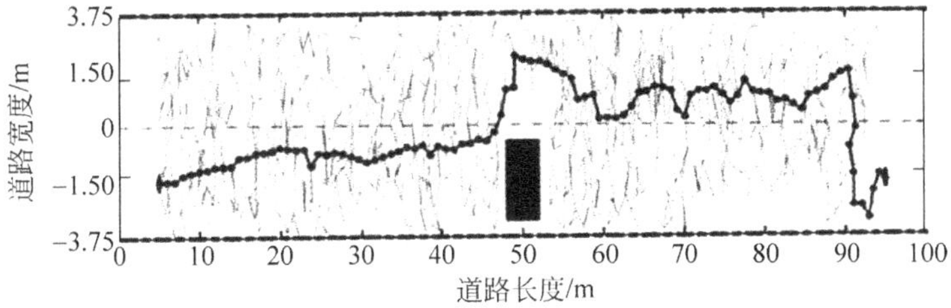

图 4-12 原 RRT 算法在直道路径规划的表现

针对上述原始 RRT 算法在车辆局部路径规划中表现出来的问题，我们可以选择一种基于期望道路模型的改进 RRT 算法。为了适应不同道路形状上的规划，可以在道路 Frenét 坐标系中定义多个路径规划的关键操作点生成期望路径，如图 4-13 所示，P_0 为起始点，P_3 为换道结束点，P_5 为目标点；此外考虑到避障安全性，在障碍物前后定义避障操作点 P_1 和 P_4，它们与障碍物的距离根据车速变化。设 V 为当前车速，t_c 为换道时间，通常完成换道时间 t_c 为 1～2s，ΔS 为自定义安全提前量，μ_g 为路面附着系数，这样则有

$$S=\max\left(V\times t_c+\Delta S,\frac{V^2}{2\mu_g g}\right) \tag{4-38}$$

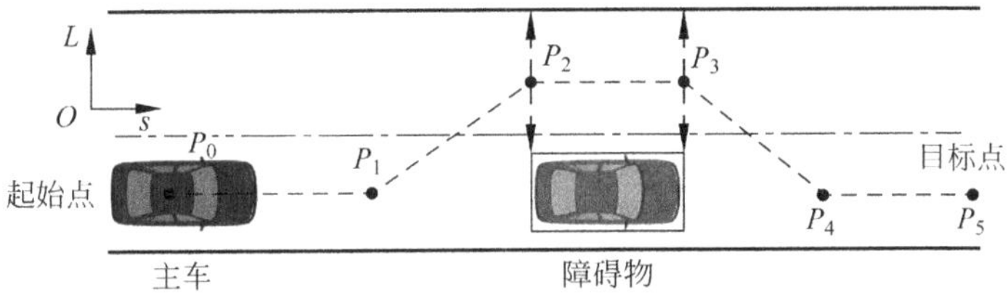

图 4-13 Frenét 坐标系下的避障期望路径

这样期望路径用函数 E_z 可以基于上述的关键操作点线性插值得到，即

$$E_z(t)=\text{LinearInterpolation}(\{P_i\},t),\quad i=0,1,\cdots,5 \tag{4-39}$$

改进的 RRT 算法基于期望路径进行随机采样，进而搜索最优避障路径。为了使随机采样点分布在期望路径周围，道路坐标系下随机采样点的高斯分布概率函数为

$$f(s,L)=\frac{1}{\sigma\sqrt{2\pi}}\mathrm{e}^{-(L-\mu)^2/2\sigma^2} \tag{4-40}$$

其中，$\mu=E_z(x)$；σ 的大小决定了随机点在 $E_z(x)$ 周围的集中程度，σ 越小则越靠近 $E_z(x)$。

车辆局部路径规划生成的路径时必须满足道路环境约束，随机树节点的生成除了要满足道路环境约束，还需考虑障碍车辆的几何尺寸；设其车宽为 D，B_l、B_r 分别为道路的左右边界，s_0、s_g 分别为规划起始和终止距离，则树节点 tree(i)的位置坐标要满足

$$\begin{cases}B_r - D/2 \leqslant \text{tree}(i)_L \leqslant B_l + D/2 \\ s_0 \leqslant \text{tree}(i)_s \leqslant s_g\end{cases} \tag{4-41}$$

假定汽车质心沿着规划的路径运动，为了保证行驶过程中的稳定性，规划出的路径的曲率变化不能过大。若在实际情况下前轮最大转角为 $\theta_{\max}$，则路径中子节点与其父节点的连线和父节点与其父节点的连线之间的夹角 β 必须满足 $\beta < \theta_{\max}$，通常不同车型的 $\theta_{\max}$ 值在 30°～40°。如图 4-11 中子节点 T_b 的父节点为 T_a，T_c 的父节点为 T_b，那么夹角约束为

$$\arctan\left(\frac{K_1 - K_2}{1 + K_1 K_2}\right) < \beta_T < \theta_{\max} \tag{4-42}$$

式中，K_1 为直线 $T_a T_b$ 的斜率；K_2 为 $T_c T_b$ 的斜率；β_T 为夹角限制值。

为了保证所扩展的点不与障碍车有交集，采用安全椭圆包络障碍车，并适当放大安全椭圆以保证避障要求。若新节点与其父节点的连线不与安全椭圆相交，则所扩展的新点满足避障要求；为了计算简便，取连线上的五等分点 $P_i(s, L)$，对应的约束方程为

$$\frac{(s - s_{\text{ob}})^2}{(\varepsilon a)^2} + \frac{(L - L_{\text{ob}})^2}{(\varepsilon b)^2} > 1 \tag{4-43}$$

式中，$(s_{\text{ob}}, L_{\text{ob}})$ 为障碍车的 Frenét 坐标，ε 为安全椭圆放大系数，例如，若取半车长 $a = 2\text{m}$，半车宽 $b = 1\text{m}$，当 $\varepsilon = \sqrt{2}$ 时，安全椭圆正好包络矩形的障碍车，因此从安全避障考虑，$\varepsilon \geqslant \sqrt{2}$。

原 RRT 算法在扩展随机树时，由于缺乏一定的路径启发机制，算法的收敛速度在一定程度上受到了影响。为了引入启发式机制，采样点 $\boldsymbol{P}_{\text{rand}}$ 在随机生成过程中会以一定概率 ρ_0 选择目标点 $\boldsymbol{P}_g$，从而将随机树节点向目标点引导：

$$\boldsymbol{P}_{\text{rand}} = \begin{cases}\text{GaussRand}(), & \rho > \rho_0 \\ \boldsymbol{P}_g, & \rho < \rho_0\end{cases} \tag{4-44}$$

式中，GaussRand ()为随机采样点生成函数。

另外，在选择扩展节点 $\boldsymbol{P}_{\text{near}}$ 时不再单独以距离 $\boldsymbol{P}_{\text{rand}}$ 最近作为选择标准，而是选择综合考量路径的长度和目标点导向的代价值 C_h 最小所对应的树节点，即

$$C_h(\boldsymbol{P}_{\text{near}}) = \underset{\boldsymbol{P}_i}{\operatorname{argmin}} C_h(\boldsymbol{P}_i) \tag{4-45}$$

其中，$C_h(\boldsymbol{P}_i) = w_1 \| \boldsymbol{P}_i - \boldsymbol{P}_{\text{rand}} \| + w_2 \| \boldsymbol{P}_i - \boldsymbol{P}_g \|$；$w_1, w_2$ 为权重系数，$w_1 + w_2 = 1$。

RRT 算法规划出来的路径通常会存在小范围内的曲折现象，路径并不连续。为了使得路径能够满足汽车在运动时的稳定性和安全性要求，需要对规划出来的路径进行光滑处理。B 样条在处理路径光滑时能够不改变整个路径形状而进行局部调整，利用 B 样条这一特性，对算法所规划出来的路径进行插值拟合，从而达到光滑路径的目的，通常所采用的为三次 B 样条曲线。当有 $m+1$ 个控制顶点 $P_i(i = 0, 1, 2, \cdots, m)$ 时，三次 B 样条曲线表示为

$$C_k(u) = \sum_{i=0}^{3} P_{i+k} B_{i,3}(u), \quad u \in [0, 1), k = 0, 1, 2, \cdots, m-3 \tag{4-46}$$

其中，基函数 $B_{i,3}$ 为

$$B_{0,3}(u) = (-u^3 + 3u^2 - 3u + 1)/3!$$

$$B_{1,3}(u) = (3u^3 - 6u^2 + 4)/3!$$

$$B_{2,3}(u)=(-3u^3+3u^2+3u+1)/3!$$

$$B_{3,3}(u)=u^3/3!$$

综上所述,通过以上方式的处理,随机采样点不再是在可行域内随机分布,而是具有一定的趋向性。这样使得随机树节点的分布也具有趋向性,算法的随机性得到了改善,所规划出来的路径质量得到提高。最终,改进后的 RRT 算法的实现过程总结如下:

(1) 初始化阶段:首先通过 Environment()函数建立 Frenét 道路环境模型,并通过 Expect()函数建立期望路径模型。

(2) 路径求解阶段:进入 while 循环来判断树节点是否达到目标点范围内,若没有,则开始扩展点。随机采样点 P_{rand} 通过 Pick()函数在目标点和 GaussRand()函数所生成的点之间进行概率选择;根据当前 P_{rand} 计算树节点的代价 C_h,并由 Fitbest()函数得出 P_{near};通过节点新增函数 NewP()在 P_{near} 的基础上扩展出新节点 T_{new},当新节点满足约束函数 Constraint()时,新节点则添加到整个随机树 Tree 上,否则返回循环重新寻点直到其终止。

(3) 路径处理阶段:GetPath()函数从所得的 Tree()中获取最短路径,最后通过基于三次 B 样条曲线的光滑函数 Smoothing()对所得路径进行处理,得到一条平缓的路径。最后将路径 Frenét 坐标点变换到笛卡儿坐标下,传递给路径跟踪模块进行路径跟踪。

为了验证基于改进的 RRT 路径规划算法,借鉴文献[7]中针对车辆的避障场景的路径规划。如图 4-14 所示,假定主车可以准确识别并定位到前方障碍物车辆,主车质心的初始位置为右车道中心线上,障碍车辆的起始位置同样位于右车道中心线离主车前方 60m 处,路径的目标位置设在主车车道侧向距离与道路中心线 2m、距离主车质心的初始 120m 的位置,道路中心线为如 4.1 节中的三次曲线,车道宽度为 4m。采用上述改进的 RRT 算法进行路径规划结果如图 4-14 中的避障曲线所示,从中可以观察到规划的路径可以成功避开前方的障碍物,而且没有出现曲率明显突兀的地方。

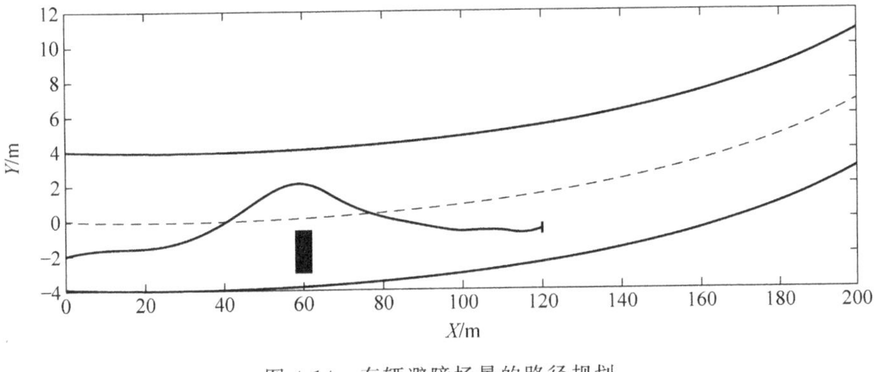

图 4-14　车辆避障场景的路径规划

4.4　智能群落算法

智能群落算法是一种新兴的演化计算技术,比如经典的粒子群算法[8]、蜂群算法[9]、烟花算法[10]等,已成为越来越多研究者的关注焦点。目前在路径规划方面运用较为广泛且有代表性的算法，包括蚁群算法[11]、人工鱼群算法[12]等。智能群落算法种类繁多，稍作改进都可以运用到车辆路径规划之中。本节中我们抛砖引玉，将介绍一种智能水滴算法(Intelligent Water Drop，IWD)[13]，IWD算法通过模拟水流与泥沙相互作用形成水道的原理，从而可以求解计算科学领域里的复杂问题，如旅行商问题(Traveling Salesman Problem，TSP)[14]、多维背包问题(Multidimensional Knapsack Problem，MKP)[15]以及车辆路径问题(Vehicle Routing Problem，VRP)[16]等。在自然界中，水流对地面的冲刷作用会在地面形成一条能够绕开障碍物并成功到达某低势地点的沟壑。水流可看作由单位水滴组成的群体，而且每个水滴都带有速度变量属性和泥沙杂质成分。当水滴流经某区域时，水滴更可能选择含泥沙量少的河床经过。如此，水滴将获得更大的速度增量，冲刷更多的泥沙，并对其他水滴的路径规划形成反馈机制。

如图4-15所示，当两个属性相同的水滴分别流经区域(a)与区域(b)时，(b)中的水滴将获得更大的速度增量，带走更多的泥沙。

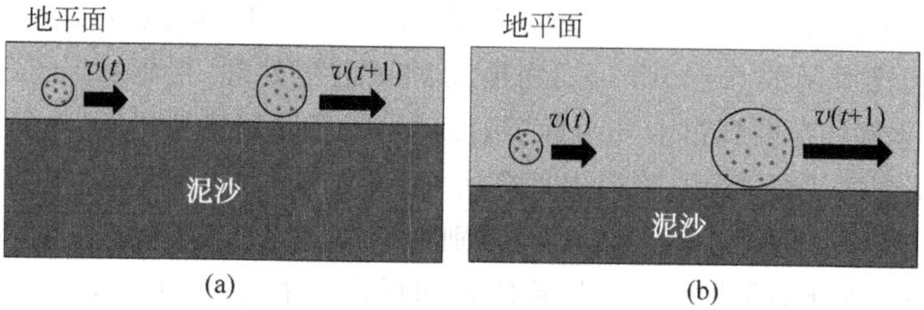

图4-15 运动水滴的效果

在抽象的模型中，水滴按照离散步骤运动，并含有两个属性：运动速度 v^{iwd} 与泥沙含量 s^{iwd}。假设水滴的当前位置为 i，在运动到下一位置 j 的过程中，将遵循以下规则：

(1) 水滴移动规则：智能水滴在选择路径时会倾向于选择泥沙量更少的路径，若 $p(i,j)$ 表示智能水滴在位置 i 选择 j 作为下一位置的概率，它与路径(i,j)的泥沙量 $s(i,j)$成反比关系，如式(4-47)、式(4-48)所示：

$$p(i,j)=\frac{f(s(i,j))}{\sum f(s(i,k))} \tag{4-47}$$

$$f(s(i,j))=\frac{|s(i,j)|}{\mathrm{Eta}(i,j)^Q} \tag{4-48}$$

式中，$\mathrm{Eta}(i,j)$是位置 j 距目的地的距离。注意此处的设置与原IWD算法略有差异，原算法的选择策略只与泥沙量 $s(i,j)$成负相关；而此处的选择策略与相对地平面缺少的泥沙量成正相关，与 $\mathrm{Eta}(i,j)$成负相关，可以提高算法的收敛性与启发性。且水滴的速度增量 Δv^{iwd} 非线性反比于路径(i,j)的泥沙量 $s(i,j)$，

$$\Delta v^{\mathrm{iwd}}=\frac{a_v}{b_v+c_v\cdot s(i,j)} \tag{4-49}$$

式中，a_v、b_v 和 c_v 为自定义的系数。

(2) 水滴泥沙量变化规则：水滴冲刷带走的泥沙量 Δs^{iwd} 非线性反比于水滴经过路径(i,j)所需的时间 $t(i,j;v^{\mathrm{iwd}})$，并与路径(i,j)的泥沙减少量 $\Delta s(i,j)$相等，即

$$\Delta s(i,j)=\Delta s^{\mathrm{iwd}} \tag{4-50}$$

$$\Delta s(i,j)=\frac{a_s}{b_s+c_s\cdot t(i,j;v^{\mathrm{iwd}})} \tag{4-51}$$

式中，a_s、b_s 和 c_s 是自定义的系数，$t(i,j;v^{\mathrm{iwd}})$ 是水滴从位置 i 到位置 j 所需时间，且

$$t(i,j;v^{\mathrm{iwd}})=\frac{\mathrm{Eta}(i,j)}{v^{\mathrm{iwd}}} \tag{4-52}$$

（3）泥沙量更新规则：当水滴从位置 i 到达位置 j 后，路段 (i,j) 所含泥沙量将被更新，从而对其他水滴的路劲规划形成反馈机制，泥沙量局部更新如式(4-53)所示：

$$s(i,j)=s(i,j)-\rho\Delta s(i,j) \tag{4-53}$$

式中，ρ 是 0～1 的系数。

当所有水滴按从初始点到达目标点后，每个水滴都有着不同的路径解 T^{IWD}，然后根据评价函数 $q(\cdot)$ 可以选择出迭代最优的路径解 T^{IB}，如式(4-54)所示：

$$T^{\mathrm{IB}}=\arg(\max q(T^{\mathrm{IWD}}))\mid_{\mathrm{allIWDs}} \tag{4-54}$$

式中，$\arg(\cdot)$ 函数用于获得最优解的元素。

当前最优路径解 T^{IB} 依据式(4-55)进行最优路径解的更新：

$$T^{\mathrm{TB}}=\begin{cases}T^{\mathrm{TB}}, & q(T^{\mathrm{TB}})>q(T^{\mathrm{IB}})\\ T^{\mathrm{IB}}, & \text{其他}\end{cases} \tag{4-55}$$

此外，为提高下一群水滴搜索最优路径的能力，需要形成如式(4-56)所示的反馈机制对迭代最优解 T^{IB} 的路径进行全局泥沙量的更新，即

$$s(i,j)=s(i,j)-\rho\frac{s^{\mathrm{iwd}}}{N_{\mathrm{IB}}-1} \tag{4-56}$$

式中，ρ 是 0～1 的更新系数，N_{IB} 是路径的节点数。

为了说明改进水滴算法的应用可行性，将算法用于无人驾驶汽车的局部路径规划中[17]。如图 4-16 所示，将长度为 260m、宽度为 7m 的平直同向双车道表达为 65×20 的二维栅格模型，单位栅格的边长为 4m×0.35m。而基于栅格环境模型规划出的路径难免出现

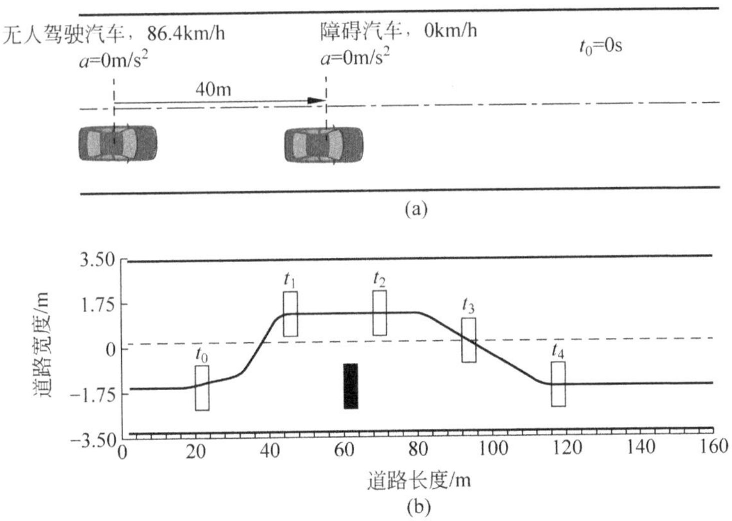

图 4-16　车辆避障场景的路径规划

（a）场景图；（b）动态避障图

曲折变向的现象，即路径曲线的一阶导数不连续，这显然不满足汽车高速运动下在动力学与运动学方面对安全稳定性的要求。所以，可以基于B样条曲线对以上所规划的路径进行曲线拟合以光滑路径，且初始点和目标点必须与原路径的相同。当无人驾驶汽车探测到前方40m内有障碍汽车时，系统将触发实时避障的路径规划程序以1s的时间间隔实时探测周边环境，并根据此信息用改进算法进行局部路径规划。试验场景选择为对静态障碍车的避障：假设无人驾驶汽车的车速恒为24m/s，障碍汽车在无人驾驶汽车初始位置的前方40m处固定不动，场景如图4-16(a)所示。用改进水滴算法规划的路径动态显示如图4-16(b)所示，其中$t_0 \sim t_4$各处的白色矩形分别表示无人驾驶汽车每隔1s时间的位置，黑色矩形表示障碍汽车，从中可以观察到规划的路径可以成功避开前方的障碍物。

4.5 基于几何曲线和最优思想的路径规划

之前介绍的几种路径规划方法如人工势场和弹性绳法、RRT算法主要是生成一条可行的避障路径，但从最优化的角度，它们并不能保证避障路径的质量，如曲率光滑、路径最短等；而智能群落算法可以通过设置优化目标函数通过群体智能机制进行搜索求解，但可能存在线计算时间长、求解收敛速度慢的问题，难以满足对实时性要求较高的智能车辆路径规划。为此，有待进一步探索其他路径规划方法。本节将进一步介绍两种基于几何曲线和最优化思想的路径规划方法：①基于多项式曲线和最优选择机制的路径规划；②基于自然三次样条曲线和二次规划的路径规划。几何曲线如多项式、样条曲线的引入可以解决路径光滑问题，而结合最优化方法有助于求解满足避障要求的最优路径。

4.5.1 基于多项式曲线和最优选择机制的路径规划

根据4.1节中的道路模型，假设车辆到参考线(道路中心线)的侧向偏移量l是关于沿道路参考线行驶距离s的五次多项式，即

$$l(s)=\sum_{k=0}^{5}a_k s^k \tag{4-57}$$

其中，$a_k, k=0,1,\cdots,5$为路径的多项式系数。此外，还计算了与距离相关的路径航向角

$$\theta(s)=\arctan\left(\frac{\mathrm{d}l}{\mathrm{d}s}\right)=\arctan\left(\sum_{k=1}^{5}ka_k s^{k-1}\right) \tag{4-58}$$

在此基础上，进一步计算了Frenét坐标系下的曲率

$$q(s)=\frac{\mathrm{d}\theta}{\mathrm{d}s}=\frac{\dfrac{\mathrm{d}^2 l}{\mathrm{d}s^2}}{1+\left(\dfrac{\mathrm{d}l}{\mathrm{d}s}\right)^2}=\frac{\sum\limits_{k=2}^{k=5}ka_k s^{k-1}}{1+\left(\sum\limits_{k=1}^{k=5}ka_k s^{k-1}\right)^2} \tag{4-59}$$

根据路径的初始条件和终点条件，考虑路径的横向偏移量、航向角和曲率

$$\begin{cases} l(s_0)=L_0, & \theta(s_0)=\theta_0, & q(s_0)=q_0 \\ l(s_f)=L_f, & \theta(s_f)=\theta_f, & q(s_f)=q_f \end{cases} \tag{4-60}$$

因此，可以得到一组非线性方程，记为

$$f(\boldsymbol{a})=0 \tag{4-61}$$

其中，$\boldsymbol{a}=[\boldsymbol{a}_0,\boldsymbol{a}_1,\boldsymbol{a}_2,\boldsymbol{a}_3,\boldsymbol{a}_4,\boldsymbol{a}_5]^{\mathrm{T}}$，可以用 Newton-Rapson 方法数值求解该非线性方程组，得到多项式系数。显然，如果指定不同的终端条件，将生成多条路径，接下来我们需要建立一种最优的避障路径选择机制。

该选择机制将考虑路径质量和道路风险，常见的路径质量指标包括路径长度、曲率以及与前一条路径的一致性，具体而言，对于第 i 条路径(总共生成 m 条路径，每条路径包含 N 个控制点)，有：

(1) 路径的平均曲率：

$$Q_{q,i}=\frac{1}{N}\sum_{j=1}^{N}|q_j|=\frac{1}{N}\sum_{j=1}^{N}\left|\frac{\sum_{k=2}^{k=5}ka_k s_j^{k-1}}{1+\left(\sum_{k=1}^{k=5}ka_k s_j^{k-1}\right)^2}\right| \tag{4-62}$$

(2) 路径平均距离：由 Frenét 坐标系中相邻点之间的 2-范数距离的平方计算得到

$$Q_{d,i}=\frac{1}{N}\sum_{j=1}^{N}\Delta d_j^2=\frac{1}{N}\sum_{j=1}^{N}\left((s_{j+1}-s_j)^2+\left(\sum_{k=0}^{5}a_k s_{j+1}^k-\sum_{k=0}^{5}a_k s_j^k\right)^2\right) \tag{4-63}$$

(3) 路径的一致性：即与前一条规划路径 L_{pre} 最终横向位置的均方项

$$Q_{c,i}=\frac{1}{N}\sum_{j=1}^{N}(L_j-L_{\mathrm{pre}})^2=\frac{1}{N}\sum_{j=1}^{N}\left(\sum_{k=0}^{5}a_k s_j^k-L_{\mathrm{pre}}\right)^2 \tag{4-64}$$

(4) 环境风险：在 Frenét 坐标系中由道路边界和障碍物位置决定。显然，如果路径位置靠近道路边界或障碍物，风险会急剧增大；因此，每一条候选路径单个控制点的环境风险 U_0 可以通过类高斯人工势函数来评估，该函数由道路边界和障碍物所产生的风险组成，即

$$U_0(s,L)=\sum_{p=1}^{n}K_{\mathrm{obst},p}\mathrm{e}^{-D_p}+K_l\mathrm{e}^{-(B-L)^2}+K_r\mathrm{e}^{-(B+L)^2} \tag{4-65}$$

其中，n 为障碍物数量，K_{obst} 为与障碍物相关的风险尺度因子，B 为车道宽度，K_l，K_r 分别为左右边界的风险尺度因子，此外

$$D_p=\frac{(s-s_{\mathrm{obst},p})^2}{E_1}+\frac{(L-L_{\mathrm{obst},p})^2}{E_2} \tag{4-66}$$

其中，$s_{\mathrm{obst},p}$，$L_{\mathrm{obst},p}$ 为第 p 障碍车的 Frenét 坐标，E_1，E_2 为子距离分量对应的缩放因子，满足4.2节中势场异向性。对于有所有参考点的第 i 条路径，它的环境风险指数 $U_{e,i}$ 由下式计算：

$$U_{e,i}=\sum_{j=1}^{N}U_{0,j} \tag{4-67}$$

图4-17显示了 Frenét 坐标系中障碍物位于(60，−2)的环境风险示例。

最终，给出了最优路径选择的组合指标。首先将路径质量指标 $\boldsymbol{Q}\in\mathbb{R}^{m\times 1}$ 定义为所有候选路径的所有归一化子指标的平均值，即

$$\boldsymbol{Q}=\frac{1}{3}\left(\frac{\boldsymbol{Q}_q-\min\boldsymbol{Q}_q}{\max(\boldsymbol{Q}_q-\min\boldsymbol{Q}_q)}+\frac{\boldsymbol{Q}_d-\min\boldsymbol{Q}_d}{\max(\boldsymbol{Q}_d-\min\boldsymbol{Q}_d)}+\frac{\boldsymbol{Q}_c-\min\boldsymbol{Q}_c}{\max(\boldsymbol{Q}_c-\min\boldsymbol{Q}_c)}\right) \tag{4-68}$$

其中，

彩图 4-17

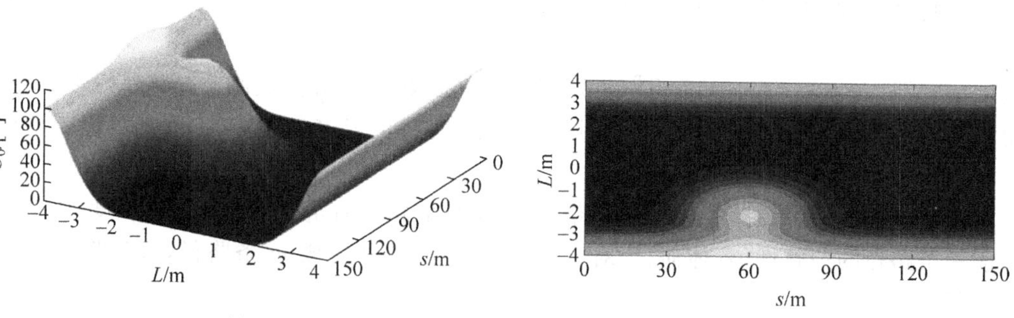

(a) (b)

图 4-17 环境风险势场分布图

(a) 3D 显示图；(b) 等高线显示图

$$\boldsymbol{Q}_q = [Q_{q,1}, Q_{q,2}, \cdots, Q_{q,m}]^{\mathrm{T}} \in \mathbb{R}^{m\times 1}$$

$$\boldsymbol{Q}_d = [Q_{d,1}, Q_{d,2}, \cdots, Q_{d,m}]^{\mathrm{T}} \in \mathbb{R}^{m\times 1}$$

$$\boldsymbol{Q}_c = [Q_{c,1}, Q_{c,2}, \cdots, Q_{c,m}]^{\mathrm{T}} \in \mathbb{R}^{m\times 1}$$

同理，所有候选路径的归一化路径风险 $\boldsymbol{U} \in \mathbb{R}^{m\times 1}$ 为

$$\boldsymbol{U} = \frac{\boldsymbol{U}_e - \min \boldsymbol{U}_e}{\max(\boldsymbol{U}_e - \min \boldsymbol{U}_e)} \tag{4-69}$$

其中，$\boldsymbol{U}_e = [U_{e,1}, U_{e,2}, \cdots, U_{e,m}]^{\mathrm{T}} \in \mathbb{R}^{m\times 1}$。

组合指标 $\boldsymbol{J} \in \mathbb{R}^{N\times 1}$ 是路径质量指标和路径风险指标的加权和，即

$$\boldsymbol{J} = \boldsymbol{\alpha}_1 \boldsymbol{Q} + \boldsymbol{\alpha}_2 \boldsymbol{U} \tag{4-70}$$

式中，$\boldsymbol{\alpha}_1$，$\boldsymbol{\alpha}_2$ 分别为路径质量和路径风险的权系数。显然，最优避障路径是组合指标 $\boldsymbol{J}$ 的最小值，因此，最优多项式系数 $\boldsymbol{a}_{\mathrm{opt}}$ 为

$$\boldsymbol{a}_{\mathrm{opt}} = \underset{a}{\operatorname{argmin}} \boldsymbol{J} \tag{4-71}$$

最后，通过 Frenét 坐标与笛卡儿坐标相互转换的关系，最优路径点的 Frenét 坐标转化计算得到对应的笛卡儿坐标。

为了验证基于五次多项式和最优选择机制的路径规划算法，设计了针对车辆的避障场景的路径规划。如图 4-18 所示，假定主车可以准确地捕捉到前方障碍物车辆，主车质心的初始位置为右车道中心线上，障碍车辆的起始位置同样位于右车道中心线离主车前方 60m

程序 4.5.1

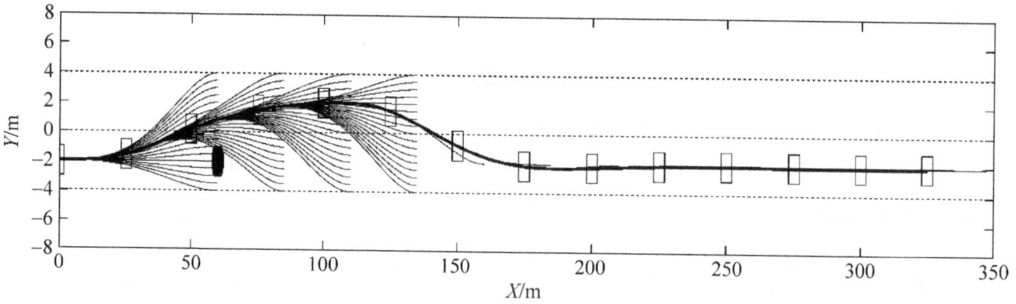

图 4-18 基于五次多项式和最优选择机制的主动避障

处，路径的目标位置设在主车车道侧向距离与道路中心线 2m、距离主车质心的初始 325m 的位置，此外，车道宽度为 4m。路径规划结果如图中粗实线所示，从中可以观察到规划的路径可以成功避开前方的障碍物，并且路径过渡平滑无曲率变化突兀的地方。

4.5.2 基于自然三次样条曲线和二次规划的路径规划

上一节中的路径优化机制的关键在于生成多条候选路径，然后再基于路径指标搜索最优路径，搜索得到的可能是一种次优解。在本小节中，我们将探讨一种更为直接的路径优化方式，即构建关于路径指标的二次优化项，利用相当成熟的二次规划方法进行最优求解。

假设道路中心线的全局坐标 $R_c=(x_c,y_c)$ 关于道路中心线的弧长的一组参数方程可以表示为

$$\begin{cases} x_c = f_X(s_c) \\ y_c = f_Y(s_c) \end{cases} \tag{4-72}$$

那么在基于道路中心线的自然坐标系中，道路上任一点的全局坐标 $R=(x,y)$ 可根据行驶过的道路中心线长度 s 和该点到中心线对应的法向距离 L 来描述，即

$$\boldsymbol{R}(s_i)=\boldsymbol{R}_c(s_i)+L_i\boldsymbol{e}_n(s_i)=(x_c(s_i)+L_i\chi_i(s_i))\boldsymbol{e}_x+(y_c(s_i)+L_i\sigma_i(s_i))\boldsymbol{e}_y \tag{4-73}$$

其中，

$$\chi_i(s_i)=-\frac{f'_Y(s_i)}{\sqrt{f'^2_X(s_c)+f'^2_X(s_c)}},\quad \sigma_i(s_i)=-\frac{f'_X(s_i)}{\sqrt{f'^2_X(s_c)+f'^2_X(s_c)}}$$

假定路径由 $n+1$ 个点构成，各节点之间的距离保持均匀分布，这样节点位置可以写成如下矩阵形式：

$$\begin{cases} \boldsymbol{x}=\boldsymbol{x}_c+\mathrm{diag}[\chi_i]\boldsymbol{L} \\ \boldsymbol{y}=\boldsymbol{y}_c+\mathrm{diag}[\sigma_i]\boldsymbol{L} \end{cases} \tag{4-74}$$

式中，$\boldsymbol{L}=[L_0,L_1,\cdots,L_n]^{\mathrm{T}}$ 表示各点对应到中心线的法向距离，相当于路径的控制变量。

为了生成适合车辆行驶的路径，考虑以下几个指标：

(1) 最短行驶路径原则：即路径长度尽可能小，有利于节省时间和油耗。

(2) 最优曲率原则：即所求路径的曲率尽可能小，这样避免出现大曲率路径而导致危险工况的发生。

(3) 路径航向约束：该约束使得说规划的路径与道路中心线航向保持一致。

下面将详细建立以上所提到的约束。

(1) 最短路径原则：首先，可以求得相邻两个控制点之间的差值，即

$$\begin{aligned} \Delta x_i &= (x_{c,i+1}-x_{c,i})+(\chi_{i+1}L_{i+1}-\chi_iL_i)=\Delta x_{ci}+\boldsymbol{\alpha}_i\bar{\boldsymbol{L}}_i \\ \Delta y_i &= (y_{c,i+1}-y_{c,i})+(\sigma_{i+1}L_{i+1}-\sigma_iL_i)=\Delta y_{ci}+\boldsymbol{\beta}_i\bar{\boldsymbol{L}}_i \end{aligned} \tag{4-75}$$

式中，

$$\boldsymbol{\alpha}_i=[-\chi_i,\chi_{i+1}],\quad \boldsymbol{\beta}_i=[-\sigma_i,\sigma_{i+1}],\quad \bar{\boldsymbol{L}}_i=[L_i,L_{i+1}]^{\mathrm{T}}$$

则依此构建的二次项 S^2 为

$$S^2=\sum_{i=1}^{n}((\Delta x_i)^2+(\Delta y_i)^2)=\sum_{i=1}^{n}(\bar{\boldsymbol{L}}_i^{\mathrm{T}}(\boldsymbol{\alpha}_i^{\mathrm{T}}\boldsymbol{\alpha}_i+\boldsymbol{\beta}_i^{\mathrm{T}}\boldsymbol{\beta}_i)\bar{\boldsymbol{L}}_i+2\boldsymbol{\Delta}_i^{\mathrm{T}}\boldsymbol{\gamma}_i\bar{\boldsymbol{L}}_i+\boldsymbol{\Delta}_i^{\mathrm{T}}\boldsymbol{\Delta}_i) \tag{4-76}$$

其中，$\boldsymbol{\Delta}_i=[\Delta x_{ci},\Delta y_{ci}]^{\mathrm{T}}$，$\boldsymbol{\gamma}_i=[\boldsymbol{\alpha}_i,\boldsymbol{\beta}_i]^{\mathrm{T}}$，且忽略掉常数项后有

$$S^2=\bar{\boldsymbol{L}}^{\mathrm{T}}\mathrm{diag}[\boldsymbol{\alpha}_i^{\mathrm{T}}\boldsymbol{\alpha}_i+\boldsymbol{\beta}_i^{\mathrm{T}}\boldsymbol{\beta}_i]\bar{\boldsymbol{L}}+2\boldsymbol{\Delta}^{\mathrm{T}}\mathrm{diag}[\boldsymbol{\gamma}_i]\bar{\boldsymbol{L}}+\boldsymbol{\Delta}^{\mathrm{T}}\boldsymbol{\Delta} \tag{4-77}$$

假设 $\bar{\boldsymbol{L}}=\boldsymbol{g}\boldsymbol{L}$，此处 $\boldsymbol{g}$ 显而易见为常值矩阵，这样我们可进一步得到其最终形式

$$S^2=\boldsymbol{L}^{\mathrm{T}}\boldsymbol{K}\boldsymbol{L}+\boldsymbol{M}\boldsymbol{L}+\mathrm{constant} \tag{4-78}$$

其中，$\boldsymbol{K}=\boldsymbol{g}^{\mathrm{T}}\mathrm{diag}[\boldsymbol{\alpha}_i^{\mathrm{T}}\boldsymbol{\alpha}_i+\boldsymbol{\beta}_i^{\mathrm{T}}\boldsymbol{\beta}_i]\boldsymbol{g}$，$\boldsymbol{M}=2\boldsymbol{\Delta}^{\mathrm{T}}\mathrm{diag}[\boldsymbol{\gamma}_i]\boldsymbol{g}$。

（2）最优曲率原则：为了使路径保持平滑，假定路径由三次自然样条曲线连接各个控制点，即

$$\begin{cases}x_{ri}(s^*)=a_{0i}+a_{1i}s^*+a_{2i}s^{*2}+a_{3i}s^{*3}\\ y_{ri}(s^*)=b_{0i}+b_{1i}s^*+b_{2i}s^{*2}+b_{3i}s^{*3}\end{cases} \tag{4-79}$$

其中，$s^*=\dfrac{s-s_{i0}}{\Delta s}$。

则路径曲率平方项可以表示为

$$K_i^2(s)=\left(\frac{\mathrm{d}s^*}{\mathrm{d}s}\right)^4\left[\left(\frac{\mathrm{d}^2x_{ri}(s^*)}{\mathrm{d}s^{*2}}\right)^2+\left(\frac{\mathrm{d}^2y_{ri}(s^*)}{\mathrm{d}s^{*2}}\right)^2\right] \tag{4-80}$$

忽略掉前面的乘数因子后，整段路径的曲率平方和 K^2 为

$$K^2=\sum_{i=1}^{n}\left[\left(\frac{\mathrm{d}^2x_{ri}(s^*)}{\mathrm{d}s^{*2}}\right)^2+\left(\frac{\mathrm{d}^2y_{ri}(s^*)}{\mathrm{d}s^{*2}}\right)^2\right] \tag{4-81}$$

依据3.1节中有关三次自然样条曲线的性质，可以得到

$$\left.\frac{\mathrm{d}^2\boldsymbol{x}(s^*)}{\mathrm{d}s^{*2}}\right|_{s^*=0}=\boldsymbol{H}\boldsymbol{x}=\boldsymbol{H}\boldsymbol{x}_c+\boldsymbol{H}\mathrm{diag}[\chi_i]\boldsymbol{L} \tag{4-82}$$

这样，可进一步得到

$$\left.\left\|\frac{\mathrm{d}^2\boldsymbol{x}(s^*)}{\mathrm{d}s^{*2}}\right\|^2\right|_{s^*=0}=\boldsymbol{x}_c^{\mathrm{T}}\boldsymbol{H}^{\mathrm{T}}\boldsymbol{H}\boldsymbol{x}_c+\boldsymbol{L}^{\mathrm{T}}\boldsymbol{H}^{\mathrm{T}}\boldsymbol{H}\mathrm{diag}[\chi_i^2]\boldsymbol{L}+2\boldsymbol{x}_c^{\mathrm{T}}\boldsymbol{H}^{\mathrm{T}}\boldsymbol{H}\mathrm{diag}[\chi_i]\boldsymbol{L} \tag{4-83}$$

相似地，

$$\left.\left\|\frac{\mathrm{d}^2\boldsymbol{y}(s^*)}{\mathrm{d}s^{*2}}\right\|^2\right|_{s^*=0}=\boldsymbol{y}_c^{\mathrm{T}}\boldsymbol{H}^{\mathrm{T}}\boldsymbol{H}\boldsymbol{y}_c+\boldsymbol{L}^{\mathrm{T}}\boldsymbol{H}^{\mathrm{T}}\boldsymbol{H}\mathrm{diag}[\sigma_i^2]\boldsymbol{L}+2\boldsymbol{y}_c^{\mathrm{T}}\boldsymbol{H}^{\mathrm{T}}\boldsymbol{H}\mathrm{diag}[\sigma_i]\boldsymbol{L} \tag{4-84}$$

注意到 $\mathrm{diag}[\chi_i^2]+\mathrm{diag}[\sigma_i^2]=\mathrm{diag}[\mathbf{1}]$，这样 K^2 亦可表示成关于控制点 $\boldsymbol{L}$ 的二次式，即

$$K^2=\boldsymbol{L}^{\mathrm{T}}\boldsymbol{N}_2\boldsymbol{L}+\boldsymbol{T}\boldsymbol{L}+\mathrm{constant} \tag{4-85}$$

式中，constant 依旧为与控制量无关的常数项，可略去；矩阵 $\boldsymbol{N}_2$，$\boldsymbol{T}$ 的表示如下：

$$\begin{cases}\boldsymbol{N}_2=\boldsymbol{H}^{\mathrm{T}}\boldsymbol{H}\\ \boldsymbol{H}=2\boldsymbol{x}_c^{\mathrm{T}}\boldsymbol{H}^{\mathrm{T}}\boldsymbol{H}\mathrm{diag}[\chi_i]+2\boldsymbol{y}_c^{\mathrm{T}}\boldsymbol{H}^{\mathrm{T}}\boldsymbol{H}\mathrm{diag}[\sigma_i]\end{cases} \tag{4-86}$$

（3）路径航向角约束：规划路径的航向需与道路中心线尽可能保持一致，这样可以避免路径与道路航向相比出现较大的偏离。相邻路径点间的航向角为

$$\Delta\vartheta_i = \arctan\frac{L_i - L_{i-1}}{\Delta s_x} \approx \frac{L_i - L_{i-1}}{\Delta s} \tag{4-87}$$

要求它尽可能地小，这样可以得到关于航向角的二次式 P^2

$$\begin{aligned} P^2 &= \sum_{i=1}^{n}\Delta\vartheta_i^2 = \frac{1}{(\Delta s)^2}\left(\sum_{i=1}^{n}L_i^2 + \sum_{i=0}^{n-1}L_i^2 - 2\sum_{i=1}^{n}L_iL_{i-1}\right) \\ &= \frac{\boldsymbol{L}^{\mathrm{T}}(\boldsymbol{w}_1 - \boldsymbol{w}_2)^{\mathrm{T}}(\boldsymbol{w}_1 - \boldsymbol{w}_2)\boldsymbol{L}}{(\Delta s)^2} = \boldsymbol{L}^{\mathrm{T}}\boldsymbol{QL} \end{aligned} \tag{4-88}$$

式中，$\boldsymbol{Q} = (\boldsymbol{w}_1 - \boldsymbol{w}_2)^{\mathrm{T}}(\boldsymbol{w}_1 - \boldsymbol{w}_2)/(\Delta s)^2$；$\boldsymbol{w}_1, \boldsymbol{w}_2$ 为常数矩阵，需满足以下等式：

$$\begin{cases} \boldsymbol{w}_1\boldsymbol{L} = [L_1, L_2, \cdots, L_n]^{\mathrm{T}} \\ \boldsymbol{w}_2\boldsymbol{L} = [L_0, L_1, \cdots, L_{n-1}]^{\mathrm{T}} \end{cases} \tag{4-89}$$

各子项优化目标函数的二次形式确定后，我们再来看不同驾驶模式时的路径规划求解。

(1) 自由行驶：自由驾驶的唯一限制是车辆不能超出道路范围。结合之前列出的各项指标，自由行驶的最优路径规划为

$$\begin{cases} \min\Sigma^2 = \lambda_1 S^2 + \lambda_2 K^2 + \lambda_3 P^2 \\ \text{s. t. } \boldsymbol{D}_r \leqslant \boldsymbol{L} \leqslant \boldsymbol{D}_l \end{cases} \tag{4-90}$$

其中，$\boldsymbol{D}_r, \boldsymbol{D}_l$ 分别表示道路左右边界，$\lambda_1, \lambda_2, \lambda_3$ 分别表示每一项的权重。

(2) 车道保持：车道保持是最为常见的一种路径规划需求，即保持与道路中心线一定距离沿道路行驶(比如保持当前车道中心)。假定要求主车保持与道路中心线的法向距离 $\boldsymbol{L}_d$ 下行驶，则可构建如下与期望道路法向偏移的二次式，即

$$D^2 = \sum_{i=1}^{n}(L_i - L_d)^2 = \boldsymbol{L}^{\mathrm{T}}\boldsymbol{L} - 2\boldsymbol{L}_d^{\mathrm{T}}\boldsymbol{L} + \text{constant} \tag{4-91}$$

式中，constant 项与控制变量 $\boldsymbol{L}$ 无关。结合之前列出的各项指标，车道保持的最优路径规划为

$$\begin{cases} \min\Sigma^2 = \lambda_1 S^2 + \lambda_2 K^2 + \lambda_3 P^2 + \lambda_4 D^2 \\ \text{s. t. } \boldsymbol{D}_r \leqslant \boldsymbol{L} \leqslant \boldsymbol{D}_l \end{cases} \tag{4-92}$$

其中，$\lambda_i (i=1,2,3,4)$为权值。

(3) 避障工况：在处理避障情况时，需要添加额外的约束。如图 4-19 所示，通过距离差 D 来估计距离障碍物最近的控制点 P_j，加上最近的控制点 P_k 前后一定距离 d 内的 $[d/\Delta s]$ 个控制点，其中 $k=[D/\Delta s]$，Δs 表示相邻控制点的距离间隙，[-]表示“floor”操作。到这些控制点中心线的横向距离至少大于障碍物横向位移的安全距离阈值 r_s，以保证避障路径不与障碍物发生碰撞。最终，将最优避障路径规划问题描述为如下二次型最优规划问题，即

$$\begin{cases} \min\Sigma^2 = \lambda_1 S^2 + \lambda_2 K^2 + \lambda_3 P^2 \\ \text{s. t. } D_r \leqslant L_k \leqslant D_l, \quad k = 1, 2, \cdots, j-k-1, j+k-1, \cdots, n+1 \\ L_{\text{obst}} + r_s \leqslant L_k \leqslant D_l, \quad k = j-k, j-k+1, \cdots, j+k \end{cases} \tag{4-93}$$

利用 quadprog 函数，可以很容易地在 MATLAB 中处理二次规划问题。图 4-20 为避障路径规划示例，规划距离为 120m，相邻节点间距为 5m，共计 40 个节点；同时假设障碍物与主车在同一车道上，距离 50m，与中心线横向距离 2m(右)。主车在道路上起始位置的纵向距离为 20m，目标点的纵向距离为 140m。为保证规划路径不与障碍物发生碰撞，主车周

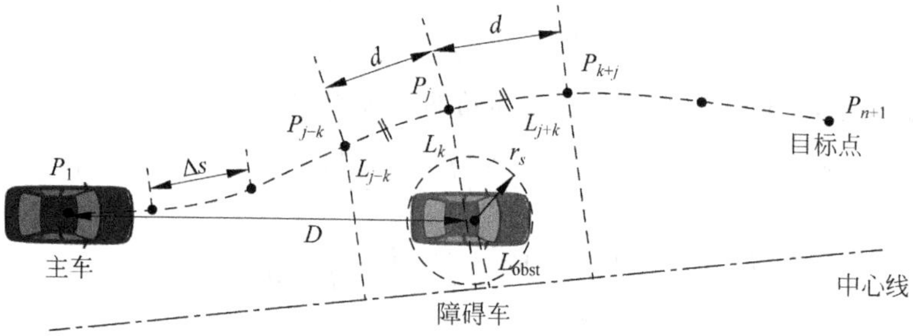

图 4-19 避障示意图

围避障的纵向安全距离 d 为 20m，安全距离阈值 r_s 为 2m。容易得知，规划的自然形状路径可以成功避开前方的障碍物，且规划路径平滑、无曲率突兀。

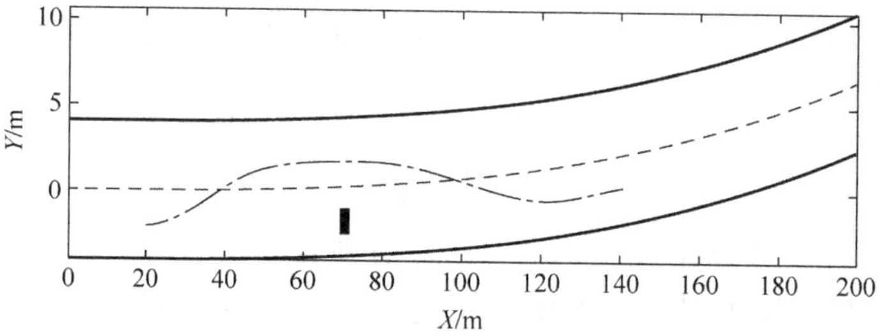

图 4-20 弯道避障路径规划

程序 4.5.2

4.6 智能车辆速度规划方法

我们知道轨迹信息除了包含路径信息外，还需确定依此路径行驶的速度信息，因而速度规划也是轨迹规划的必须环节。本节中我们将探讨主车与其他车辆无交互(非跟车模式)时，并获取规划路径情况下的速度规划。前一节中我们介绍了基于几何曲线和最优思想的路径规划方法，类似地，我们将介绍基于序列二次规划算法(SQP)的预瞄速度规划以及基于自然三次样条曲线和二次规划的速度规划方法。

4.6.1 基于序列二次规划的预瞄速度规划

当车辆行驶于大曲率路径或进行避障措施时，速度规划对于无人驾驶车辆的舒适性和安全性有着重要的影响。不同于大多数研究中采用线性变化的速度值，本书将采用四次多项式来描述一段时间内的速度变化，它能保证其对应的加速度是连续的，且可应付在短时间范围内常规速度的变化情况，这样速度 $u(t)$ 可表示为

$$u(t)=\sum_{k=1}^{k=5} k a_k t^{k-1}, \quad t \in [0, t_f] \tag{4-94}$$

式中，a_k，$k=1,2,3,4,5$ 表示多项式参数，t_f 表示该段速度变化的结束时间。我们可以进

一步获得其对应的加速度表达式为

$$a_x(t)=\frac{\mathrm{d}u(t)}{\mathrm{d}t}=\sum_{k=2}^{k=5}k(k-1)a_k t^{k-2},\quad t\in[0,t_f] \tag{4-95}$$

考虑到相应的速度和加速度的初始条件 $u(0)=a_1=u_0, a(0)=2a_2=a_{x0}$，即

$$a_1-u_0=0,\quad a_2-\frac{a_{x0}}{2}=0 \tag{4-96}$$

此外，对应加速度的变化率为

$$\alpha(t)=\frac{\mathrm{d}a_x(t)}{\mathrm{d}t}\sum_{k=3}^{k=5}k(k-1)(k-2)a_k t^{k-3},\quad t\in[0,t_f] \tag{4-97}$$

并依据式(4-93)可求得该时间段$[0,t_f]$的路程

$$s(t)=\int_{\tau=0}^{\tau=t_f}u(\tau)\mathrm{d}\tau=\sum_{k=1}^{k=5}a_k t^k,\quad t\in[0,t_f] \tag{4-98}$$

这样我们就获取到了路径规划所需求所有相关表达式。如前所述，在速度规划中我们需要考虑到速度和加速度的相关约束以满足车辆行驶的安全性和舒适性，首先为侧向加速度约束，侧向加速度常用来表征车辆的横向稳定性，因此它的值不宜太高。假定其预期的最大侧向加速度值为 $a_{y\max}$，则有下列不等式成立：

$$a_y=Ku^2\leqslant a_{y\max} \tag{4-99}$$

从而有

$$u\leqslant\sqrt{\left|\frac{a_{y\max}}{K}\right|} \tag{4-100}$$

式中，$a_{y\max}=\min\{\mu g\quad a_{y\_usr}\}$，$\mu$ 为路面附着率，a_{y_usr} 为驾驶员预期的最大侧向加速度值。

此外，为了避免出现轮胎打滑的现象需保证地面给轮胎的受力小于地面摩擦力，即

$$F_t=\sqrt{F_x^2+F_y^2}=m\sqrt{a_x^2+(Ku^2)^2}\leqslant\mu mg \tag{4-101}$$

即

$$a_x^2+K^2u^4\leqslant\mu^2g^2 \tag{4-102}$$

进一步得到纵向加速度的约束不等式

$$|a_x|\leqslant\sqrt{\mu^2g^2-K^2u^4} \tag{4-103}$$

这样，车辆的纵向加速度约束表示为

$$|a_x|\leqslant\min\{\sqrt{\mu^2g^2-K^2u^4},a_{x\_usr}\} \tag{4-104}$$

其中，a_{x_usr} 表示该场景下车辆加速度的最大值，通常为了避免影响乘客的舒适性，推荐的取值范围为 $-0.4g\leqslant a_{x\_usr}\leqslant 0.1g$。

待不等式约束确定后，我们将在一段预瞄路程 s_p 内均匀选取 N 个规划点，每一个规划点对应的路程为 s_j，$j=1,2,\cdots,N$，这样我们可以得到额外的等式约束，如图 4-21 所示。

$$s_j(t_i)-\frac{j}{N}s_p=0,\quad j=1,2,\cdots,N \tag{4-105}$$

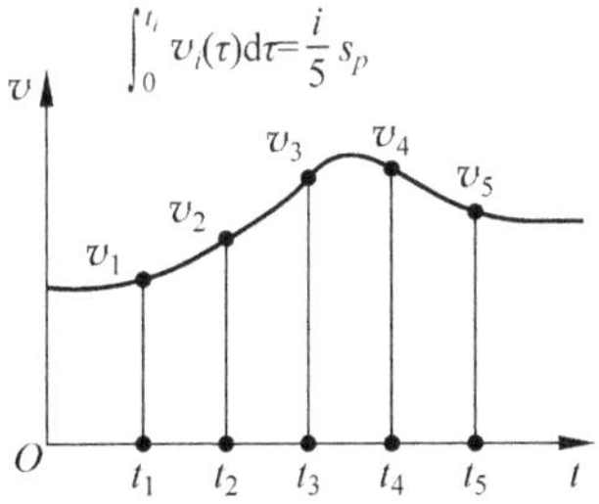

图 4-21　速度规划参考点

对于速度规划而言，我们的规划目标为保证车辆能够尽快地安全到达目的地，与此同时保持较好的舒适性。用数学语言描述即期望在每一个规划点都能达到它的最大允许速度，并且在这段路程中车辆的加速度变化率的累积和最小以保证良好的舒适度，因此有

$$\min_{a_k, t_j \in \boldsymbol{Z}} \begin{bmatrix} \dfrac{1}{u_i(t_i)} \\ \displaystyle\int_{\tau=0}^{\tau=t_N} \alpha(\tau)^2 \mathrm{d}\tau \end{bmatrix} \tag{4-106}$$

式中，$\boldsymbol{Z}$为控制变量，它包含有关速度的多项式表达式中的参数以及行驶到每个规划点所需的时间，即$\boldsymbol{Z}=[a_1 \quad a_2 \quad a_3 \quad a_4 \quad a_5 \quad t_1 \quad t_2 \quad \cdots \quad t_{N-1} \quad t_N]^{\mathrm{T}}$，显而易见，式(4-106)是一个多目标优化问题，即求解最小化问题式(4-106)并同时需要满足约束式(4-96)、式(4-100)、式(4-104)。

然而多目标优化问题的解通常没有独特的最优解同时满足所有的目标函数，考虑到决策者通常对每一个目标函数都有一期望值，因而一种被称作全局优化的方法被运用到多目标优化中。其中一种方法即基于目标优先度，优先满足最重要目标函数与期望值的偏差，与此同时也尽可能去满足其他次要目标与其目标值的偏差。这样我们可以将多目标优化问题式(4-106)转化为一“最小最大化”(Min-Max)问题，即在满足约束的前提下，我们首先最大化每个参考点的速度，与此同时，力求在该段时间内的加速度变化率的累积和最小，即

$$\min_{a_k, t_j \in Z} \max \begin{bmatrix} \left(\dfrac{1}{u(t_j)} - G_j\right) \Big/ w_j \\ \left(\displaystyle\int_{\tau=0}^{\tau=t_N} \alpha(\tau)^2 \mathrm{d}\tau - G_{N+1}\right) \Big/ w_{N+1} \end{bmatrix} k=\{1,2,\cdots,5\}, \quad j=\{1,2,\cdots,N\} \tag{4-107}$$

s. t.

$$s_j(t_j) - \frac{j}{N} s_p = 0$$

$$a_1 - u_0 = 0$$

$$a_2 - \frac{a_{x0}}{2} = 0$$

$$0 < u \leqslant \sqrt{\left|\frac{a_{y\max}}{K}\right|}, \quad a_{y\max} = \min\{\mu g, a_{y\_\mathrm{usr}}\}$$

$$|a_x| \leqslant \min\left\{\sqrt{\mu^2 g^2 - K^2 u^4}, a_{x\_\mathrm{usr}}\right\}$$

其中，w_j 表示各目标函数的权重值，G_i 为每个目标函数的期望值。

接下来我们需求解这个非线性优化问题，序列二次规划法代表着目前非线性优化求解方法中较为先进的一种，对于非线性约束最优化问题，SQP 也是大规模问题的求解利器。序列二次规划方法将原始问题分解为一系列的子二次规划问题逐步求解，对于每个子二次规划问题的约束来自原非线性约束的线性化表示，子目标函数则是原目标函数经改进后的

拉格朗日函数的二次近似表达，这样我们可以通过常规的二次规划求解器对子问题进行求解。在 MATLAB 中我们可以调用 fminimax 函数来通过 SQP 方法求解该速度规划问题，在求解子二次规划问题中我们将选用“主动集法”(Active Set)求解得到搜寻方向，再通过线性搜索过程求得最优解。

接下来我们将选取两个场景对本节中提出的两种速度规划算法进行验证。如图 4-23 所示，第一个场景的道路形状为两个近乎 90°的连续转弯，第二个场景为两个大弧度连接而成的 S 形状的道路。速度规划的相关参数设置如下：自定义的最大侧向加速度为$\pm 0.4g$，自定义的最大纵向加速度为$\pm 0.2g$，车辆初始速度为 90km/h。

由于序列二次规划 SQP 常用来求解其非线性优化问题，而非线性优化问题求解通常而言对计算资源的需求是较大的，因而比较耗时间，因此有必要对算法的复杂度进行分析。对于 SQP 而言，问题计算复杂度取决于算法中子二次规划问题求解的复杂度，然而广义的二次规划问题的求解的复杂度并没有定论，对于非凸的二次规划问题通常是非确定性多项式的(NP-hard)，即不能用一定数量的运算去解决多项式时间内可解决的问题；但对于凸二次规划求解存在多项式时间内解决。主动集法最早被用于凸二次规划求解，尽管对于某一些烦琐的问题它的求解复杂度是指数时间，但在实际运用中，利用它对低维度求解其复杂度可能存在多项式时间[18]。

为了寻求 SQP 速度规划算法中合适的规划点数目 N，我们以场景 1 为测试背景，设置了不同数目的规划点求解，分别为 $N=5$，$N=10$，$N=20$ 以及 $N=50$，并记录每一次规划所需的时间，计算对应的平均求解时间以及方差，如图 4-22 所示。容易观察到，随着规划点数目的增加，规划平均时间会逐渐增加，且方差也会越来越大，但是当规划点数目较少时($N=5$)平均求解时间为 0.0074s，符合实时规划要求；且对应的方差也较小，这意味着每次的求解时间分布比较均匀，因此我们将选择 $N=5$ 作为 SQP 速度规划算法中规划点数目的参考值。最终，基于 SQP 的预瞄速度规划的仿真结果如图 4-23 所示，包含速度、加速度以及加速度变化率，且从规划结果可知规划速度和加速度均在预期限定值范围之内，并且加速度保持连续，加速度变化率值较小，因而驾驶舒适性以得到保证。

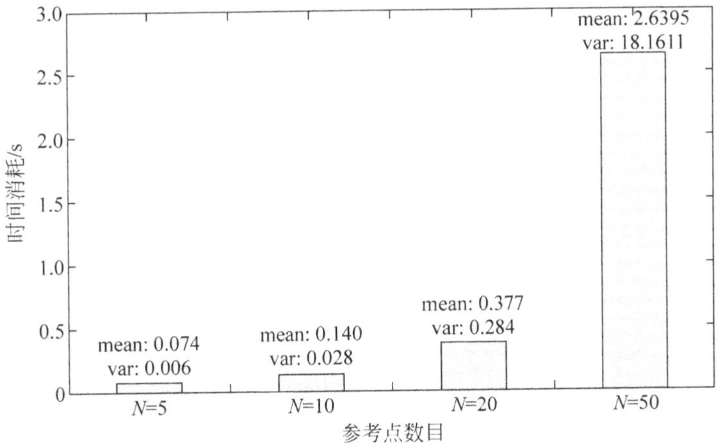

图 4-22　不同规划参考点下的耗时统计

程序 4.6.1

彩图 4-23

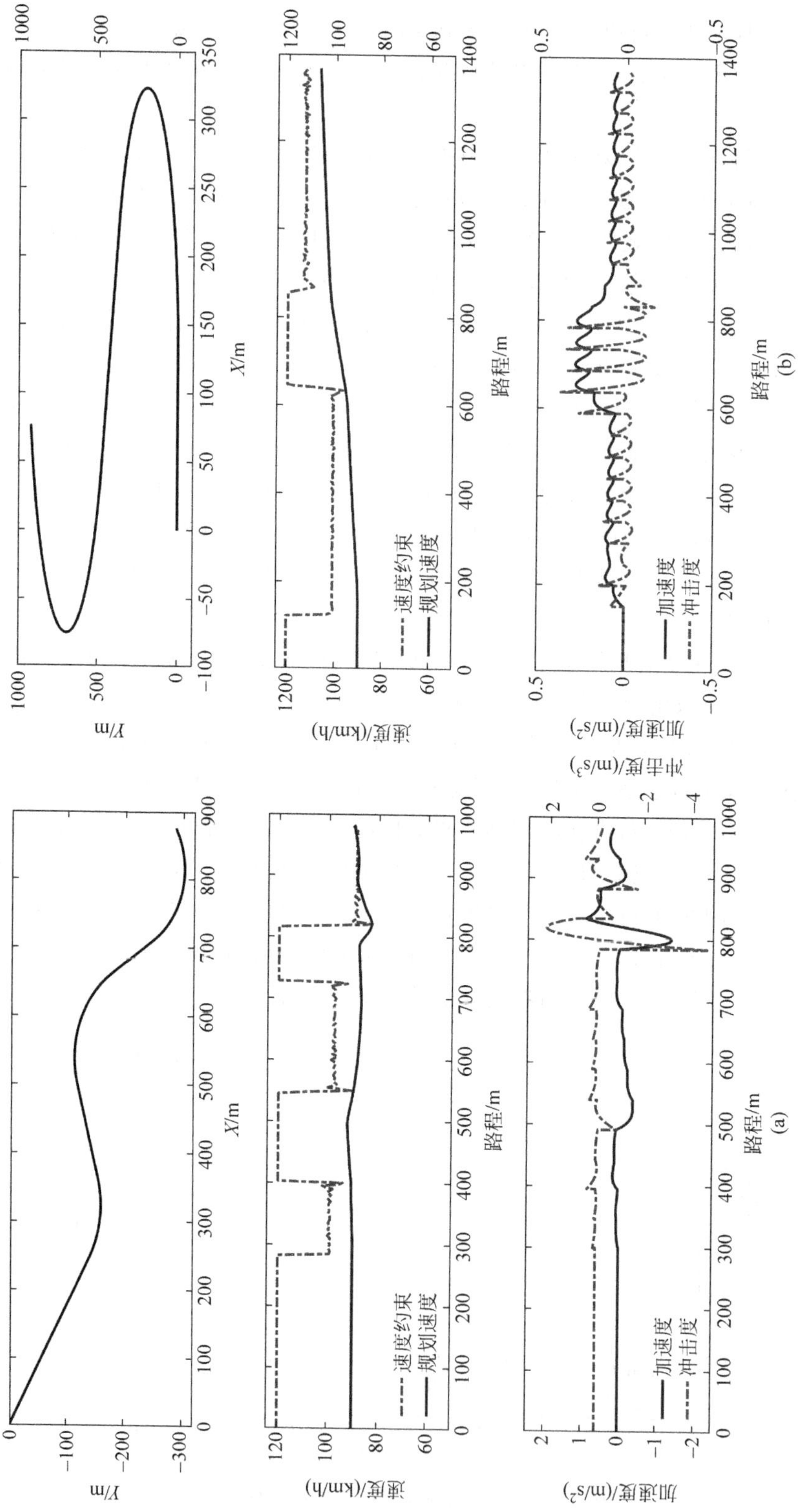

图 4-23 基于 SQP 法的不同道路形状下的车辆纵向速度规划示例

(a) 工况一；(b) 工况二

4.6.2　基于三次自然样条曲线的最优速度规划

和前一章的路径规划类似，我们也可以利用三次自然样条曲线和二次规划方法来进行速度规划，因为二次规划求解已经相当成熟，并且求解速度较快。假定规划当前位置前方距离为 s_p 的速度，速度规划控制点(共 $N+1$ 个控制点组成 N 段)之间由上次自然样条曲线连接，即

$$v_i(s^*)=c_{0i}+c_{1i}s^*+c_{2i}s^{*2}+c_{3i}s^{*3} \tag{4-108}$$

其中，c_{ji}，$j\in\{0,1,2,3\}$，$i\in\{0,1,2,\cdots,N\}$为某段曲线的多项式系数，$s^*=\dfrac{s-s_{i0}}{\Delta s}\in[0,1]$。

关于目标函数，我们还是期望主车能够尽快地到达目的地，因为保证时间最优，即每一个速度控制点处能达到它的最大加速度。将其表述成二次函数项，即

$$V^2=(\boldsymbol{v}_x-\boldsymbol{v}_{\max})^2=\boldsymbol{v}_x^{\mathrm{T}}\boldsymbol{v}_x-2\boldsymbol{v}_{\max}^{\mathrm{T}}\boldsymbol{v}_x+\text{costant} \tag{4-109}$$

式中，$\boldsymbol{v}_x=[v_0\quad v_1\quad v_2\quad \cdots\quad v_{n-1}\quad v_n]^{\mathrm{T}}$，$v_{\max}$ 表示所允许的最大速度，它根据路径曲率 K 以及路面附着系数 μ 来确定，即

$$\boldsymbol{v}_{\max}=\sqrt{(\mathrm{diag}[K])^{-1}\mu g} \tag{4-110}$$

另一个目标函数为最小加速度变化率以保证乘客舒适性，它对应的二次项为

$$A^2=\sum_{i=1}^{n}(\Delta s^2A_i)^2=\sum_{i=1}^{n}\left(\frac{\mathrm{d}^2v_{xi}(s^*)}{\mathrm{d}s^{*2}}\right)^2=\boldsymbol{v}_x^{\mathrm{T}}\boldsymbol{H}^{\mathrm{T}}\boldsymbol{H}\boldsymbol{v}_x \tag{4-111}$$

式中，我们沿用了 3.1 节中“自然样条曲线在控制点处一阶导数和二阶导数可表述为关于控制点的线性形式”的结论。最后将这两项加起来便得到速度规划的目标函数，即

$$\Sigma^2=V^2+A^2=\boldsymbol{v}_x^{\mathrm{T}}\boldsymbol{\Theta}\boldsymbol{v}_x-2\varepsilon_1\boldsymbol{v}_{\max}^{\mathrm{T}}\boldsymbol{v}_x \tag{4-112}$$

式中，$\boldsymbol{\Theta}=\varepsilon_1\boldsymbol{I}+\varepsilon_2\boldsymbol{H}^{\mathrm{T}}\boldsymbol{H}$。

目标函数构建好以后，还需要建立上一节中类似的对规划速度的约束，首先保证轮胎能做纯滚动运动，轮胎受力不能大于地面的附着力，即 $F_t=\sqrt{F_x^2+F_y^2}=m\sqrt{a_x^2+(Ku^2)^2}\leqslant \mu mg$，化简得到

$$a_x^2\leqslant\mu^2g^2-K^2u^4 \tag{4-113}$$

a_x 为纵向加速度是关于速度的一阶导数，因而有

$$\boldsymbol{a}_x=\boldsymbol{G}\boldsymbol{v}_x \tag{4-114}$$

将式(4-113)表述为向量形式为

$$(\boldsymbol{G}\boldsymbol{v}_x)^2-\boldsymbol{\mu}^2\boldsymbol{g}^2+\mathrm{diag}([K_i^2])[v_i^4]\leqslant 0 \tag{4-115}$$

因此，最终得到关于速度规划的二次规划问题的描述，即

$$\begin{aligned}&\min\Sigma^2=\boldsymbol{v}_x^{\mathrm{T}}\boldsymbol{\Theta}\boldsymbol{v}_x-2\varepsilon_1\boldsymbol{v}_{\max}^{\mathrm{T}}\boldsymbol{v}_x\\&\text{s. t. }\Delta\boldsymbol{v}_{\min}\leqslant\Delta\boldsymbol{v}_x=\boldsymbol{W}\boldsymbol{v}_x-u_0\boldsymbol{E}\leqslant\Delta\boldsymbol{v}_{\max}\\&(\boldsymbol{G}\boldsymbol{v}_x)^2-\boldsymbol{\mu}^2\boldsymbol{g}^2+\mathrm{diag}([K_i^2])[v_i^4]\leqslant 0\\&\boldsymbol{v}_{\min}\leqslant\boldsymbol{v}_x\leqslant\boldsymbol{v}_{\max}\end{aligned} \tag{4-116}$$

$$
\text{式中},\boldsymbol{W}=\begin{bmatrix} 1 & 0 & \cdots & 0 & 0 \\ -1 & 1 & \cdots & 0 & 0 \\ \vdots & \vdots & & \vdots & \vdots \\ 0 & 0 & \cdots & -1 & 1 \end{bmatrix}_{(n+1)\times(n+1)},\boldsymbol{E}=\begin{bmatrix} 1 \\ 0 \\ \vdots \\ 0 \end{bmatrix}_{(n+1)\times 1}。
$$

图 4-24(a)所示的仿真场景为富有挑战性的近乎 90°急转弯的道路中规划最优车速，规划目标是保证车辆能最快速地且安全地沿着规划路径中心线通过测试道路。最终速度规划结果如图 4-24(b)所示，可以很明显地观察到速度保持在其对应的约束范围之内，在车辆进入转弯之前，其规划速度便会下降以安全通过弯道，整个过程速度变化并不存在剧烈的振荡，有利于车辆行驶的舒适性；速度曲线过渡舒缓，这对后续速度跟踪也是极为有利的。

彩图 4-24

程序 4.6.2

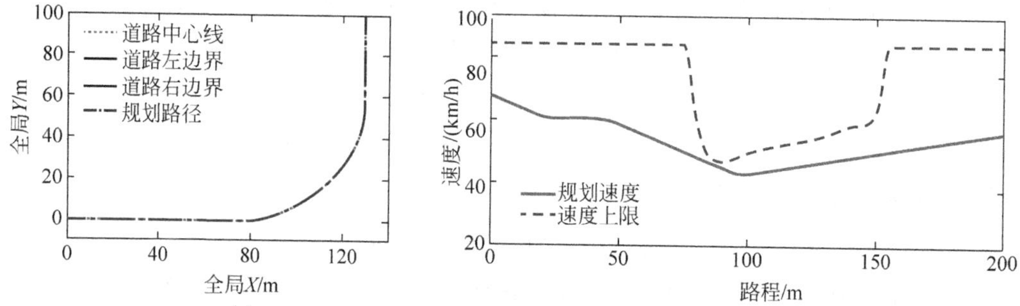

(a)　　(b)

图 4-24　基于三次样条曲线的车辆纵向速度规划示例

(a) 期望路径；(b) 规划速度

习　　题

4.1　假设道路中心线可用如下的函数表达式表示，且车道宽度为 3.75m，车道数目为双车道，

$$
y=10\sin\frac{x}{80},\quad x=0\sim 500
$$

利用 MATLAB 软件画出该道路边界的 X-Y 坐标图。

4.2　以习题 4.1 中的道路为场景对象，假设初始时主车位于道路起始处右侧中心线，其道路 Frenét 坐标为(0，−2)，同一车道前方 60m 处有一辆静止障碍车，其道路 Frenét 坐标为(60，−2)，利用人工势场和弹性绳法，设计合理的参数，规划一条合适的避障路径。

4.3　基于习题 4.2 中的场景，若障碍物以 15m/s 速度恒速前进，主车以 25m/s 速度前进，以 1s 为规划间隔，分别采用 RRT 方法、基于多项式曲线和最优选择机制的路径规划算法、基于自然三次样条曲线和二次规划的路径规划实现动态避障过程。

4.4　假设在 100m×100m 的地图方格中存在 4 个大小不一的正方形障碍物，其中心坐标和边长分别为{(25,25),10}；{(60,30),20}；{(40,60),20}；{(80,70),20}。若将起始点位于(0,0),终点位于(100,100),利用 IWD 方法生成一条光滑的避障路径。

4.5 在进行速度规划时,若想在优化目标函数中保证纵向舒适性和横向稳定性,期望所有速度控制点的速度二阶导数(冲击度,jerk)以及加速度尽可能小,怎样改进 4.6 节介绍的两种方法中的目标优化函数?利用习题 4.1 中的道路环境,假定主车行驶在右侧道路中心线执行车道保持任务,首先利用三次样条曲线和二次规划进行车道保持的路径规划,然后用改进的速度规划方法实现最优速度分配,并画出规划速度、加速度以及冲击度曲线。

参考文献

[1] Gerdts M, Karrenberg S, Müller-Be Bler B, et al. Generating locally optimal trajectories for an automatically driven car[J]. Optimization & Engineering, 2009, 10(4): 439.

[2] Eidehall A, Pohl J, Gustafsson F, et al. Toward Autonomous Collision Avoidance by Steering[J]. IEEE Transactions on Intelligent Transportation Systems, 2007, 8(1): 84-94.

[3] Gordon T J, Lidberg M. Automated driving and autonomous functions on road vehicles[J]. Vehicle System Dynamics, 2015, 53(7): 958-994.

[4] Khatib O. Real-Time Obstacle Avoidance for Manipulators and Mobile Robots[J]. International Journal of Robotics Research, 1986, 5(1): 90-98.

[5] 朱伟达. 基于改进型人工势场法的车辆避障路径规划研究[D]. 镇江: 江苏大学, 2017.

[6] Kuffner James J, Steven M LaValle. RRT-connect: An efficient approach to single-query path planning[C]// Proceedings 2000 ICRA. Millennium Conference. IEEE International Conference on Robotics and Automation. Symposia Proceedings (Cat. No. 00CH37065), vol. 2, pp. 995-1001. IEEE, 2000.

[7] 宋晓琳, 周南, 黄正瑜, 等. 改进 RRT 在汽车避障局部路径规划中的应用[J]. 湖南大学学报(自然科学版), 2017, 44(4): 30-37.

[8] Kennedy J, Eberhart R. Particle swarm optimization[C]//ICNN'95-International Conference on Neural Networks. IEEE, 2002, 1942-1948.

[9] Karaboga D. An idea based on honey bee swarm for numerical optimization[R]. Department of Computer Engineering, Erciyes University, Technical Report-TR06, 2005.

[10] Tan Y, Zhu Y. Fireworks algorithm for optimization[C]//International Conference on Advances in Swarm Intelligence. Springer-Verlag, 2010, 355-364.

[11] Colorni A, Dorigo M, Maniezzo V. Distributed optimization by ant colonies. Toward a Practice of Autonomous Systems: [M]. Proceedings of the First European Conference on Artificial Life. Cambridge: MIT Press, 1992.

[12] 李晓磊. 一种新型的智能优化方法—人工鱼群算法[D] 杭州: 浙江大学, 2003.

[13] Shah-Hosseini H. Problem solving by intelligent water drops[C]//IEEE congress on evolutionary computation, IEEE, 2007, 3226-3231.

[14] Shah-Hosseini H. Problem solving by intelligent water drops[C]//IEEE congress on evolutionary computation, IEEE, 2007, 3226-3231.

[15] Shah-Hosseini H. Intelligent water drops algorithm: A new optimization method for solving the multiple knapsack problem[J]. International Journal of Intelligent Computing and Cybernetics, 2008, 1(2): 193-212.

[16] Kamkar I, Akbarzadeh-T M R, Yaghoobi M. Intelligent water drops a new optimization algorithm for

solving the vehicle routing problem[C]//Systems Man and Cybernetics (SMC), 2010 IEEE International Conference on. IEEE,2010: 4142-4146.

[17] 宋晓琳,潘鲁彬,曹昊天.基于改进智能水滴算法的汽车避障局部路径规划[J].汽车工程,2016,38(2): 185-191,228.

[18] Kozlov M K, Tarasov S P, Khachiyan L G. The polynomial solvability of convex quadratic programming[J]. USSR Comput Math Math Phys,1980,20(5): 223-228.

第 5 章

智能车辆跟随控制理论与方法

本章将详细介绍智能车轨迹跟踪方法，首先从简单的 PID 模型入手，了解驾驶员“预瞄-跟随”模型的基本概念，然后遵循循序渐进的原则，分别利用最优化控制理论、线性二次规划器、模型预测控制、非线性模型预测控制、滑模控制等方法实现车辆轨迹跟踪控制。

5.1 简单驾驶员 PID“预瞄-跟随”模型

本节首先介绍一种最为简单的驾驶员模型，它将驾驶员的操控行为视为一种线性连续的反馈控制模型，如表 5-1 所示，研究者提出了不同的传递函数模型以适应不同的驾驶工况，不难察觉出这些传递函数几乎都具有相同形式，即

$$H(s)=h\left(\tau_D s+1+\frac{1}{\tau_I s}\right)e^{-\tau_d s} \tag{5-1}$$

表 5-1 不同的驾驶员控制传递函数

模型序号	传递函数形式	提出者
1	$K\frac{1+Ts}{s}e^{-\tau s}$	Tustin[1]
2	$K\frac{1+T_1 s}{(1+T_2 s)(1+T_3 s)}e^{-\tau s}$	Mcruer & Krendel[2]
3	$K\left(T_1 s+1+\frac{1}{T_2 s}\right)e^{-\tau s}$	Ragazzini[3]
4	$K\frac{(A_n s^n+A_{n-1}s^{n-1}+\cdots+A_0)}{s^l(B_m s^m+B_{m-1}s^{m-1}+\cdots+B_0)}e^{-\tau s}$	Jacksom[4]

我们可以进一步讨论式(5-1)中各参数的物理含义：首先，执行器在给定的输入下做出响应通常有滞后，这部分用传递函数 $e^{-\tau_d s}$ 表示，其中用 τ_d 表示时滞参数；然后，考虑到驾驶员可以轻松地执行与输入信号成比例的控制动作信号，这个比例可用 h 表示；其次，驾驶员还能够预测输入变化从而调整控制动作，即输出信号与输入速率(即输入微分值)成比例，该比例常数用 τ_D 表示；最后，驾驶员还可以在输出信号与输入信号的积分值成比例的情况下进行操控，该比例常数用 τ_I 表示；只要系统存在着偏差，该积分环节就会不断起作用，对输入偏差进行积分，从而使控制器的输出及执行器的开度不断变化，产生控制作用以减小偏差。

如图 5-1(a)所示，假定驾驶员朝车辆前方距离为 L_p 的目标位置（亦称为“预瞄点”，此时 L_p 称为“预瞄距离”）驶去，如果我们要计算当前车辆姿态下车辆相对于目标路径的车辆横向位移偏差，它将等同于车辆在 $T_p=L_p/V$ 时间内行驶的横向位移。驾驶员便是基于这个横向偏差进行反馈调节控制的。上述“预瞄-跟随”的思路目前也已成为路径跟随模型的主流，图 5-1(b)进一步给出了对应的简化控制框架图。

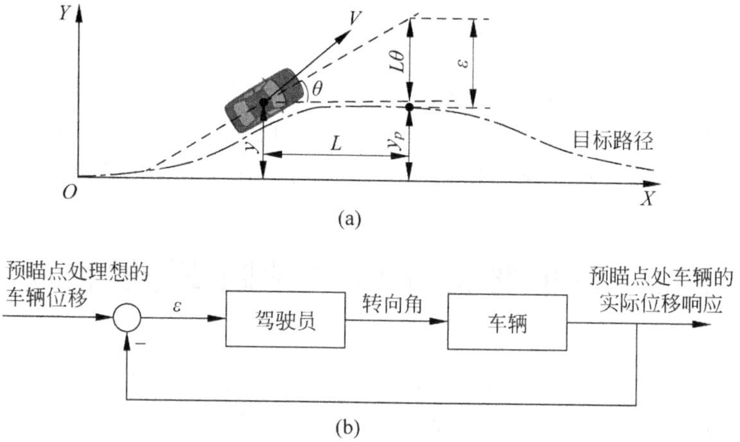

图 5-1 车辆路径跟随示意图

(a) 车辆路径跟随预瞄示意图；(b) 车辆路径跟随简化框图

通常，在没有大工作负荷的情况下，驾驶员能长时间连续执行的是“比例操控”，顺带弱“微分操控”或“积分操控”。依据式(5-1)，由于车辆动态响应已经具有很强的积分特性，因此，我们只在“驾驶员”传递函数中考虑微分操作，这样“驾驶员”跟随模型的传递函数可以化简成

$$H(s)=h(\tau_D s+1)e^{-\tau_d s} \tag{5-2}$$

由图 5-1(a)可知，$|\theta|\ll 1$，因此，车辆与目标路径的横向偏差 ε 满足如下几何关系：

$$\varepsilon=y+L_p\theta-y_p \tag{5-3}$$

其中，y 是车辆横向位移，θ 是偏航角，y_p 是目标航向下在“预瞄点”处的横向位移。由于式(5-3)中的一阶近似，因此称它为满足线性预瞄关系。依据式(5-3)，进一步可以画出图 5-2 所示的“驾驶员-车辆系统”的控制框图。

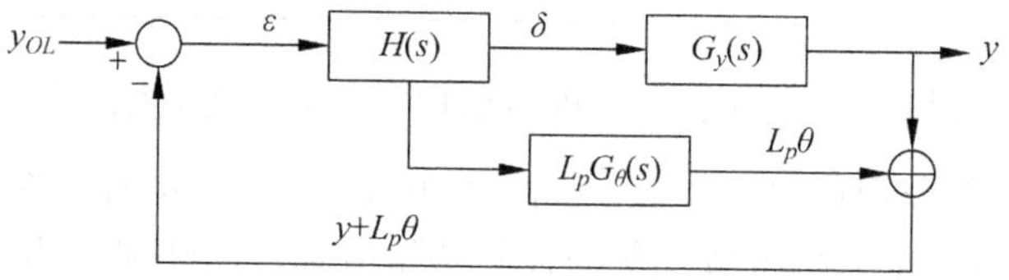

图 5-2 “驾驶员-车辆系统”的控制框图

进而得到 y 对 y_p 响应的传递函数为

$$\frac{Y(s)}{y_p(s)}=\frac{G_y(s)H(s)}{1+H(s)(G_y(s)+L_pG_\theta(s))} \tag{5-4}$$

并且其特征方程为

$$1+H(s)(G_y(s)+L_pG_\theta(s))=0 \tag{5-5}$$

式中，$G_y(s)$，$G_\theta(s)$分别为车辆横向位移和横摆角对前轮转角响应的传递函数。

回顾 3.5 节大地坐标系下的车辆二自由度动力学方程(3-98)，对其做拉普拉斯变换，可以得到

$$\begin{bmatrix} ms^2+\frac{2(C_f+C_r)}{V}s & \frac{2(L_fC_f-L_rC_r)}{V}s-2(C_f+C_r) \\ \frac{2(L_fC_f-L_rC_r)}{V}s & J_zs^2+\frac{2(L_f^2C_f+L_r^2C_r)}{V}s-2(L_fC_f-L_rC_r) \end{bmatrix}\begin{bmatrix} Y(s) \\ \theta(s) \end{bmatrix}=\begin{bmatrix} 2C_f\delta(s) \\ 2L_fC_f\theta(s) \end{bmatrix} \tag{5-6}$$

进一步可求解得到车辆横向位移和横摆角对前轮转角响应的传递函数

$$\frac{Y(s)}{\delta(s)}=\frac{\begin{vmatrix} 2C_f & \frac{2(L_fC_f-L_rC_r)}{V}s-2(C_f+C_r) \\ 2L_fC_f & J_zs^2+\frac{2(L_f^2C_f+L_r^2C_r)}{V}s-2(L_fC_f-L_rC_r) \end{vmatrix}}{\begin{vmatrix} ms^2+\frac{2(C_f+C_r)}{V}s & \frac{2(L_fC_f-L_rC_r)}{V}s-2(C_f+C_r) \\ \frac{2(L_fC_f-L_rC_r)}{V}s & J_zs^2+\frac{2(L_f^2C_f+L_r^2C_r)}{V}s-2(L_fC_f-L_rC_r) \end{vmatrix}} \tag{5-7}$$

$$\frac{\theta(s)}{\delta(s)}=\frac{\begin{vmatrix} ms^2+\frac{2(C_f+C_r)}{V}s & 2C_f \\ \frac{2(L_fC_f-L_rC_r)}{V}s & 2L_fC_f \end{vmatrix}}{\begin{vmatrix} ms^2+\frac{2(C_f+C_r)}{V}s & \frac{2(L_fC_f-L_rC_r)}{V}s-2(C_f+C_r) \\ \frac{2(L_fC_f-L_rC_r)}{V}s & J_zs^2+\frac{2(L_f^2C_f+L_r^2C_r)}{V}s-2(L_fC_f-L_rC_r) \end{vmatrix}} \tag{5-8}$$

整理得到

$$\begin{cases} \frac{Y(s)}{\delta(s)}=G_{\ddot{y}}(0)\frac{1+T_{Y1}s+T_{Y1}s^2}{s^2(1+T_1s+T_2s^2)} \\ \frac{\theta(s)}{\delta(s)}=G_\theta(0)\frac{1+T_rs}{s(1+T_1s+T_2s^2)} \end{cases} \tag{5-9}$$

其中：

$$G_{\ddot{y}}(0)=\frac{1}{1+AV^2}\frac{V^2}{L},\quad T_{Y1}=\frac{L_r}{V},\quad T_{Y2}=\frac{J_z}{2LC_r}$$

$$G_\theta(0)=\frac{1}{1+AV^2}\frac{V}{L},\quad T_r=\frac{mL_fV}{2LC_r},\quad T_1=\frac{2\zeta}{\omega_n},\quad T_2=\frac{1}{\omega_n^2}$$

$$A=-\frac{m}{2L^2}\left(\frac{L_f}{C_r}-\frac{L_r}{C_f}\right),\omega_n=\frac{2L}{V}\sqrt{\frac{C_fC_r(1+AV^2)}{mJ_z}},\zeta=\frac{m(L_f^2C_f+L_r{}^2C_r)+J_z(C_f+C_r)}{2L\sqrt{mJ_zC_fC_r(1+AV^2)}}$$

其中，A 称作车辆特征系数，ω_n 为自然频率，ζ 为阻尼系数。

从上述推导不难发现，完整的“驾驶员-车辆”传递函数模型是相当复杂的，为了解驾驶员跟随控制的基本特性和原理，我们首先考虑一种最为简单的情况，即将车辆横摆角速度对前轮转角响应的传递函数描述为一阶惯性环节：

$$\frac{r(s)}{\delta(s)}\approx G_r(0)\frac{1}{1+t_rs} \tag{5-10}$$

其中，

$$G_r(0)=\frac{1}{1+AV^2}\frac{V}{L},\quad t_r=\frac{mL_fV}{2LC_r},\quad A=\frac{m}{2L}\left(\frac{L_f}{C_r}-\frac{L_r}{C_f}\right)$$

假定 $C_f=C_r=C, L_f=L_r=L/2$，此时车辆横摆角对前轮转角响应的传递函数为

$$G_\theta=\frac{\theta(s)}{\delta(s)}=\frac{V}{L}\frac{1}{1+t_rs}\frac{1}{s},\quad t_r=\frac{mV}{4C} \tag{5-11}$$

依据 $\mathrm{d}^2y/\mathrm{d}t^2=Vr$ 可推导出车辆横向位移对前轮转角响应的传递函数为

$$G_Y=\frac{Y(s)}{\delta(s)}\approx\frac{V^2}{L}\frac{1}{1+T_rs}\frac{1}{s^2} \tag{5-12}$$

将式(5-2)、式(5-11)、式(5-12)代入式(5-5)，得

$$s^2+\frac{V^2}{L}\left(\frac{L_p}{V}s+1\right)\frac{h(1+\tau_Ds)\mathrm{e}^{-\tau_ds}}{1+t_rs}=0 \tag{5-13}$$

假定 $\mathrm{e}^{-\tau_ds}=1/(1+\tau_ds)$，并且暂时不考虑驾驶员的微分操控，即 $\tau_D=0$，式(5-13)可化简为

$$s^2+\frac{V^2}{L}\left(\frac{L_p}{V}s+1\right)\frac{h}{(1+t_rs)(1+\tau_ds)}=0 \tag{5-14}$$

当 V 较低且 m 相对于 C 较小时，车辆响应延迟 t_r 可以视为 0；在这种情况下式(5-14)的特征方程式变为以下形式：

$$A_3s^3+A_2s^2+A_1s+A_0=0 \tag{5-15}$$

其中，

$$A_3=\tau_d,\quad A_2=1,\quad A_1=\frac{hL_p}{L}V,\quad A_0=\frac{h}{L}V^2$$

此时，系统的稳定性条件为

$$A_1A_2-A_0A_3=\frac{hV}{L}(L_p-V\tau_d)>0 \tag{5-16}$$

很显然，系统在 $\tau_d<V/L_p$ 时才能保证系统稳定，$T_p=V/L_p$ 可以记为驾驶员的“预瞄时间”，意味着驾驶员路径跟随时的预瞄时间需大于驾驶员的迟滞时间才能保证跟随系统的稳定。

当驾驶员和车辆的响应延迟都不能忽略时，式(5-14)进一步化简得到

$$A_4 s^4 + A_3 s^3 + A_2 s^2 + A_1 s + A_0 = 0 \tag{5-17}$$

其中，

$$A_4 = \tau_d t_r,\quad A_3 = t_r + \tau_d,\quad A_2 = 1,\quad A_1 = \frac{hL_p}{L}V,\quad A_0 = \frac{h}{L}V^2$$

很显然，$A_i(i=1,2,3,4)$均为正值，依据 3.2.2 节中的赫尔维茨稳定性判据，如果保证

$$\Delta_2 = A_3 > 0,\quad \Delta_2 = A_2A_3 - A_1A_4 > 0,\quad \Delta_3 = A_1A_2A_3 - A_0A_3^2 - A_1^2A_4 > 0$$

则“驾驶员-车辆”系统是稳定的，即

$$(t_r + \tau_d) - \frac{hL_p}{L}V\tau_d t_r > 0,\quad \frac{hV}{L}\left((t_r + \tau_d)L_p - (t_r + \tau_d)^2 V - \frac{hL_p^2 V}{L}\tau_L t_r\right) > 0 \tag{5-18}$$

因此，有

$$h < \left(\frac{1}{\tau_d} + \frac{1}{t_r}\right)\left(\frac{L}{VL_p} - \frac{t_d + \tau_L}{L_p^2}\right) \tag{5-19}$$

式(5-19)给出了为保证跟随系统稳定性，驾驶员路径跟随控制器比例增益 h 所需满足的条件。

我们假设车辆轴长 $L=3.5\text{m}$，驾驶员迟滞参数 $\tau_L=0.2\text{s}$，基于上述模型想要实现在匀速 $V=20\text{m/s}$，宽度为 3.5m 的单移线操作。图 5-3 显示了 $h-L_p$ 平面上稳定区域的计算结果，可以观察到，当车辆的响应延迟变得明显时，驾驶员控制增益 h 的上限随着车速的增加而迅速减小。为了更加清晰地观察到 PID 驾驶员模型的输出响应，依旧从最简单的情况入手，仅考虑驾驶员的比例增益控制，即

$$H(s) = \frac{h}{1 + \tau_L s} \tag{5-20}$$

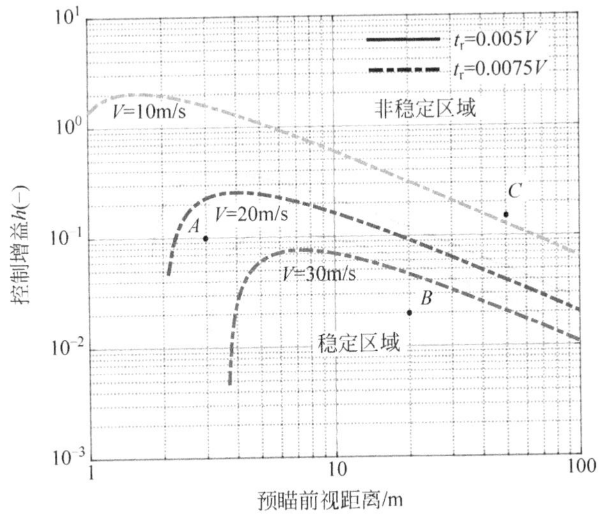

彩图 5-3

图 5-3　驾驶员路径跟随控制器比例增益与预瞄距离的关系图

基于式(5-2)～式(5-4)和式(5-9)，并在图 5-3 中选取 3 个不同配置工作点，车辆迟滞参数选取为 $t_r=0.1$s，图 5-4 显示了 A、B、C 不同情况下的车辆前轮转向角的控制输入及侧向位移输出响应。从上述例子我们不难发现，采用 PID 来实现路径跟踪非常依赖于参数的调节。

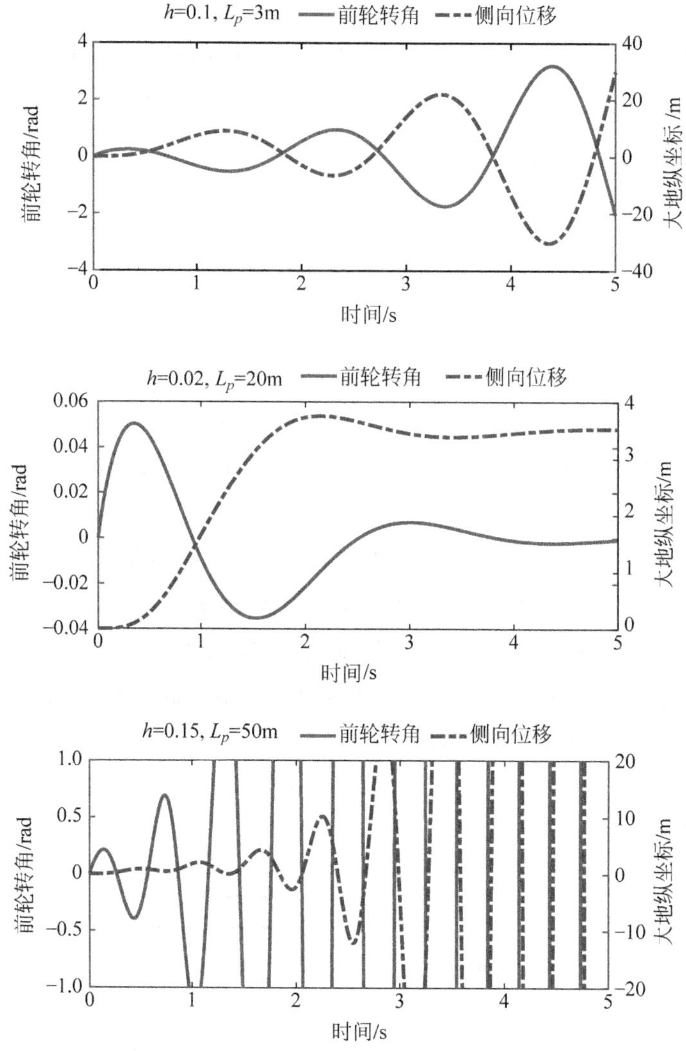

程序 5.1

图 5-4　不同参数配置情况下的前轮转角输入和车辆位置输出响应

5.2　最优预瞄路径跟随模型

考虑到驾驶员通常只能观察到前方有限范围内的路径，大部分经典驾驶员模型以优化有限预瞄距离内的路径跟踪误差为目标，从而求得最优转向控制率。其中最具代表性的“预瞄-跟随”模型包括基于最优化控制理论的 MacAdam 模型[5-6]以及我国郭孔辉院士提出的最优曲率的“预瞄-跟随”控制器[7-8]，特别是前者 MacAdam 模型已集成在行业颇有名气的车辆动力学仿真软件 CarSim 之中。本节将分别对这两个模型进行较详细的介绍。

5.2.1 MacAdam 最优“预瞄-跟随”模型

以最简单的二自由度线性车辆动力学模型为例，该系统可由一线性状态空间描述：

$$\begin{cases}\dot{\boldsymbol{x}}=\boldsymbol{A}_v\boldsymbol{x}+\boldsymbol{B}_v\delta_w\\ \boldsymbol{y}=\boldsymbol{C}_v\boldsymbol{x}\end{cases}\tag{5-21}$$

其中，$\boldsymbol{x}$ 为二自由度车辆模型的状态变量，包括车辆质心处侧偏角 β，横摆角速度 r，车辆侧向位移 y 和横摆角 φ，δ_w 为车轮转向角是系统的控制量，$\boldsymbol{y}$ 为系统输出，即车辆的侧向位移，并且对应系数矩阵为

$$\boldsymbol{A}_v=\begin{bmatrix}-\dfrac{2(C_f+C_r)}{mV} & -\dfrac{2(L_fC_f-L_rC_r)}{mV^2}-1 & 0 & 0\\ -\dfrac{2(L_fC_f-L_rC_r)}{J_z} & -\dfrac{2(L_f^2C_f+L_r^2C_r)}{J_zV} & 0 & 0\\ V & 0 & 0 & V\\ 0 & 1 & 0 & 0\end{bmatrix},\quad \boldsymbol{B}_v=\begin{bmatrix}\dfrac{C_f}{mV}\\ \dfrac{L_fC_f}{J_z}\\ 0\\ 0\end{bmatrix},\quad \boldsymbol{C}_v=\begin{bmatrix}0\\0\\1\\0\end{bmatrix}^{\mathrm{T}}$$

对于预瞄时间内的任意时间 t，零状态下车辆的侧向位移输出响应为

$$y(t)=\boldsymbol{f}(t)\boldsymbol{x}_0+\boldsymbol{g}(t)\delta_w(t),\quad f(t)=\boldsymbol{C}_v\mathrm{e}^{\boldsymbol{A}_vt},\quad g(t)=\boldsymbol{C}_v\left(\int_0^t\mathrm{e}^{\boldsymbol{A}_v\vartheta}\mathrm{d}\vartheta\right)\boldsymbol{B}_v\tag{5-22}$$

考虑一个有关跟随误差的目标函数

$$J=\frac{1}{T_p}\int_0^{T_p}(y_d(t)-y(t))^2w(t)\mathrm{d}t\tag{5-23}$$

其中，$w(t)$表示任意一权重函数，y_d 表示期望侧向偏移值，如图 5-5 所示，它对应的是预瞄点在车辆局部坐标系中的横向偏差值

$$y_d(t)=(Y_d(t)-Y_v)\cos\varphi-(X_d(t)-X_v)\sin\varphi\tag{5-24}$$

式中，(X_d,Y_d)表示预瞄点在全局坐标系下的坐标值，(X_v,Y_v)表示车辆质心在全局坐标系下的坐标值，φ 为车辆横摆角。但当道路曲率不大时，车辆横摆角较小，此时有

$$y_d\approx(Y_d(t)-Y_v)-(X_d(t)-X_v)\tag{5-25}$$

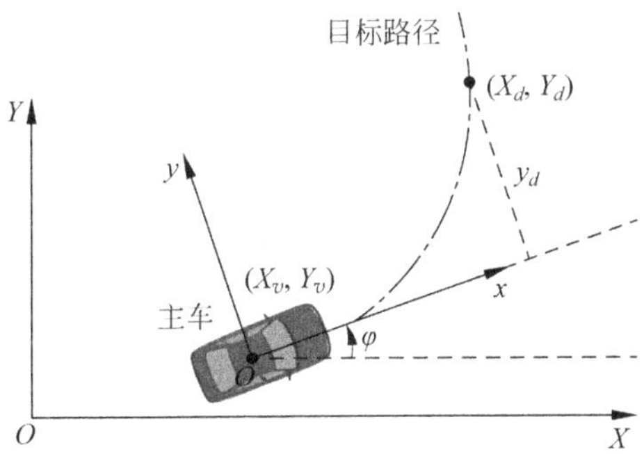

图 5-5　车辆坐标系示意图

通过求解

$$\frac{\partial J}{\partial u}=\frac{2}{T_p}\int_0^{T_p}(\boldsymbol{f}(t)\boldsymbol{x}_0+\boldsymbol{g}(t)\delta_w(t)-y_d(t))\boldsymbol{g}(t)w(t)\mathrm{d}t=0 \tag{5-26}$$

可得到最优转向控制规律

$$\delta_w^*=\frac{\int_0^{T_p}(y_d(t)-\boldsymbol{f}(t)\boldsymbol{x}_0)\boldsymbol{g}(t)W(t)\mathrm{d}t}{\int_0^{T_p}g(t)^2W(t)\mathrm{d}t} \tag{5-27}$$

考虑最简单的一种情况是取权重函数 $w(t)=\hat{\delta}(T_p)$，此时，意味着驾驶员只关注预瞄点 $t=T_p$ 处，这样

$$\delta_w^*=\frac{y_d(T_p)-\boldsymbol{f}(T_p)\boldsymbol{x}_0}{\boldsymbol{g}(T_p)} \tag{5-28}$$

下面观察一个具体的单点预瞄算例，假定车辆 2DOF 模型的相关参数如表 5-2 所示，基于式(5-27)搭建 MacAdam 驾驶员模型跟随一条单移线路径，并选取不同的预瞄时间(0.5s 和 1.2s)，其对应的车辆侧向位移和前轮转角如图 5-6 所示。

表 5-2 车辆模型参数

符　号	值	单　位	描　述
L_f	1.4	m	车辆前轴长度
L_r	1.65	m	车辆后轴长度
C_f	7200	N/rad	前轮侧偏刚度
C_r	7200	N/rad	后轮侧偏刚度
m	1800	kg	车辆质量
I_z	3200	kg · m^2	车辆绕 Z 轴旋转的转动惯量

彩图 5 6

程序 5.2.1

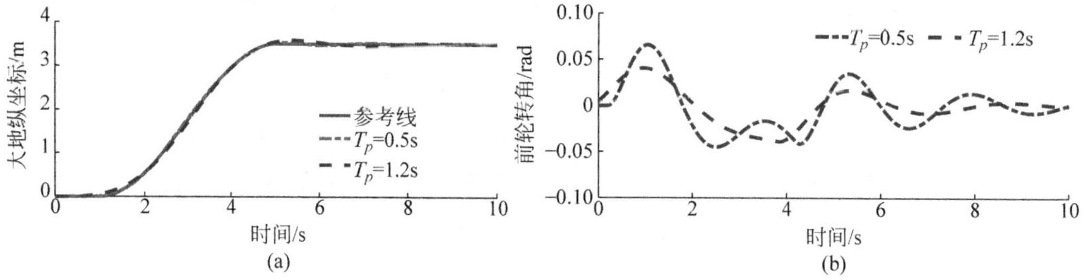

图 5-6 不同预瞄时间下的车辆位移和前轮转角

(a) 不同预瞄时间下的车辆侧向位移；(b) 不同预瞄时间下的前轮转角

5.2.2 基于最优曲率控制的预瞄跟随理论

从数学观点来考察“预瞄-跟随”理论，车辆的横向位移 y 对期望的横向位移 f 的传递函数可表示为

$$\frac{y(s)}{f(s)}=\frac{f_e(s)}{f(s)}\cdot\frac{y(s)}{f_e(s)}=P(s)\cdot F(s) \tag{5-29}$$

其中，$f_e(s)$表示有效路径输入信息的拉普拉斯变换，$f(s)$表示期望路径信息拉普拉斯变换（其操作符用$\mathcal{L}$表示），$y(s)$表示实际车辆侧向位移的拉普拉斯变换，$P(s)=f_e(s)/f(s)$称为“预测器”，$F(s)=y(s)/f_e(s)$称为“跟随器”。考虑到车辆系统是一个低频响应系统，若两者若在低频域内满足 $P(s)\cdot F(s)\approx 1$，系统能达到较好的跟随效果。

考虑如下目标函数：

$$J=\int_{\tau_1}^{\tau_2}(f(t+\tau)-y(t+\tau))^2 w(\tau)\mathrm{d}\tau \tag{5-30}$$

其中，w 表示权重函数，f 为参考路劲信息，y 表示车辆实际侧向位移，τ 是由 t 时刻算起的时间增量。

假设驾驶员想通过一个简单的定曲率理想轨迹 y^* 来使得上述目标函数最小，并且考虑驾驶员很难做高阶微分计算，我们将车辆轨迹基于泰勒二阶展开得到

$$y(t+\tau)\approx y(t)+\tau\dot{y}(t)+\frac{\tau^2}{2}\ddot{y}^*(t) \tag{5-31}$$

将其代入目标函数中得

$$J=\int_{\tau_1}^{\tau_2}\left(f(t+\tau)-y(t)-\tau\dot{y}(t)-\frac{\tau^2}{2}\ddot{y}^*(t)\right)^2 w(\tau)\mathrm{d}\tau \tag{5-32}$$

为求得最优加速度（对应于最优曲率），令

$$\frac{\partial J}{\partial\ddot{y}^*}=2\int_{\tau_1}^{\tau_2}\left(f(t+\tau)-y(t)-\tau\dot{y}(t)-\frac{\tau^2}{2}\ddot{y}^*(t)\right)\frac{\tau^2}{2}w(\tau)\mathrm{d}\tau=0 \tag{5-33}$$

进一步展开并化简

$$C_{\ddot{y}}\ddot{y}^*=f_e(t)-y-C_{\dot{y}}\dot{y} \tag{5-34}$$

其中，

$$C_{\dot{y}}=\int_{\tau_1}^{\tau_2}\tau^3 w(\tau)\mathrm{d}\tau\Big/\int_{\tau_1}^{\tau_2}\tau^2 w(\tau)\mathrm{d}\tau$$

$$C_{\ddot{y}}=\int_{\tau_1}^{\tau_2}\frac{\tau^4}{2}w(\tau)\mathrm{d}\tau\Big/\int_{\tau_1}^{\tau_2}\tau^2 w(\tau)\mathrm{d}\tau$$

$$f_e(t)=\int_{\tau_1}^{\tau_2}\tau^2 w(\tau)f(t+\tau)\mathrm{d}\tau\Big/\int_{\tau_1}^{\tau_2}\tau^2 w(\tau)\mathrm{d}\tau$$

下面我们进一步考察由预瞄方式决定的有效输入 $f_e(t)$与轨迹输入的关系，对 $f_e(t)$进行拉普拉斯变换且考虑到$\mathcal{L}(f(t+\tau))=f(s)\mathrm{e}^{\tau s}$，因此有

$$f_e(s)=f(s)\int_{\tau_1}^{\tau_2}\tau^2 w(\tau)\mathrm{e}^{\tau s}\mathrm{d}\tau\Big/\int_{\tau_1}^{\tau_2}\tau^2 w(\tau)\mathrm{d}\tau \tag{5-35}$$

这样，可以进一步得到预测器传递函数的具体表达形式

$$P(s)=\frac{f_e(s)}{f(s)}=\int_{\tau_1}^{\tau_2}\tau^2 w(\tau)\mathrm{e}^{\tau s}\mathrm{d}\tau\Big/\int_{\tau_1}^{\tau_2}\tau^2 w(\tau)\mathrm{d}\tau \tag{5-36}$$

依照“预瞄-跟随”理论，定义 $F(s)=y(s)/f_e(s)$为跟随器的传递函数，但它取决于预瞄器中 $\mathrm{e}^{\tau s}$ 的展开项，考虑到

$$\mathrm{e}^{\tau s}=1+\tau s+\frac{\tau^2}{2}s^2+\frac{\tau^3}{3!}s^3+\cdots+\frac{\tau^n}{n!}s^n+\cdots \tag{5-37}$$

这样，预测器 $P(s)$可以写作

$$P(s)=1+P_1 s+P_2 s^2+P_3 s^3+\cdots+P_n s^n+\cdots \tag{5-38}$$

其中，

$$P_k=\int_{\tau_1}^{\tau_2}\frac{\tau^{k+2}}{k!}w(\tau)\mathrm{d}\tau \Big/ \int_{\tau_1}^{\tau_2}\tau^2 w(\tau)\mathrm{d}\tau,\quad k=1,2,\cdots,n,\cdots$$

最终，理想的跟随器 $F(s)$ 可以写作 $F(s)=1/P(s)$，但跟随器的阶数过高时会增加实部较大的极点导致系统不稳定，所以一般取 2～3 阶。

由于汽车操纵运动可以视为一个低通滤波器，无论输入信号含有多高的频率成分，车辆的位移只能有低频成分，所以

$$F(s)=\frac{y(s)}{f_e(s)}=\frac{1}{1+P_1 s+P_2 s^2\left(1+a\dfrac{P_3}{P_2}s\right)} \tag{5-39}$$

其中，$a=[0,1]$，当 $a=0$ 时式(5-39)是一个二阶跟随器，当 $a=1$ 时则为三阶跟随器。

基于式(5-39)，进一步可以得到

$$f_e(s)=y(s)+P_1 s y(s)+P_2 s^2 y(s)\left(1+a\frac{P_3}{P_2}s\right) \tag{5-40}$$

那么，车辆的侧向加速度响应的拉普拉斯变换为

$$\ddot{y}(s)=s^2 y(s)=(f_e(s)-y(s)-P_1 s y(s))\left(\frac{1}{P_2}\right)\left(\frac{1}{1+a\dfrac{P_3}{P_2}s}\right) \tag{5-41}$$

基于式(5-41)，我们可以画出如图 5-7 所示的控制框图。

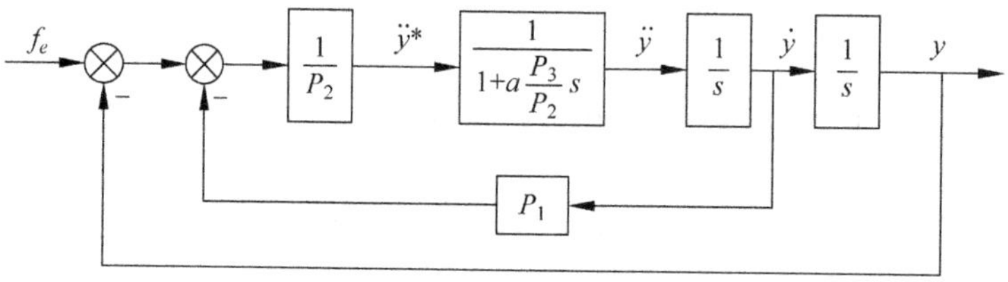

图 5-7　式(5-41)对应的控制框图

值得注意的是，实际驾驶员模型中还应当考虑驾驶员的生理限制以及车辆动力学特性的影响，其中驾驶员的神经反应滞后描述的是驾驶员对各种信息的感知过程而产生的滞后，用传递函数 $\mathrm{e}^{-t_d s}$ 来表示(其中 t_d 为神经反应滞后时间)；驾驶员的动作反应滞后描述的是驾驶员因对操控车辆(如驾驶员手臂、车辆方向盘惯量等)而产生的迟滞，为了更具一般性，可以用一阶惯性环节 $1/(1+T_h s)$(其中 T_h 为动作反应滞后时间常数)来描述这种滞后。此外，考虑到驾驶员能根据当前路径的变化而调整方向盘输入，说明驾驶员可以进行简单的微分运算，因此加入驾驶员微分校正环节，最终驾驶员的操控环节表示为 PD 控制器：

$$C(s)=C_d(1+T_d s) \tag{5-42}$$

其中，C_d，T_d 表示微分校正项的系数。

最终，驾驶员模型的控制框图如图 5-8 所示，对照图 5-7，可以得到

$$C(s)\cdot \mathrm{e}^{-t_d s}\cdot\frac{1}{1+T_h s}\cdot\frac{\ddot{y}}{\delta}(s)=\frac{1}{1+a\dfrac{P_3}{P_2}s} \tag{5-43}$$

其中，$C(s)=C_d(1+T_d s)$表示驾驶员的微分校正项，$\ddot{y}/\delta$ 是车辆加速度对前轮转角的传递函数，依旧以二自由度车辆动力学模型为例[回顾式(5-9)]，有

$$\frac{\ddot{y}}{\delta}(s)=s^2\frac{y}{\delta}(s)=G_{\ddot{y}}(0)\frac{1+T_{Y1}s+T_{Y2}s^2}{1+T_1 s+T_2 s^2} \tag{5-44}$$

其中，$G_{\ddot{y}}(0)$是横向加速度稳态增益。

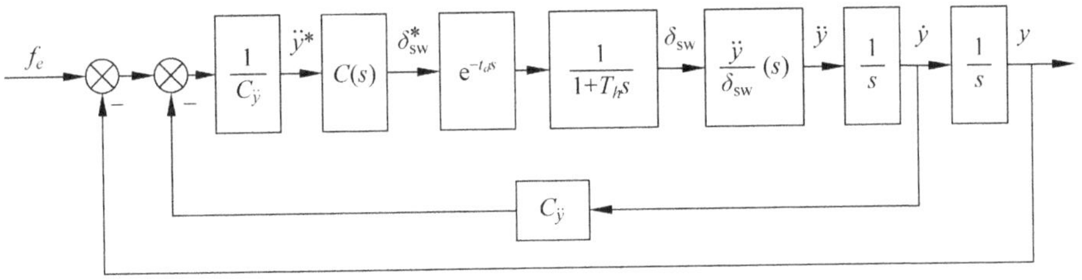

图 5-8　完整的驾驶员控制框图

由于车辆是一个低通滤波器，因此在低频域内有 $e^{t_d s}\approx 1+t_d s$，故式(5-43)可化简为

$$C_d(1+T_d s)\cdot\frac{1}{1+t_d s}\cdot\frac{1}{1+T_h s}\cdot G_{\ddot{y}}(0)\frac{1+T_{Y1}s}{1+T_1 s}\approx\frac{1}{1+a\dfrac{P_3}{P_2}s} \tag{5-45}$$

进一步整理有

$$C_d G_{\ddot{y}}(0)(1+T_d s)(1+T_{Y1}s)\left(1+a\frac{P_3}{P_2}s\right)=(1+t_d s)(1+T_h s)(1+T_1 s) \tag{5-46}$$

将上式进行多项式展开合并，并忽略二阶以上的高阶项，得到

$$C_d G_{\ddot{y}}(0)\left(1+\left(T_d+T_{Y1}+a\frac{P_3}{P_2}\right)s+\cdots\right)=1+(t_d+T_h+T_1)s+\cdots \tag{5-47}$$

取对应项系数相等，可得到驾驶员微分校正项系数

$$C_d=1/G_{\ddot{y}}(0)=\left(\frac{1}{V^2}+A\right)L,\quad T_d=t_d+T_h+T_1-T_{Y1}-a\frac{P_3}{P_2} \tag{5-48}$$

其中，A 为车辆特征系数，这样我们便确定了基于最优曲率的"预瞄-跟随"控制器式(5-42)中的控制参数。

下面，我们来看一个具体的应用实例：以表 5-2 对应的车辆为控制对象，选取驾驶员神经迟滞参数 $t_d=0.1$s，操控迟滞响应参数 $T_h=0.1$s，在 $V=20$m/s 的恒定速度下跟踪一双移线路径(Double Lane Change，DLC)，选取路径跟踪指标式(5-30)中的权重函数 w 为单位脉冲函数 $\hat{\delta}$，此时模型简化为"单点预瞄跟随模型"，并且 $P_1=T_p$，$P_2=T_p^2/2$，$P_3=T_p^3/6$，$f_e(t)=f(t+T_p)$。容易计算得到车辆的特征参数 $A=0.0034$，自然频率 $\omega_n=1.4008$，阻尼系数 $\zeta=0.6616$，进而求得 $C_d=0.0179$，$T_{Y1}=0.0825$，$T_1=2\zeta/\omega_n=0.9184$；$a$ 分别取 0，0.4 和 1，预瞄时间 T_p 选取 0.5s 和 1.0s，这样对应 T_d 的取值如表 5-3 所示。依据图 5-8 在 MATLAB/Simulink 中搭建仿真模型，得到车辆侧向位移输出响应，如图 5-9 所示。

表 5-3 控制器参数

$T_d=t_d+T_h+T_1-T_{Y1}-a\dfrac{T_p}{3}$		T_p	
		0.5	1.0
a	0	1.0359	1.0359
	0.4	0.9692	0.9026
	1	0.8692	0.7026

彩图 5-9

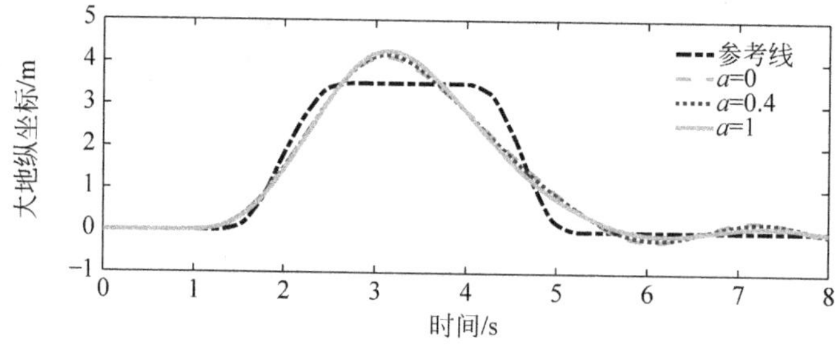

(a)

程序 5.2.2

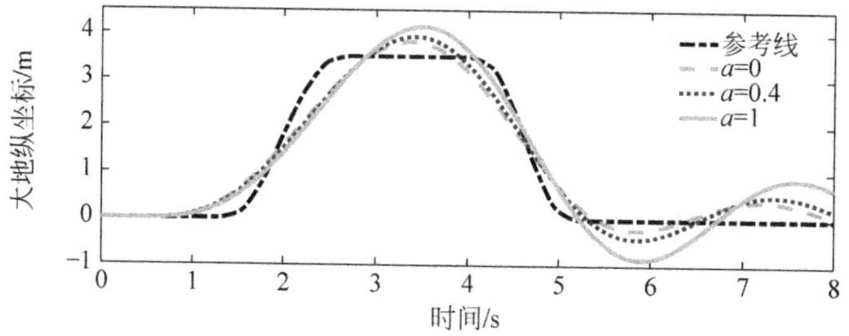

(b)

图 5-9 双移线仿真结果

(a) 预瞄时间 0.5s；(b) 预瞄时间 1.0s

5.3 基于 LQR 的多点预瞄路径跟随模型

“多点预瞄”模型概念在车辆上的运用最早由 Sharp 等提出[9-10]，如图 5-10 所示，假定驾驶员跟踪目标路径时都会注意到前方目标路径上的 N 个预瞄点，初始预瞄点 P_1 与车辆的质心位置重合，每一个预瞄点 P_i 与驾驶员视线方向对应的横向偏移误差为 ε_i，容易计算此时驾驶员的预瞄距离 $L=v_xT_p$，其中 v_x 表示车辆前进速度，T_p 表示预瞄时间。此外，考虑到车辆与目标路径的初始航向角偏差 $(\varphi-\varphi_d)$ 对驾驶员路径跟踪也可以起到反馈作用，这样我们可以将驾驶员操控的转向角表述为有关上述误差线性加权组合的形式，即

$$\delta_w=K_\varphi(\varphi-\varphi_d)+\sum_{i=1}^{N}K_i\varepsilon_i \tag{5-49}$$

其中，K_φ，$K_i(i=1,2,\cdots,N)$表示对应的权重系数，即控制增益，通常预瞄点位置越远，对应的控制增益越小。目前对于多点预瞄常用的控制方法包括线性最优二次规划方法

(LQR)[87-88]和模型预测控制算法(MPC)等。我们先介绍基于 LQR 方法的多点预瞄控制方法。

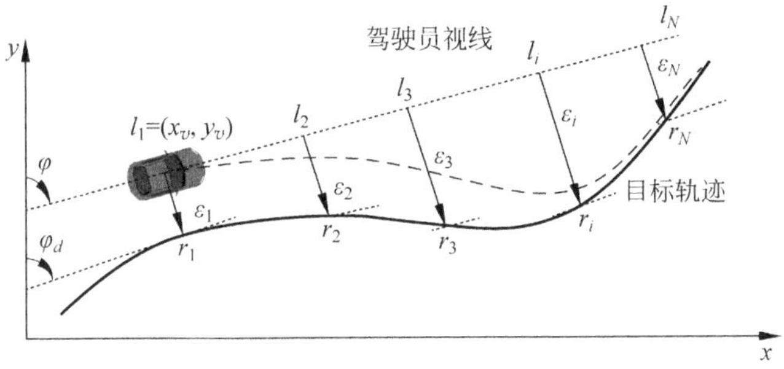

图 5-10 "多点预瞄"驾驶员模型示意图

如图 5-10 所示，当随着车辆向前方运动，预瞄系统在每时刻都会读入一个新的预瞄点对应的路径横向偏差 ε_{N+1}，并且将当前第一个预瞄点对应的数据移出。因此，道路预瞄系统可以用式(5-50)来描述：

$$\boldsymbol{Y}(k+1)=\boldsymbol{D}_r\boldsymbol{Y}(k)+\boldsymbol{E}_r w(k) \tag{5-50}$$

其中，

$$\boldsymbol{D}_r=\overbrace{\begin{bmatrix} 0 & 1 & 0 & \cdots & 0 \\ 0 & 0 & 1 & & 0 \\ & \vdots & & \ddots & \vdots \\ 0 & 0 & 0 & \cdots & 1 \\ 0 & 0 & 0 & & 0 \end{bmatrix}}^{N},\quad \boldsymbol{E}_r=\left.\begin{bmatrix} 0 \\ 0 \\ \vdots \\ 0 \\ 1 \end{bmatrix}\right\} N$$

状态变量 $\boldsymbol{Y}=[\varepsilon_1,\varepsilon_2,\cdots,\varepsilon_i,\cdots,\varepsilon_N]^{\mathrm{T}}$，$w(k)$为第$(N+1)$个预瞄点的侧向位移 ε_{N+1}。事实上，上述道路预瞄模型等同于一个离散移位寄存器。

由于道路预瞄模型是离散形式，因此我们需将车辆状态空间方程同样转化为离散系统，仍旧以线性二自由度车辆动力学方程为例，系统状态可通过求解微分方程得到

$$\boldsymbol{X}(t)=\mathrm{e}^{\boldsymbol{A}_v t}\boldsymbol{X}_0+\int_0^t \mathrm{e}^{\boldsymbol{A}_v(t-\vartheta)}\boldsymbol{B}_v u(\vartheta)\mathrm{d}\vartheta \tag{5-51}$$

假设控制 u 在每个计算步长间保持不变，并定义 $\boldsymbol{X}(k):=\boldsymbol{X}(kT)$，其中 T 为采样时间，这样

$$\boldsymbol{X}(k)=\mathrm{e}^{\boldsymbol{A}_v kT}\boldsymbol{X}_0+\int_0^{kT} \mathrm{e}^{\boldsymbol{A}_v(kT-\vartheta)}\boldsymbol{B}_v u(\vartheta)\mathrm{d}\vartheta \tag{5-52}$$

$$\begin{aligned}\boldsymbol{X}(k+1)&=\mathrm{e}^{\boldsymbol{A}_v(k+1)T}\boldsymbol{X}_0+\int_0^{(k+1)T} \mathrm{e}^{\boldsymbol{A}_v((k+1)T-\vartheta)}\boldsymbol{B}_v u(\vartheta)\mathrm{d}\vartheta \\ &=\mathrm{e}^{\boldsymbol{A}_v T}\left(\mathrm{e}^{\boldsymbol{A}_v kT}\boldsymbol{X}_0+\int_0^{kT} \mathrm{e}^{\boldsymbol{A}_v(kT-\vartheta)}\boldsymbol{B}_v u(\vartheta)\mathrm{d}\vartheta\right)+ \\ &\quad\int_{kT}^{(k+1)T} \mathrm{e}^{\boldsymbol{A}_v(kT+T-\vartheta)}\boldsymbol{B}_v u(\vartheta)\mathrm{d}\vartheta\end{aligned} \tag{5-53}$$

记 $v(\vartheta)=kT+T-\vartheta$，并且 $\mathrm{d}\vartheta=-\mathrm{d}v$，而 u 在每个计算步长间保持不变，于是进一步化简得到

$$\boldsymbol{X}(k+1)=\mathrm{e}^{\boldsymbol{A}_v T}\boldsymbol{X}(k)-\int_{v(kT)}^{v((k+1)T)}\mathrm{e}^{\boldsymbol{A}_v v}\mathrm{d}v\boldsymbol{B}_v u(k)=\mathrm{e}^{\boldsymbol{A}_v T}\boldsymbol{X}(k)+\int_0^T \mathrm{e}^{\boldsymbol{A}_v v}\mathrm{d}v\boldsymbol{B}_v u(k)$$
$$=\mathrm{e}^{\boldsymbol{A}_v T}\boldsymbol{X}(k)+\boldsymbol{A}_v^{-1}(\mathrm{e}^{\boldsymbol{A}_v T}-\boldsymbol{I})\boldsymbol{B}_v u(k) \tag{5-54}$$

式(5-54)即为连续状态空间转化为离散状态空间的解析表达。

如果 $\boldsymbol{A}_v$ 非奇异，根据泰勒展开

$$\mathrm{e}^{\boldsymbol{A}_v T}=\sum_{k=0}^{\infty}\frac{1}{k!}(\boldsymbol{A}_v T)^k \tag{5-55}$$

因此，离散状态空间的级数表达形式为

$$\boldsymbol{X}(k+1)=\mathrm{e}^{\boldsymbol{A}_v T}\boldsymbol{X}(k)+\left(\int_0^{\mathrm{T}}\mathrm{e}^{\boldsymbol{A}_v v}\mathrm{d}v\right)\boldsymbol{B}_v u(k)=\boldsymbol{A}_d\boldsymbol{X}(k)+\boldsymbol{B}_d u(k) \tag{5-56}$$

其中，

$$\boldsymbol{A}_d=\sum_{k=0}^{\infty}\frac{1}{k!}(\boldsymbol{A}_v T)^k,\quad \boldsymbol{B}_d=\left(\sum_{k=1}^{\infty}\frac{1}{k!}\boldsymbol{A}_v^{k-1}T^k\right)\boldsymbol{B}_v$$

但是在实际应用过程中，复杂矩阵指数运算也是相当耗时的，如果采样时间 T 很小，近似有

$$\mathrm{e}^{\boldsymbol{A}_v T}\approx\boldsymbol{I}+\boldsymbol{A}_v T \tag{5-57}$$

因此，离散系统(5-54)表示可以化简为

$$\boldsymbol{X}(k+1)=(\boldsymbol{I}+\boldsymbol{A}_v T)\boldsymbol{X}(k)+T\boldsymbol{B}_v\boldsymbol{u}(k) \tag{5-58}$$

结合道路模型式(5-50)，“道路-驾驶员-车辆”系统的状态方程可重写为

$$\begin{bmatrix}\boldsymbol{X}(k+1)\\ \boldsymbol{Y}(K+1)\end{bmatrix}=\begin{bmatrix}\boldsymbol{I}+\boldsymbol{A}_v T & \boldsymbol{0}\\ \boldsymbol{0} & \boldsymbol{D}_r\end{bmatrix}\begin{bmatrix}\boldsymbol{X}(k)\\ \boldsymbol{Y}(k)\end{bmatrix}+\begin{bmatrix}T\boldsymbol{B}_v\\ \boldsymbol{0}\end{bmatrix}u(k)+\begin{bmatrix}\boldsymbol{0}\\ \boldsymbol{E}_r\end{bmatrix}w(k) \tag{5-59}$$

记 $\boldsymbol{x}(k)=\begin{bmatrix}\boldsymbol{X}(k)\\ \boldsymbol{Y}(k)\end{bmatrix}$，则

$$\boldsymbol{x}(k+1)=\boldsymbol{A}\boldsymbol{x}(k)+\boldsymbol{B}\boldsymbol{u}(k)+\boldsymbol{E}\boldsymbol{w}_i(k) \tag{5-60}$$

其中，$u(k)$为驾驶员在当前时刻的控制输入，$w(k)$视作系统干扰项，且

$$\boldsymbol{A}=\begin{bmatrix}\boldsymbol{I}+\boldsymbol{A}_v T & \boldsymbol{0}\\ \boldsymbol{0} & \boldsymbol{D}_r\end{bmatrix},\quad \boldsymbol{B}=\begin{bmatrix}T\boldsymbol{B}_v\\ \boldsymbol{0}\end{bmatrix},\quad \boldsymbol{E}=\begin{bmatrix}\boldsymbol{0}\\ \boldsymbol{E}_r\end{bmatrix}$$

如果将车辆与目标路径的横向偏差 $\varepsilon_i(i=1,2,\cdots,N)$视为观测输出 $\boldsymbol{z}=\boldsymbol{C}\boldsymbol{x}$，以此衡量路径跟随质量，其中，

$$\boldsymbol{C}=\underbrace{\left.\begin{bmatrix}0 & 0 & -1 & 0 & 1 & 0 & \cdots & 0\\ 0 & 0 & -1 & 0 & 0 & 1 & \cdots & 0\\ & & & & \vdots & & \ddots & \\ 0 & 0 & -1 & 0 & 0 & 0 & \cdots & 1\end{bmatrix}\right\}N}_{N+4}$$

此外，优化控制目标设置为：使车辆能在尽可能小的控制幅度下，使得观测输出指标也尽可能小。首先考虑针对式(5-60)在有限时域下如式(5-61)所示的最优化问题：

$$\min_{\boldsymbol{u}}\sum_{k=0}^{N}(\boldsymbol{z}^{\mathrm{T}}(k)\boldsymbol{q}\boldsymbol{z}(k)+\boldsymbol{u}^{\mathrm{T}}(k)\boldsymbol{R}\boldsymbol{u}(k))=\min_{\boldsymbol{u}}\sum_{k=0}^{N}(\boldsymbol{x}^{\mathrm{T}}(k)\boldsymbol{Q}\boldsymbol{x}(k)+\boldsymbol{u}^{\mathrm{T}}(k)\boldsymbol{R}\boldsymbol{u}(k)) \tag{5-61}$$

其中，$\boldsymbol{Q}=\boldsymbol{C}^{\mathrm{T}}\boldsymbol{q}\boldsymbol{C}$ 和 $\boldsymbol{R}$ 为输出观测指标和控制幅度对应的权重矩阵。

假定矩阵$(\boldsymbol{A},\boldsymbol{B})$可镇定，$(\boldsymbol{A},\boldsymbol{C})$可观测，我们希望设计如下的最优控制规则，即

$$\boldsymbol{u}^{*}(k)=-\boldsymbol{F}\boldsymbol{x}(k) \tag{5-62}$$

使得目标函数式(5-61)最优。根据动态规划原理方程有

$$J(\boldsymbol{x},k-1)=\min_{\boldsymbol{u}}(\boldsymbol{x}^{\mathrm{T}}\boldsymbol{Q}\boldsymbol{x}+\boldsymbol{u}^{\mathrm{T}}\boldsymbol{R}\boldsymbol{u}+J(\boldsymbol{A}\boldsymbol{x}+\boldsymbol{B}\boldsymbol{u},k)) \tag{5-63}$$

假定

$$J(\boldsymbol{x},k)=\boldsymbol{x}^{\mathrm{T}}\boldsymbol{P}(k)\boldsymbol{x} \tag{5-64}$$

其中，$\boldsymbol{P}$ 为正定矩阵。

我们首先化简式(5-63)中等式右边的部分：

$$\begin{aligned}
&\min_{\boldsymbol{u}}(\boldsymbol{x}^{\mathrm{T}}\boldsymbol{Q}\boldsymbol{x}+\boldsymbol{u}^{\mathrm{T}}\boldsymbol{R}\boldsymbol{u}+J(\boldsymbol{A}\boldsymbol{x}+\boldsymbol{B}\boldsymbol{u},k))\\
=&\min_{\boldsymbol{u}}(\boldsymbol{x}^{\mathrm{T}}\boldsymbol{Q}\boldsymbol{x}+\boldsymbol{u}^{\mathrm{T}}\boldsymbol{R}\boldsymbol{u}+(\boldsymbol{A}\boldsymbol{x}+\boldsymbol{B}\boldsymbol{u})^{\mathrm{T}}(\boldsymbol{P}(k)\boldsymbol{A}\boldsymbol{x}+\boldsymbol{P}(k)\boldsymbol{B}\boldsymbol{u}))\\
=&\min_{\boldsymbol{u}}(\boldsymbol{x}^{\mathrm{T}}(\boldsymbol{A}^{\mathrm{T}}\boldsymbol{P}(k)\boldsymbol{A}+\boldsymbol{Q})\boldsymbol{x}+\\
&(\boldsymbol{x}^{\mathrm{T}}\boldsymbol{A}^{\mathrm{T}}\boldsymbol{P}(k)\boldsymbol{B})\boldsymbol{u}+\boldsymbol{u}^{\mathrm{T}}(\boldsymbol{B}^{\mathrm{T}}\boldsymbol{P}(k)\boldsymbol{A}\boldsymbol{x})+\boldsymbol{u}^{\mathrm{T}}(\boldsymbol{B}^{\mathrm{T}}\boldsymbol{P}(k)\boldsymbol{B}+\boldsymbol{R})\boldsymbol{u})
\end{aligned} \tag{5-65}$$

欲求最优控制 $\boldsymbol{u}^{*}$，则需

$$\frac{\partial}{\partial\boldsymbol{u}}(\boldsymbol{x}^{\mathrm{T}}\boldsymbol{Q}\boldsymbol{x}+\boldsymbol{u}^{\mathrm{T}}\boldsymbol{R}\boldsymbol{u}+J(\boldsymbol{A}\boldsymbol{x}+\boldsymbol{B}\boldsymbol{u},k))=\boldsymbol{B}^{\mathrm{T}}\boldsymbol{P}(k)\boldsymbol{A}\boldsymbol{x}(k)+(\boldsymbol{B}^{\mathrm{T}}\boldsymbol{P}(k)\boldsymbol{B}+\boldsymbol{R})\boldsymbol{u}^{*}(k)=0 \tag{5-66}$$

进而求得

$$\boldsymbol{u}^{*}(k)=-(\boldsymbol{R}+\boldsymbol{B}^{\mathrm{T}}\boldsymbol{P}(k)\boldsymbol{B})^{-1}\boldsymbol{B}^{\mathrm{T}}\boldsymbol{P}(k)\boldsymbol{A} \tag{5-67}$$

对照式(5-62)，可知反馈矩阵

$$\boldsymbol{F}(k)=(\boldsymbol{R}+\boldsymbol{B}^{\mathrm{T}}\boldsymbol{P}(k)\boldsymbol{B})^{-1}\boldsymbol{B}^{\mathrm{T}}\boldsymbol{P}(k)\boldsymbol{A} \tag{5-68}$$

此外，还可进一步得到

$$\begin{aligned}
\boldsymbol{x}^{\mathrm{T}}\boldsymbol{P}(k-1)\boldsymbol{x}=&\boldsymbol{x}^{\mathrm{T}}(\boldsymbol{A}^{\mathrm{T}}\boldsymbol{P}(k)\boldsymbol{A}+\boldsymbol{Q})\boldsymbol{x}+(\boldsymbol{x}^{\mathrm{T}}\boldsymbol{A}^{\mathrm{T}}\boldsymbol{P}(k)\boldsymbol{B})\boldsymbol{u}^{*}+\\
&\boldsymbol{u}^{*\mathrm{T}}(\boldsymbol{B}^{\mathrm{T}}\boldsymbol{P}(k)\boldsymbol{A}\boldsymbol{x})+\boldsymbol{u}^{*\mathrm{T}}(\boldsymbol{B}^{\mathrm{T}}\boldsymbol{P}(k)\boldsymbol{B}+\boldsymbol{R})\boldsymbol{u}^{*}
\end{aligned} \tag{5-69}$$

对式(5-69)的 $\boldsymbol{x}$ 求偏导，化简得到

$$\boldsymbol{P}(k-1)=(\boldsymbol{A}^{\mathrm{T}}\boldsymbol{P}(k)\boldsymbol{A}+\boldsymbol{Q})+\boldsymbol{A}^{\mathrm{T}}\boldsymbol{P}(k)\boldsymbol{B}\boldsymbol{u}^{*} \tag{5-70}$$

并且进一步有

$$\boldsymbol{P}(k-1)=\boldsymbol{Q}+\boldsymbol{A}^{\mathrm{T}}\boldsymbol{P}(k)\boldsymbol{A}-\boldsymbol{A}^{\mathrm{T}}\boldsymbol{P}(k)\boldsymbol{B}(\boldsymbol{R}+\boldsymbol{B}^{\mathrm{T}}\boldsymbol{P}(k)\boldsymbol{B})^{-1}\boldsymbol{B}^{\mathrm{T}}\boldsymbol{P}(k)\boldsymbol{A} \tag{5-71}$$

且终止约束为 $\boldsymbol{P}(N)=\boldsymbol{0}$，式(5-71)亦称作离散 Riccati 差分方程。特别地，当 $N\rightarrow+\infty$ 时，最优跟踪问题为

$$\min_{\boldsymbol{u}}\sum_{k=0}^{+\infty}(\boldsymbol{x}^{\mathrm{T}}(k)\boldsymbol{Q}\boldsymbol{x}(k)+\boldsymbol{u}^{\mathrm{T}}(k)\boldsymbol{R}\boldsymbol{u}(k)) \tag{5-72}$$

此时，对应的是无限时域下的 LQR 问题，经过类似的推导，与之相应的离散 Riccati 差分方程和最优控制率的反馈矩阵为

$$\begin{cases}\boldsymbol{P}=\boldsymbol{Q}+\boldsymbol{A}^{\mathrm{T}}\boldsymbol{P}\boldsymbol{A}-\boldsymbol{A}^{\mathrm{T}}\boldsymbol{P}\boldsymbol{B}(\boldsymbol{R}+\boldsymbol{B}^{\mathrm{T}}\boldsymbol{P}\boldsymbol{B})^{-1}\boldsymbol{B}^{\mathrm{T}}\boldsymbol{P}\boldsymbol{A}\\ \boldsymbol{F}=(\boldsymbol{R}+\boldsymbol{B}^{\mathrm{T}}\boldsymbol{P}\boldsymbol{B})^{-1}\boldsymbol{B}^{\mathrm{T}}\boldsymbol{P}\boldsymbol{A}\end{cases} \tag{5-73}$$

我们同样观察一具体的应用实例：以表5-2对应的车辆为控制对象，在 $V=20\mathrm{m/s}$ 的恒

定速度下跟踪 DLC 路径，假定无穷时域下的优化目标函数式(5-72)中各路径跟踪误差和控制量的权重系数分别取 200 和 1，系统离散时间取为 0.01s，当预瞄点数目 $N=30,50,100$ 时，采用 LQR 控制的前轮转角和对应的车辆侧向位移如图 5-11 所示。

彩图 5-11

程序 5.3

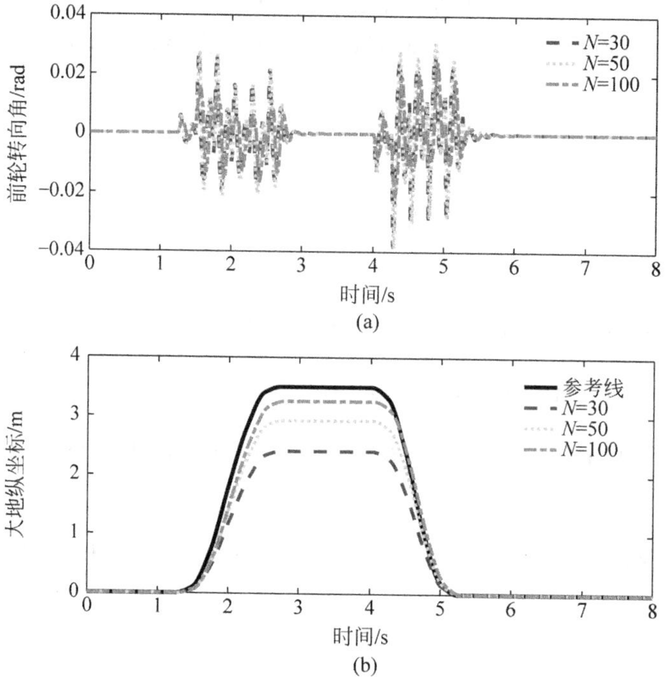

图 5-11 LOR 仿真结果图

(a) 前轮转向角；(b) 车辆侧向位移

5.4 基于无约束 MPC 的路径跟随模型

与经典的 LQR“预瞄-跟随”模型类似，模型预测控制的路径跟随算法也是路径跟随控制算法中常用的一种。它当前的控制动作是在每一个采样瞬间通过求解一个有限时域开环最优控制问题而获得的，过程的当前状态作为最优控制问题的初始状态，解得的最优控制序列只实施第一个控制作用。为了能运用模型预测控制算法，借助上一节中的知识，我们将车辆二自由度动力学系统方程转化为采样时间为 T_s 的离散时不变系统，即

$$\begin{cases} \boldsymbol{x}(k+1)=\boldsymbol{A}_d\boldsymbol{x}(k)+\boldsymbol{B}_d u(k) \\ \boldsymbol{y}(k)=\boldsymbol{C}_d\boldsymbol{x}(k) \end{cases} \tag{5-74}$$

式中，状态 $\boldsymbol{x}(k)$ 描述系统在当前时刻的状态。若我们将预期的控制输入表示为 $u(k)$，$u(k+1),\cdots,u(k+N-1)$，其中 N_c 为控制长度，并且将系统自 k 时刻在预测长度为 $N_p(N_c\leqslant N_p)$ 的状态记为

$$\boldsymbol{x}(k+1\mid k),\boldsymbol{x}(k+2\mid k),\cdots,\boldsymbol{x}(k+m\mid k),\cdots,\boldsymbol{x}(k+N_p\mid k),\quad 1\leqslant m\leqslant N_p$$

其中，$\boldsymbol{x}(k+m\mid k)$ 表示从 k 时刻起第 m 步后系统的状态。

依据

$$\boldsymbol{y}(k+1\mid k)=\boldsymbol{C}_d\boldsymbol{x}(k+1)=\boldsymbol{C}_d\boldsymbol{A}_d\boldsymbol{x}(k)+\boldsymbol{C}_d\boldsymbol{B}_d u(k)$$

$$\boldsymbol{y}(k+2\mid k)=\boldsymbol{C}_d\boldsymbol{x}(k+2)=\boldsymbol{C}_d\boldsymbol{A}_d^2\boldsymbol{x}(k)+\boldsymbol{C}_d\boldsymbol{A}_d\boldsymbol{B}_d u(k)+\boldsymbol{C}_d\boldsymbol{B}_d u(k+1)$$

$$\vdots$$

$$\begin{aligned}\boldsymbol{y}(k+N_c\mid k)&=\boldsymbol{C}_d\boldsymbol{x}(k+N_c)\\&=\boldsymbol{C}_d\boldsymbol{A}_d^{N_c}\boldsymbol{x}(k)+\boldsymbol{C}_d\boldsymbol{A}_d^{N_c-1}\boldsymbol{B}_d u(k)+\\&\quad\boldsymbol{C}_d\boldsymbol{A}_d^{N_c-2}\boldsymbol{B}_d u(k+1)+\cdots+\boldsymbol{C}_d\boldsymbol{B}_d u(k+N_c-1)\end{aligned}$$

$$\begin{aligned}\boldsymbol{y}(k+N_c+1\mid k)&=\boldsymbol{C}_d\boldsymbol{x}(k+N_c+1)=\boldsymbol{C}_d\boldsymbol{A}_d\boldsymbol{x}(k+N_c)\\&=\boldsymbol{C}_d\boldsymbol{A}_d^{N_p}\boldsymbol{x}(k)+\boldsymbol{C}_d\boldsymbol{A}_d^{N_c}\boldsymbol{B}_d u(k)+\\&\quad\boldsymbol{C}_d\boldsymbol{A}_d^{N_c-1}\boldsymbol{B}_d u(k+1)+\cdots+\boldsymbol{C}_d\boldsymbol{A}_d\boldsymbol{B}_d u(k+N_c-1)\end{aligned}$$

$$\vdots$$

$$\begin{aligned}\boldsymbol{y}(k+N_p\mid k)&=\boldsymbol{C}_d\boldsymbol{A}_d^{N_p}\boldsymbol{x}(k)+\boldsymbol{C}_d\boldsymbol{A}_d^{N_p-1}\boldsymbol{B}_d u(k)+\\&\quad\boldsymbol{C}_d\boldsymbol{A}_d^{N_p-2}\boldsymbol{B}_d u(k+1)+\cdots+\boldsymbol{C}_d\boldsymbol{A}_d^{N_p-N_c}\boldsymbol{B}_d u(k+N_c-1)\end{aligned}$$

其中，$\boldsymbol{y}(k+m\mid k)$表示自 k 时刻后第 m 个步长的系统输出，这样系统在 N_p 个预测步长内所有的系统输出可以表示成式(5-75)所示的矩阵形式：

$$\boldsymbol{Y}=\boldsymbol{F}\boldsymbol{x}(k)+\boldsymbol{\Phi}\boldsymbol{U} \tag{5-75}$$

其中，

$$\boldsymbol{Y}=\begin{bmatrix}\boldsymbol{y}(k+1\mid k)\\\boldsymbol{y}(k+2\mid k)\\\boldsymbol{y}(k+3\mid k)\\\vdots\\\boldsymbol{y}(k+N_p\mid k)\end{bmatrix},\quad \boldsymbol{U}=\begin{bmatrix}u(k)\\u(k+1)\\u(k+2)\\\vdots\\u(k+N_c-1)\end{bmatrix},\quad \boldsymbol{F}=\begin{bmatrix}\boldsymbol{C}_d\boldsymbol{A}_d\\\boldsymbol{C}_d\boldsymbol{A}_d^2\\\boldsymbol{C}_d\boldsymbol{A}_d^3\\\vdots\\\boldsymbol{C}_d\boldsymbol{A}_d^{N_p}\end{bmatrix}$$

$$\boldsymbol{\Phi}=\begin{bmatrix}\boldsymbol{C}_d\boldsymbol{B}_d & \boldsymbol{0} & \boldsymbol{0} & \cdots & \boldsymbol{0}\\\boldsymbol{C}_d\boldsymbol{A}_d & \boldsymbol{C}_d\boldsymbol{B}_d & \boldsymbol{0} & \cdots & \boldsymbol{0}\\\boldsymbol{C}_d\boldsymbol{A}_d^2\boldsymbol{B}_d & \boldsymbol{C}_d\boldsymbol{A}_d\boldsymbol{B}_d & \boldsymbol{C}_d\boldsymbol{B}_d & \cdots & \boldsymbol{0}\\\vdots & \vdots & \vdots & \vdots & \vdots\\\boldsymbol{C}_d\boldsymbol{A}_d^{N_p-1}\boldsymbol{B}_d & \boldsymbol{C}_d\boldsymbol{A}_d^{N_p-2}\boldsymbol{B}_d & \boldsymbol{C}_d\boldsymbol{A}_d^{N_p-3}\boldsymbol{B}_d & \cdots & \boldsymbol{C}_d\boldsymbol{A}_d^{N_p-N_c}\boldsymbol{B}_d\end{bmatrix}$$

参考轨迹信息将包含路径和路径航向角的信息，维度为 $2N_p\times 1$ 的列向量 $\boldsymbol{Y}_{\mathrm{ref},k}=[y,\psi]^{\mathrm{T}}{}_{\mathrm{ref}}$，$k=1,2,\cdots,N_p$；并且将控制目标设定为车辆在跟随过程中的位置误差和航向误差尽可能小，即

$$\min_{\boldsymbol{U}} J=(\boldsymbol{Y}-\boldsymbol{Y}_{\mathrm{ref}})^{\mathrm{T}}\boldsymbol{\Theta}(\boldsymbol{Y}-\boldsymbol{Y}_{\mathrm{ref}})+\boldsymbol{U}^{\mathrm{T}}\boldsymbol{\Omega}\boldsymbol{U} \tag{5-76}$$

其中，$\boldsymbol{\Theta}$ 是维度为 $2N_p\times 2N_p$ 的权重矩阵，$\boldsymbol{\Theta}_k=\mathrm{diag}(q_1,q_2)$，$k=1,2,\cdots,N_p$，$\boldsymbol{\Omega}$ 为大小是 $N_c\times N_c$ 的控制输入的权重矩阵，$\boldsymbol{\Omega}_k=q_u$，$k=1,2,\cdots,N_c$。将式(5-75)代入式(5-76)得到

$$J=(\boldsymbol{F}\boldsymbol{x}(k)-\boldsymbol{Y}_{\mathrm{ref}}+\boldsymbol{\Phi}\boldsymbol{U})^{\mathrm{T}}\boldsymbol{\Theta}(\boldsymbol{F}\boldsymbol{x}(k)-\boldsymbol{Y}_{\mathrm{ref}}+\boldsymbol{\Phi}\boldsymbol{U})+\boldsymbol{U}^{\mathrm{T}}\boldsymbol{\Omega}\boldsymbol{U} \tag{5-77}$$

展开并略去与控制量无关的项

$$\widetilde{J}=\boldsymbol{U}^{\mathrm{T}}(\boldsymbol{\Phi}^{\mathrm{T}}\boldsymbol{\Theta}\boldsymbol{\Phi}+\boldsymbol{\Omega})\boldsymbol{U}+((\boldsymbol{\Phi}\boldsymbol{U})^{\mathrm{T}}\boldsymbol{\Theta}(\boldsymbol{F}\boldsymbol{x}(k)-\boldsymbol{Y}_{\mathrm{ref}})+(\boldsymbol{F}\boldsymbol{x}(k)-\boldsymbol{Y}_{\mathrm{ref}})^{\mathrm{T}}\boldsymbol{\Theta}\boldsymbol{\Phi}\boldsymbol{U}) \tag{5-78}$$

注意到

$$((\boldsymbol{\Phi}\boldsymbol{U})^{\mathrm{T}}\boldsymbol{\Theta}(\boldsymbol{F}\boldsymbol{x}(k)-\boldsymbol{Y}_{\mathrm{ref}}))^{\mathrm{T}}=(\boldsymbol{F}\boldsymbol{x}(k)-\boldsymbol{Y}_{\mathrm{ref}})^{\mathrm{T}}\boldsymbol{\Theta}\boldsymbol{\Phi}\boldsymbol{U} \tag{5-79}$$

进而有

$$\widetilde{J}=\boldsymbol{U}^{\mathrm{T}}(\boldsymbol{\Phi}^{\mathrm{T}}\boldsymbol{\Theta}\boldsymbol{\Phi}+\boldsymbol{\Omega})\boldsymbol{U}+2(\boldsymbol{F}\boldsymbol{x}(k)-\boldsymbol{Y}_{\mathrm{ref}})^{\mathrm{T}}\boldsymbol{\Theta}\boldsymbol{\Phi}\boldsymbol{U} \tag{5-80}$$

为求得最优控制量

$$\frac{\partial\widetilde{J}}{\partial\boldsymbol{U}}=(\boldsymbol{\Phi}^{\mathrm{T}}\boldsymbol{\Theta}\boldsymbol{\Phi}+\boldsymbol{\Omega})\boldsymbol{U}+\boldsymbol{\Phi}^{\mathrm{T}}\boldsymbol{\Theta}(\boldsymbol{F}\boldsymbol{x}(k)-\boldsymbol{Y}_{\mathrm{ref}})=\boldsymbol{0} \tag{5-81}$$

进而解得

$$\boldsymbol{U}=-(\boldsymbol{\Phi}^{\mathrm{T}}\boldsymbol{\Theta}\boldsymbol{\Phi}+\boldsymbol{\Omega})^{-1}\boldsymbol{\Phi}^{\mathrm{T}}\boldsymbol{\Theta}(\boldsymbol{F}\boldsymbol{x}(k)-\boldsymbol{Y}_{\mathrm{ref}}) \tag{5-82}$$

需要注意的是,每个优化时刻,我们只将式(5-82)中的第一个控制量传递给当前的控制对象,待到下一个时刻重复上述过程,实现滚动式“优化”。

为了验证基于二自由度车辆模型的恒速路径跟踪性能,考虑 DLC 工况,被控对象模型为表 5-2 对应的二自由度车辆模型,车速恒定保持为 72km/h,路径跟踪优化目标函数中的跟踪误差权重系数分别为 100 和 50,控制权重系数 1,系统采样时间为 0.01s,当预测步长取 30 时,车辆的前轮转角控制输入和车辆侧向位移如图 5-12 所示。从仿真结果可知,MPC 路径跟随控制器能很好地完成跟踪任务,实际跟踪轨迹与目标轨迹接近。得益于 MPC 的开环滚动优化策略,使得 MPC 对控制模型精度需求没有过高要求,当干扰不大时,MPC 能体现出良好的控制鲁棒性,因而被广泛运用。

彩图 5-12

程序 5.4

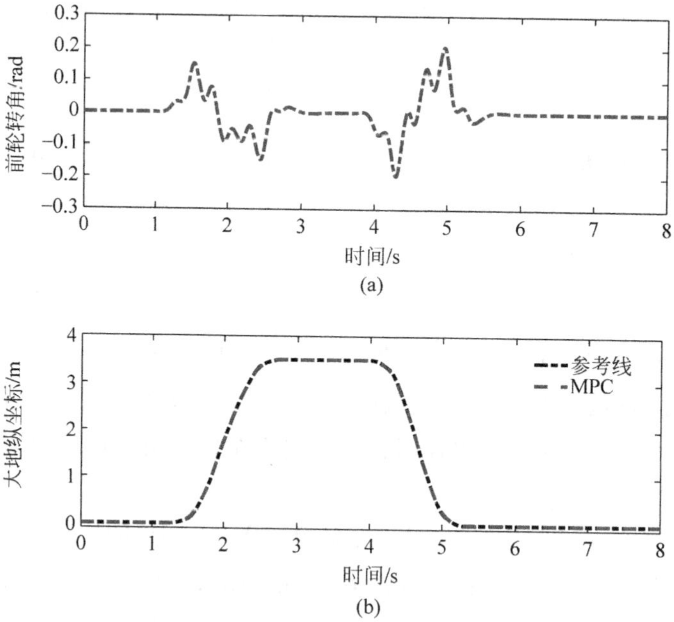

图 5-12 MPC 路径跟随控制器仿真验证

(a) 前轮转角;(b) 车辆侧向位移

5.5 速度跟随控制

本节主要设计一种跟踪控制器实现对目标速度的追踪，由于 SMC 和反演控制具有快速响应、对参数变化和扰动不灵敏(鲁棒性)、无须系统在线辨识、物理实现简单等优点，广泛受到实际工程应用的关注。由于车辆纵向动力学方程形式是非线性的，直接设计非线性系统的控制律并不方便，因此我们可以考虑先将非线性系统通过"输入输出线性化"的方式，将其转化为具有线性微分方程形式的系统，再使用 SMC 或反演方法来设计速度跟踪控制率。

考虑车辆单轮的纵向动力学模型，根据牛顿第二定律有

$$m\dot{u}=F_x-F_{\text{roll}}-F_{\text{wind}} \tag{5-83}$$

式中，F_x 为车轮所受到的纵向力。根据目前已有的车辆轮胎模型可知，当滑移率较小时轮胎纵向力与滑移率成线性关系，即

$$F_x=C_x\kappa \tag{5-84}$$

式中，κ 表示纵向滑移率，为了简便计算，统一滑移率的计算表达式为

$$\kappa=C_x\frac{r\omega_w-u}{u} \tag{5-85}$$

其中，ω_w 为车轮角速度，C_x 称作轮胎的纵向刚度系。考虑到轮胎受到的滚摩擦力通常远远小于轮胎纵向力，因此可忽略不计，式(5-83)简化为以下形式：

$$\dot{u}=\frac{C_x}{m}\frac{r\omega_w-u}{u}-\frac{\rho C_{rx}A_r u^2}{2m} \tag{5-86}$$

轮胎的滚动动力学方程为

$$\dot{\omega}_w=\frac{T_w-F_x r}{J_w}=\frac{T_w}{J_w}-\frac{C_x r}{J_w}\frac{r\omega_w-u}{u} \tag{5-87}$$

其中，T_w 表示作用于轮胎的力矩，它可能是驱动力矩或者制动力矩。

联立式(5-86)和式(5-87)，将系统表述为状态空间形式，即

$$\begin{bmatrix}\dot{u}\\ \dot{\omega}_w\end{bmatrix}=\begin{bmatrix}\dfrac{C_x}{m}\dfrac{r\omega_w-u}{u}-\dfrac{\rho C_{rx}A_r}{2m}u^2\\ -\dfrac{C_x r}{J_w}\dfrac{r\omega_w-u}{u}\end{bmatrix}+\begin{bmatrix}0\\ \dfrac{1}{J_w}\end{bmatrix}T_w \tag{5-88}$$

令

$$\frac{C_x r}{m}=c_{10},\quad \frac{C_x}{m}=c_{11},\quad \frac{\rho C_{rx}A_r}{2m}=c_{12},\quad -\frac{C_x r^2}{J_w}=c_{20},\quad -\frac{C_x r}{J_w}=c_{21},\quad \frac{1}{J_w}=c_{22}$$

则式(5-88)中的状态变量以及状态方程为

$$\begin{bmatrix}\dot{u}\\ \dot{\omega}_w\end{bmatrix}=\begin{bmatrix}c_{10}\dfrac{\omega_w}{u}-c_{11}-c_{12}u^2\\ c_{20}\dfrac{\omega_w}{u}-c_{21}\end{bmatrix}+\begin{bmatrix}0\\ c_{22}\end{bmatrix}T_w \tag{5-89}$$

将式(5-89)进一步化简，简记成如下所示的仿射系统的形式：

$$\begin{cases}\dot{\boldsymbol{x}}=\boldsymbol{f}(\boldsymbol{x})+\boldsymbol{g}T_w \\ p=h(x)\end{cases} \tag{5-90}$$

其中，

$$\boldsymbol{x}=\begin{bmatrix}u \\ \omega_w\end{bmatrix},\quad \boldsymbol{f}=\begin{bmatrix}f_1 \\ f_2\end{bmatrix}=\begin{bmatrix}c_{10}\dfrac{\omega_w}{u}-c_{11}-c_{12}u^2 \\ c_{20}\dfrac{\omega_w}{u}-c_{21}\end{bmatrix},\quad \boldsymbol{g}=\begin{bmatrix}0 \\ c_{22}\end{bmatrix},\quad h(x)=u$$

5.5.1 基于"输入输出"线性化和滑膜控制的速度跟踪控制器

由于式(5-90)为非线性仿射系统形式，针对线性系统的常规控制方法无法直接运用。根据第3章中系统输入输出线性化的内容可知，系统式(5-90)的相对阶为2，可通过适当的坐标变换将其转化为线性系统的形式，即存在一微分同胚 $\boldsymbol{T}:D\subset\mathbb{R}^2\rightarrow\mathbb{R}^2$，通过如下的坐标变换

$$\begin{bmatrix}z_1 \\ z_2\end{bmatrix}=\boldsymbol{T}(\boldsymbol{x})=\begin{bmatrix}h(x) \\ L_f h(x)\end{bmatrix}=\begin{bmatrix}u \\ c_{10}\dfrac{\omega_w}{u}-c_{11}-c_{12}u^2\end{bmatrix} \tag{5-91}$$

可实现系统的输入输出线性化。

易知，

$$\begin{cases}h(\boldsymbol{x})=u \\ L_g L_f h(\boldsymbol{x})=\dfrac{c_{10}c_{22}}{u} \\ L_f^2 h(\boldsymbol{x})=\dfrac{2c_{12}^2u^6+2c_{11}c_{12}u^4-c_{12}c_{10}\omega_w u^3-c_{21}c_{10}u^2+c_{10}(c_{11}+c_{20})\omega_w u-c_{10}^2\omega_w^2}{u^3}\end{cases} \tag{5-92}$$

最终，可得到如式(5-93)所示的等价线性系统：

$$\begin{bmatrix}\dot{z}_1 \\ \dot{z}_2\end{bmatrix}=\begin{bmatrix}0 & 1 \\ 0 & 0\end{bmatrix}\begin{bmatrix}z_1 \\ z_2\end{bmatrix}+\begin{bmatrix}0 \\ 1\end{bmatrix}L_g L_f h(x)\left(T_w+\frac{L_f^2 h(x)}{L_g L_f h(x)}\right) \tag{5-93}$$

令 $\boldsymbol{\Theta}(\boldsymbol{x}):=L_f^2 h(\boldsymbol{x})$，$\Lambda(\boldsymbol{x}):=L_g L_f h(\boldsymbol{x})$，并且注意到系统输出即为其中的一个状态变量 $z_1=u$，因此

$$\ddot{u}=\Theta(\boldsymbol{x})+\Lambda(\boldsymbol{x})T_w \tag{5-94}$$

假定纵向目标速度 u_{ref} 是连续可微的，跟踪误差记为

$$e_u=u-u_{\text{ref}} \tag{5-95}$$

并依据此来设计"跟随误差滑模面"S：

$$S=\dot{e}_u+ce_u \tag{5-96}$$

此外，定义李雅普诺夫函数 V 为

$$V=\frac{1}{2}S^2 \tag{5-97}$$

根据李雅普诺夫稳定定理可知，系统趋于渐近稳定的必要条件为 $V\dot{V}\leqslant 0$。

容易得到

$$\dot{V}=S\dot{S}=S(\ddot{e}_u+c\dot{e}_u)=S(\ddot{u}-\ddot{u}_{\text{ref}}+c\dot{e}_u) \tag{5-98}$$

假设 $\ddot{u}-\ddot{u}_{\text{ref}}+c\dot{e}_u=-\eta\,\text{sign}(S)<0$,则 $V\dot{V}\leqslant 0$ 成立,从而系统满足李雅普诺夫稳定定理,这样相应的控制规律为

$$T_w=\frac{\ddot{u}_{\text{ref}}-c\dot{e}_u-\Theta(\boldsymbol{x})-\eta\,\text{sign}(S)}{\Lambda(\boldsymbol{x})} \tag{5-99}$$

将式(5-99)代入式(5-98)有

$$\dot{V}=S\dot{S}=-\eta\,\text{sign}(S)S=-\eta\mid S\mid\leqslant 0,\quad \eta>0 \tag{5-100}$$

这样我们便能保证控制律式(5-99)使得该速度跟踪系统是渐近稳定的。

为了减弱控制输入的震颤效应,将式(5-99)中不连续的 sign(S)用连续函数 $\Pi(S)$ 替代:

$$\Pi(S)=\frac{S}{\mid S\mid+\sigma} \tag{5-101}$$

这样,控制律式(5-99)将变为

$$T_w=\frac{\ddot{u}_{\text{ref}}-c\dot{e}_u-\Theta(\boldsymbol{x})-\eta\dfrac{S}{\mid S\mid+\sigma}}{\Lambda(\boldsymbol{x})} \tag{5-102}$$

5.5.2 基于"输入输出"线性化和反演控制的速度跟踪控制器

下面我们来简要回顾如何通过反演控制方法设计速度跟踪控制率,我们需要设计一个状态反馈控制律,使得当 $t\to\infty$时,状态跟随误差 $\boldsymbol{x}-\boldsymbol{x}_d\to 0$。

第一步:从系统的内核(系统输出满足的动态方程)开始定义第一个误差变量,假设目标车速 u_{ref} 是连续可导的,则速度跟随误差可以表示为

$$e_1=u-u_{\text{ref}} \tag{5-103}$$

联立式(5-93)可知

$$\dot{e}_1=\dot{u}-\dot{u}_{\text{ref}}=z_2-\dot{u}_{\text{ref}} \tag{5-104}$$

定义第二个误差变量为

$$e_2=z_2-\rho_1 \tag{5-105}$$

其中,ρ_1 为待设计的虚拟控制变量。

定义第一个李雅普诺夫函数为 $V_1=\frac{1}{2}e_1^2$,则有

$$V_1=e_1\cdot\dot{e}_1=e_1(e_2+\rho_1-\dot{u}_{\text{ref}}) \tag{5-106}$$

取

$$\rho_1=-c_1e_1+\dot{u}_{\text{ref}},\quad c_1>0 \tag{5-107}$$

则有

$$\dot{V}_1=-c_1e_1^2+e_1e_2 \tag{5-108}$$

如果 $e_2=0$,则 $\dot{L}_1=-c_1e_1^2\leqslant 0$,为此还需进行下一步设计。

第二步：定义第二个李雅普诺夫函数为 $V_2=V_1+\frac{1}{2}e_2^2$，则有

$$\begin{aligned}\dot{V}_2 &= \dot{V}_1+e_2\dot{e}_2=-c_1e_1^2+e_1e_2+e_2(\dot{z}_2-\dot{\rho}_1)\\&=-c_1e_1^2+e_1e_2+e_2(\Theta(\boldsymbol{x})+\Lambda(\boldsymbol{x})T_w+c_1\dot{e}_1-\ddot{u}_{\text{ref}})\end{aligned} \tag{5-109}$$

若控制率设计为

$$T_w=\frac{-\Theta(\boldsymbol{x})-c_1\dot{e}_1+\ddot{u}_{\text{ref}}-e_1-c_2e_2}{\Lambda(\boldsymbol{x})} \tag{5-110}$$

其中，$c_1,c_2>0$，代入式(5-109)有 $\dot{V}_2=-c_1e_1^2-c_2e_2^2\leqslant 0$ 成立，系统趋于稳定。至此，速度跟踪反演控制律设计完成。

注意到上述两种方法求得控制输入是作用于轮胎的控制力矩 T_w 可为驱动力矩($T_w\geqslant 0$)或制动力矩($T_w<0$)，当所求的为驱动力矩时，为了能更直观地表述为驾驶员的常用的操控变量——发动机节气门开度值，我们可以根据车辆传动系的相关参数换算得到所需的发动机力矩 T_e 和对应的发动机转速 ω_e，即

$$\begin{cases}T_e=T_w/(R_{\text{gear}}R_{\text{diff}})\\ \omega_e=\omega_w R_{\text{gear}}R_{\text{diff}}\end{cases} \tag{5-111}$$

其中，R_{gear} 为变速器传动比，R_{diff} 为差速器传动比。最终，根据发动机万有特性曲线逆向查表得到式(5-111)中发动机转矩、发动机转速对应的节气门开度值。

为了验证上述 SMC 和反演速度跟踪控制方法，基于 CarSim 车辆动力学软件搭建仿真场景进行验证，仿真测试道路为一直线车道，车辆将在一定时间内对如图 5-13(a)所示的速度曲线进行跟踪，初始速度为 70km/h，然后逐步加速到 108km/h，再又逐步减速回落至 72km/h。此外，额外选取如式(5-112)所示的三次 PI 方法进行对比。

$$a_x=k_{p3}(u-u_d)^3+k_p(u-u_d)+k_i\int(u-u_d)\,\mathrm{d}t \tag{5-112}$$

其中，k_{p3}，k_p 以及 k_i 为控制器的比例参数。

如图 5-13 所示，仿真结果包含主车的车速、速度跟踪误差、控制所需的发动机节气门开度值和制动力矩。从这几种算法的跟踪效果可知，常规的 PI 控制方法是最不理想的，控制效果相当粗糙，而其他三种控制方法效果要好很多，且三者之间的控制效果差异不大。但是我们需了解到 PI 的参数值通常是比较敏感的，鲁棒性较低，而基于输入输出线性化的 SMC 方法的方法参数设置通常而言是恒定的，能应付不同场景，这是因为一旦控制器进入便不会脱离滑模面，因此本身就具有较强的鲁棒性，能应对实际中出现的干扰因素。

5.5.3 跟车情景下的速度规划和控制

上两节中的速度规划主要是针对没有障碍车时车辆在自由驾驶的情况下进行的速度规划，若主车采取跟随前车的策略方式，则上面的规划算法不再适应，因此本小节中主要探讨的是主车在跟随模式下如何进行速度规划。根据图 5-14，可以得到主车与前车的运动学关系式为

$$\begin{cases}\Delta d=d_{\text{des}}-(s_p-s_h)\\ \Delta v=v_p-v_h\end{cases} \tag{5-113}$$

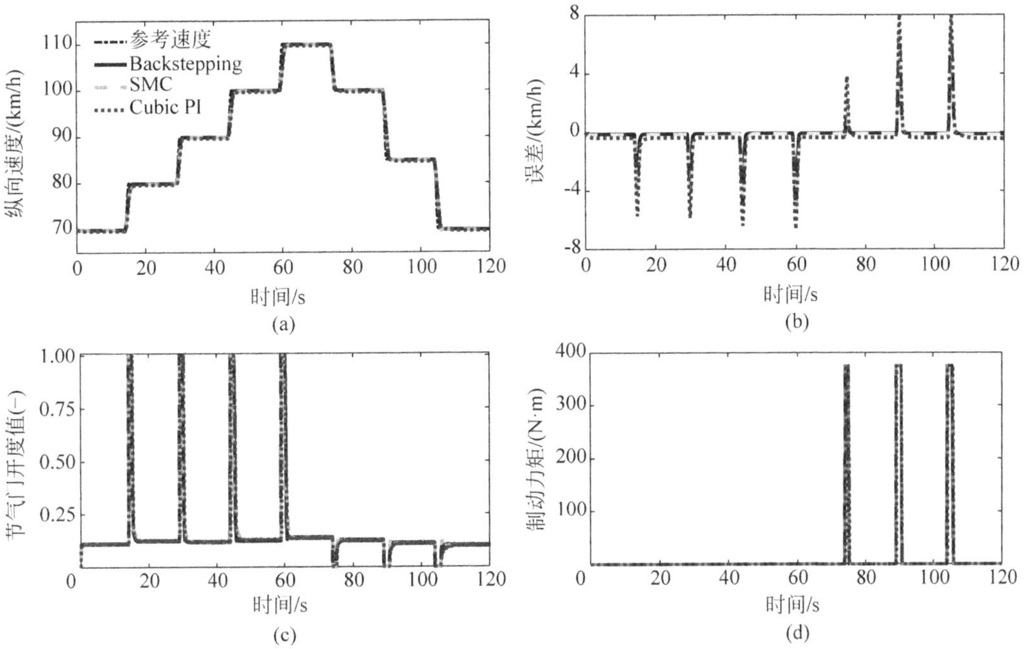

彩图 5-13

程序 5.5

图 5-13　速度跟随器仿真验证

(a) 速度曲线；(b) 速度跟踪误差曲线；(c) 节气门开度值曲线；(d) 制动力矩曲线

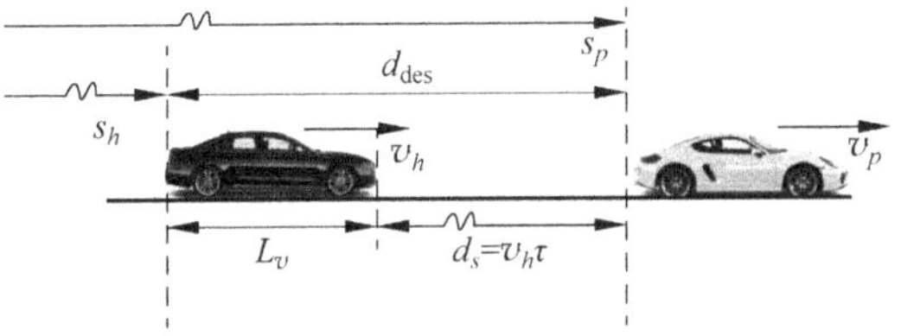

图 5-14　车辆跟随的运动学关系示意图

式中，Δd 为与前车的理想间距的误差，Δv 为前车与主车的相对速度，v_p，v_h 分别表示前车和主车速度，s_p，s_h 则表示前车、主车的行驶距离；d_{des} 为主车与前车的理想间距，由时间 τ 决定，因此有

$$s_p = L_v + v_h\tau \tag{5-114}$$

式中，L_v 为主车的几何长度，这样式(5-113)可进一步写为

$$\begin{cases} \Delta d = d_{des} - (s_p - s_h) = (L_v + v_h\tau) - (s_p - s_h) \\ \Delta v = v_p - v_h \end{cases} \tag{5-115}$$

将式(5-115)转化为动态系统方程，即

$$\begin{bmatrix} \Delta\dot{d} \\ \Delta\dot{v} \end{bmatrix} = \begin{bmatrix} 0 & -1 \\ 0 & 0 \end{bmatrix} \begin{bmatrix} \Delta d \\ \Delta v \end{bmatrix} + \begin{bmatrix} \tau \\ -1 \end{bmatrix} a_h + \begin{bmatrix} 0 \\ 1 \end{bmatrix} a_p \tag{5-116}$$

并将其描述为状态空间的方程形式 $\dot{\boldsymbol{x}} = \boldsymbol{f}(\boldsymbol{x}, \boldsymbol{u})$，其中状态变量为 $\boldsymbol{x} = \begin{bmatrix} \Delta d \\ \Delta v \end{bmatrix}$，输入 $\boldsymbol{u} = a_h$ 为主车的纵向加速度，前车的加速度 a_p 则视为干扰项。

利用线性模型预测控制方法进行求解，控制目标即确保主车与前车的间距与理想间距的误差尽可能小，并且使得与前车的相对速度尽可能小，因此目标函数可表述为

$$J_f=\sum_{i=1}^{n_p} w_1 \Delta d^2(k+i \mid k)+w_2 \Delta v^2(k+i \mid k)+\sum_{i=0}^{n_c-1} w_3 a_h^2(k+i \mid k) \tag{5-117}$$

式中，w_1，w_2 表示与理想间距误差和速度误差的权重值，由于线性 MPC 问题的本质是二次规划凸优化问题，因此可以式(5-118)描述，即

$$\begin{cases}\min\limits_{a_h} J_f \\ \text{s.t.}\ \boldsymbol{x}(k+i+1 \mid k)=\boldsymbol{f}(k+i \mid k, k+i \mid a_h), \quad i=0,\cdots,n_p-1 \\ a_{\min} \leqslant a_h \leqslant a_{\max} \\ \Delta a_{\min} \leqslant \Delta a_h \leqslant \Delta a_{\max}\end{cases} \tag{5-118}$$

在 MATLAB 中可调用二次规划求解器 quadprog 完成上述问题的求解，让我们测试下该方法在某一仿真场景下的规划效果。

假设主车在一直线道路上跟随前方车辆，主车初始速度为 72km/h，与前车相距约 50m，前车初始速度为 80km/h，并随后其速度将不断变化，加速到 100km/h，保持一段时间后降到 72km/h，最终车速为 90km/h。如图 5-15 所示，仿真结果包括主车的速度以及主车与前车的距离。为了突出模型预测控制算法的优势，我们将其与运用广泛的 PI 算法效果进行对比，仿真结果可知，模型预测算法能敏锐地适应前车的速度变化，使两车之间的间距保持在最佳区间，并且对比 PI 控制效果可知，速度变化并不剧烈，驾驶舒适感也较为理想。获得目标加速度，并进一步积分得到目标速度，之后便可利用 5.5.1 节和 5.5.2 节中介绍的速度跟踪控制方法实现目标车速跟随，对此，同学们可以进行课后练习。

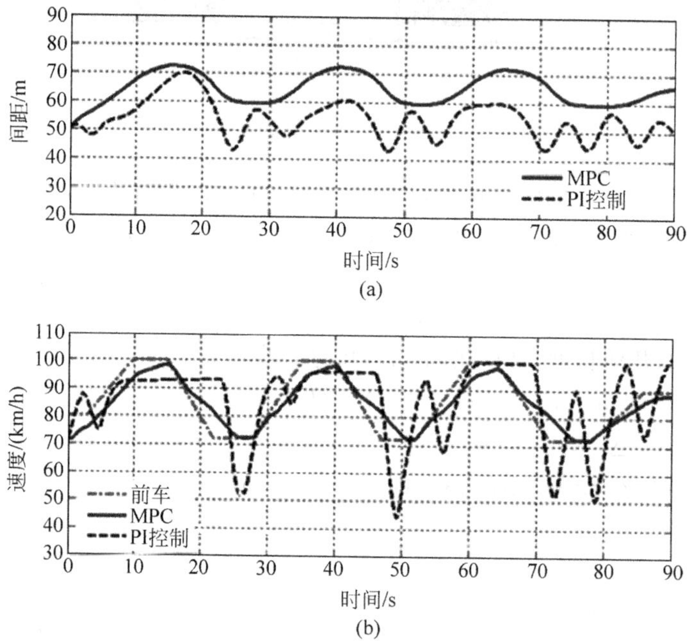

彩图 5-15

图 5-15 跟车情景下车辆纵向速度规划示例

(a) 车辆间距；(b) 车辆速度

5.6 基于五自由度非线性车辆动力学模型的轨迹跟随控制

为了同时跟踪车辆的参考位置和参考速度信息，很显然前面的二自由度“自行车”模型已经不能满足需求。因此在车辆局部坐标系下，我们至少需要考虑五个自由度的车辆动力学模型；除了车辆的纵向、侧向、横摆方向运动以外，还包含前后车轮的两个滚动自由度，如图 5-16 所示。根据牛顿第二定律，车辆局部坐标系下的五自由度车辆动力学方程为

$$\begin{cases} \dot{u}=\dfrac{1}{m}(F_{xw\mathrm{f}}+F_{xw\mathrm{r}})+vr \\ \dot{v}=\dfrac{1}{m}(F_{yw\mathrm{f}}+F_{yw\mathrm{r}})-ur \\ \dot{x}=u-v\psi \\ \dot{y}=u\psi+v \\ \dot{\psi}=r \\ \dot{r}=\dfrac{1}{I_z}(aF_{yw\mathrm{f}}-bF_{yw\mathrm{r}}) \\ \dot{\omega}_{\mathrm{f}}=\dfrac{1}{J_w}(T_{w\mathrm{f}}-F_{x\mathrm{f}}R) \\ \dot{\omega}_{\mathrm{r}}=\dfrac{1}{J_w}(T_{w\mathrm{r}}-F_{x\mathrm{r}}R) \end{cases} \tag{5-119}$$

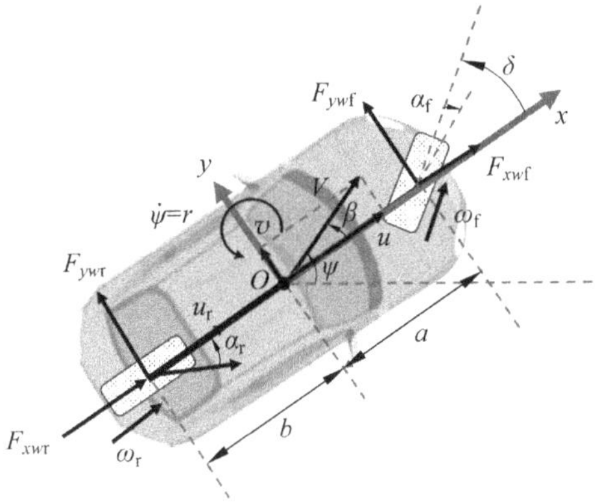

图 5-16 车辆五自由度动力学模型

式中，m 为车辆质量，u 为车辆纵向速度，v 为车辆侧向速度，y 为车辆侧向位移，ψ 为车辆横摆角，r 为车辆横摆角速度，I_z 为车辆绕 Z 轴的转动惯量，a，b 分别表示车辆质心处到前后轴距，ω_f，ω_r 分别表示前后车轮的滚动角速度，J_w 为车轮的转动惯量，R 为车轮有效滚动半径，$F_{x\mathrm{f}}$，$F_{x\mathrm{r}}$ 分别表示前后车轮的纵向力，$F_{y\mathrm{f}}$，$F_{y\mathrm{r}}$ 分别表示前后车轮的侧向力，$T_{w\mathrm{f}}$，$T_{w\mathrm{r}}$ 分别表示作用于前后轮的转动力矩。

对于后轮驱动车辆而言，有

$$T_{wf}=\begin{cases}-\sigma_f T_w, & 制动\\ 0, & 加速\end{cases},\quad T_{wr}=\begin{cases}-\sigma_r T_w, & 制动\\ T_w, & 加速\end{cases}\tag{5-120}$$

其中，σ_f，σ_r 表示前后轮的制动力分配系数。

另外，考虑到车辆轮胎在轨迹跟踪过程中可能同时存在纵向滑移和侧向滑移（比如减速进入匝道），因而纯滑移率轮胎模型可能无法满足需求，因此，我们需要推导联合工况下轮胎力的计算。通常而言，它是关于轮胎垂直载荷 F_z、路面附着系数 μ、侧偏角 α 和纵向滑移率 κ 的函数，即

$$\begin{cases}F_{xwj}=f_x(\kappa_j,\alpha_j,F_{zj},\mu)\\ F_{ywj}=f_y(\kappa_j,\alpha_j,F_{zj},\mu)\end{cases},\quad j\in\{f,r\}\tag{5-121}$$

其中，下标 j 可取表示前轮的"f"或者后轮"r"。为简化计算，采用"类魔术公式"[11]，"纯纵滑"轮胎纵向力 F_x 和"纯侧滑"侧向力 F_y 的计算表达式为

$$\begin{cases}F_{xj}(\kappa_j)=\mu F_{zj}\sin(C_x\arctan(B_x\kappa_j/\mu))\\ F_{yj}(\alpha_j)=\mu F_{zj}\sin(C_y\arctan(B_y\alpha_j/\mu))\end{cases},\quad j\in\{f,r\}\tag{5-122}$$

其中，B_x，C_x，B_y，C_y 为类魔术公式的拟合系数。

此外，前、后轮胎的垂直载荷 F_z 可近似表示为

$$F_{zf}=\frac{mgb}{a+b}+\varepsilon F_{drag},\quad F_{zr}=\frac{mga}{a+b}+(1-\varepsilon)F_{drag}\tag{5-123}$$

式中，$F_{drag}=\frac{1}{2}\rho C_z A_d u^2$ 代表风的下压力，ε 表示下压力的前后分配系数。

轮胎侧偏角的计算表达式为

$$\begin{cases}\alpha_f=\delta-\dfrac{v+ar}{u}\\ \alpha_r=-\dfrac{v-br}{u}\end{cases}\tag{5-124}$$

为了简化计算，轮胎纵向滑移率计算统一为

$$\kappa=\frac{r\omega-u}{u}\tag{5-125}$$

定义联合工况下的滑移率 σ 为

$$\begin{cases}\sigma_{xj}=\dfrac{\kappa_j}{1+|\kappa_j|}\\ \sigma_{yj}=\dfrac{\tan\alpha_j}{1+|\kappa_j|}\end{cases},\quad j\in\{f,r\}\tag{5-126}$$

其中，

$$\sigma_j=\sqrt{\sigma_{xj}^2+\sigma_{yj}^2},\quad j\in\{f,r\}\tag{5-127}$$

为了得到联合滑移率为参变量的纵向力和侧向力，基于式(5-126)，联合工况下的等效"纯"滑移率为

$$\begin{cases}\kappa_j^*=\dfrac{\sigma_j}{1-|\sigma_j|\operatorname{sign}(\sigma_{xj})}\\ \alpha_j^*=\arctan(\sigma_j\operatorname{sign}(\sigma_{yj}))\end{cases},\quad j\in\{f,r\}\tag{5-128}$$

最终，联合工况下轮胎的纵向力和侧向力计算表达式为

$$\begin{cases} F_{xwj}=\dfrac{\sigma_{xj}}{\sigma_j}F_{xj}(\kappa_j^*) \\ F_{ywj}=\dfrac{\sigma_{yj}}{\sigma_j}F_{yj}(\alpha_j^*) \end{cases},\quad j\in\{f,r\} \tag{5-129}$$

图 5-17 展示了纯滑移工况下纵(侧)向轮胎力实验数据和“类魔术公式”的拟合结果。

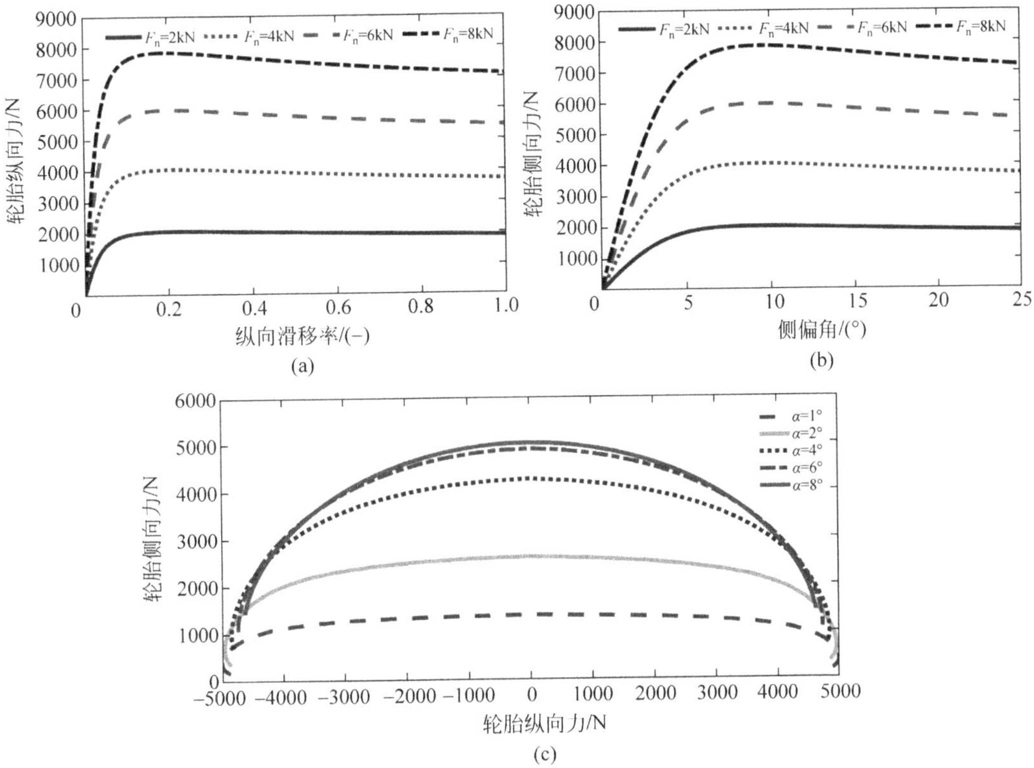

彩图 5-17

图 5-17　轮胎模型结果示意图

(a) 轮胎纵向力；(b) 轮胎侧向力；(c) 轮胎联合力

5.6.1　基于一阶泰勒展开的非线性系统线性化

显而易见，对于五自由度车辆动力学系统的轨迹跟踪问题，我们需处理的是一个非线性系统，结合式(5-119)～式(5-129)，我们将其描述成非线性状态空间形式，即

$$\begin{cases} \dot{\boldsymbol{x}}=\boldsymbol{f}_v(\boldsymbol{x},\boldsymbol{u}) \\ \boldsymbol{z}=\boldsymbol{C}_n\boldsymbol{x} \end{cases} \tag{5-130}$$

其中，状态变量 $\boldsymbol{x}=[u,v,x,y,\psi,r,\omega_{\mathrm{f}},\omega_{\mathrm{r}}]^{\mathrm{T}}$ 包括纵向速度、横向速度、横摆角、横摆角速度、前轮角速和后轮角速度，车辆纵向位移以及侧向位移，控制输入 $\boldsymbol{u}=[\delta\quad T_w]^{\mathrm{T}}$ 包括前轮转角和作用于轮胎的力矩，系统输出 $\boldsymbol{z}=[y,u]^{\mathrm{T}}$ 包括车辆的侧向位移和纵向速度，$\boldsymbol{C}_n$ 为输出矩阵，且

$$\boldsymbol{C}_n=\begin{bmatrix}0&0&1&0&0&0&0&0\\0&0&0&1&0&0&0&0\end{bmatrix}$$

目前最常见的对非线性系统的控制方法是将其利用泰勒级数进行一阶展开，从而实现系统的线性化。基于系统某个工作状态点$(\boldsymbol{x}_0,\boldsymbol{u}_0)$，我们做如下的局部坐标变换：

$$\bar{\boldsymbol{x}}=\boldsymbol{x}-\boldsymbol{x}_0,\quad \bar{\boldsymbol{u}}=\boldsymbol{u}-\boldsymbol{u}_0 \tag{5-131}$$

并称 $\bar{\boldsymbol{x}}$ 和 $\bar{\boldsymbol{u}}$ 是局部状态量和局部控制量，于是有

$$\dot{\bar{\boldsymbol{x}}}=\dot{\boldsymbol{x}}-\dot{\boldsymbol{x}}_0=\boldsymbol{f}_v(\boldsymbol{x},\boldsymbol{u})-\boldsymbol{f}_v(\boldsymbol{x}_0,\boldsymbol{x}_0) \tag{5-132}$$

将 $\boldsymbol{f}_v(\boldsymbol{x},\boldsymbol{u})$在$(\boldsymbol{x}_0,\boldsymbol{u}_0)$附近利用泰勒公式展开，忽略一阶以上的高阶项，式(5-130)进一步变为

$$\begin{cases}\dot{\bar{\boldsymbol{x}}}=\boldsymbol{A}_v\bar{\boldsymbol{x}}+\boldsymbol{B}_v\bar{\boldsymbol{u}}\\ \bar{\boldsymbol{z}}=\boldsymbol{C}_n\bar{\boldsymbol{x}}\end{cases} \tag{5-133}$$

其中，$\boldsymbol{A}_v$，$\boldsymbol{B}_v$ 为雅可比矩阵。对于常规 n 阶系统而言，雅可比矩阵计算表达式为

$$\boldsymbol{A}_v=\left.\begin{bmatrix}\frac{\partial f_{v1}}{\partial x_1}&\frac{\partial f_{v1}}{\partial x_2}&\cdots&\frac{\partial f_{v1}}{\partial x_n}\\ \frac{\partial f_{v2}}{\partial x_1}&\frac{\partial f_{v2}}{\partial x_2}&\cdots&\frac{\partial f_{v2}}{\partial x_n}\\ \vdots&\vdots&&\vdots\\ \frac{\partial f_{vn}}{\partial x_1}&\frac{\partial f_{vn}}{\partial x_2}&\cdots&\frac{\partial f_{vn}}{\partial x_n}\end{bmatrix}\right|_{\substack{\boldsymbol{x}=\boldsymbol{x}_0\\ \boldsymbol{u}=\boldsymbol{u}_0}},\quad \boldsymbol{B}_v=\left.\begin{bmatrix}\frac{\partial f_{v1}}{\partial u_1}&\frac{\partial f_{v1}}{\partial u_2}&\cdots&\frac{\partial f_{v1}}{\partial u_k}\\ \frac{\partial f_{v2}}{\partial u_1}&\frac{\partial f_{v2}}{\partial u_2}&\cdots&\frac{\partial f_{v2}}{\partial u_k}\\ \vdots&\vdots&&\vdots\\ \frac{\partial f_{vn}}{\partial u_1}&\frac{\partial f_{vn}}{\partial u_2}&\cdots&\frac{\partial f_{vn}}{\partial u_k}\end{bmatrix}\right|_{\substack{\boldsymbol{x}=\boldsymbol{x}_0\\ \boldsymbol{u}=\boldsymbol{u}_0}}$$

为了后续应用方便，我们需采用离散化系统形式进行推导。以系统上一时刻的状态和控制量$(\boldsymbol{x}(k-1),\boldsymbol{u}(k-1))$为工作点，这样局部状态和局部控制为

$$\bar{\boldsymbol{x}}(\boldsymbol{k})=\boldsymbol{x}(\boldsymbol{k})-\boldsymbol{x}(\boldsymbol{k}-1),\quad \bar{\boldsymbol{u}}(\boldsymbol{k})=\boldsymbol{u}(\boldsymbol{k})-\boldsymbol{u}(\boldsymbol{k}-1) \tag{5-134}$$

并将连续系统式(5-133)转换为离散形式，即

$$\begin{cases}\bar{\boldsymbol{x}}(k+1)=\boldsymbol{A}_n(k)\bar{\boldsymbol{x}}(k)+\boldsymbol{B}_n(k)\bar{\boldsymbol{u}}(k)\\ \bar{\boldsymbol{z}}(k)=\boldsymbol{C}_n\bar{\boldsymbol{x}}(k)\end{cases} \tag{5-135}$$

其中，$\boldsymbol{A}_n$ 和 $\boldsymbol{B}_n$ 是对应的离散系统系数矩阵。

5.6.2 受约束的模型预测控制优化求解

有了上述离散化的线性模型后，我们可继续利用 MPC 方法对车辆轨迹跟踪问题进行求解，基于式(5-135)可推导出预测输出误差方程为

$$\Delta\boldsymbol{Z}=\boldsymbol{Z}-\boldsymbol{Z}_{\mathrm{ref}}=\boldsymbol{F}_n\bar{\boldsymbol{x}}(k)+\boldsymbol{\Phi}_n\boldsymbol{U}-\boldsymbol{Z}_{\mathrm{ref}} \tag{5-136}$$

其中，$\boldsymbol{z}_{\mathrm{ref}}$ 是局部坐标系下的参考信号(包括目标侧向位移 y_{ref} 和纵向速度 u_{ref})，并且

$$\boldsymbol{Z}=\begin{bmatrix}\bar{\boldsymbol{z}}(k+1\mid k)\\ \bar{\boldsymbol{z}}(k+2\mid k)\\ \bar{\boldsymbol{z}}(k+3\mid k)\\ \vdots\\ \bar{\boldsymbol{z}}(k+N\mid k)\end{bmatrix},\quad \boldsymbol{Z}_{\mathrm{ref}}=\begin{bmatrix}\boldsymbol{z}_{\mathrm{ref}}(k+1\mid k)-\boldsymbol{C}_n\boldsymbol{x}(k-1)\\ \boldsymbol{z}_{\mathrm{ref}}(k+2\mid k)-\boldsymbol{C}_n\boldsymbol{x}(k-1)\\ \boldsymbol{z}_{\mathrm{ref}}(k+3\mid k)-\boldsymbol{C}_n\boldsymbol{x}(k-1)\\ \vdots\\ \boldsymbol{z}_{\mathrm{ref}}(k+N\mid k)-\boldsymbol{C}_n\boldsymbol{x}(k-1)\end{bmatrix},\quad \bar{\boldsymbol{U}}=\begin{bmatrix}\bar{\boldsymbol{u}}(k)\\ \bar{\boldsymbol{u}}(k+1)\\ \bar{\boldsymbol{u}}(k+2)\\ \vdots\\ \bar{\boldsymbol{u}}(k+N\text{-}1)\end{bmatrix},$$

$$\boldsymbol{F}_n=\begin{bmatrix}\boldsymbol{C}_n\boldsymbol{A}_n\\ \boldsymbol{C}_n\boldsymbol{A}_n^2\\ \boldsymbol{C}_n\boldsymbol{A}_n^3\\ \vdots\\ \boldsymbol{C}_n\boldsymbol{A}_n^N\end{bmatrix},\quad \boldsymbol{\Phi}_n=\begin{bmatrix}\boldsymbol{C}_n\boldsymbol{B}_n & \boldsymbol{0} & \boldsymbol{0} & \cdots & \boldsymbol{0}\\ \boldsymbol{C}_n\boldsymbol{A}_n & \boldsymbol{C}_n\boldsymbol{B}_n & \boldsymbol{0} & \cdots & \boldsymbol{0}\\ \boldsymbol{C}_n\boldsymbol{A}_n^2\boldsymbol{B}_n & \boldsymbol{C}_n\boldsymbol{A}_n\boldsymbol{B}_n & \boldsymbol{C}_n\boldsymbol{B}_n & \cdots & \boldsymbol{0}\\ \vdots & \vdots & \vdots & & \vdots\\ \boldsymbol{C}_n\boldsymbol{A}_n^{N-1}\boldsymbol{B}_n & \boldsymbol{C}_n\boldsymbol{A}_n^{N-2}\boldsymbol{B}_n & \boldsymbol{C}_n\boldsymbol{A}_n^{N-3}\boldsymbol{B}_n & \cdots & \boldsymbol{C}_n\boldsymbol{B}_n\end{bmatrix}$$

值得注意的是，计算 k 时刻下的目标路径 $y_{\mathrm{ref}}(k)$时，需要将其转换到车辆局部坐标系下，即

$$y_{\mathrm{ref}}(k)=(Y_{\mathrm{ref}}(k)-Y_0)\cos\psi-(X_{\mathrm{ref}}-X_0)\sin\psi(k) \tag{5-137}$$

其中，$(X_{\mathrm{ref}},Y_{\mathrm{ref}})$表示目标路径的全局坐标值，$(X_0,Y_0)$表示车辆在当前工作点的全局坐标值。

对于车辆轨迹跟踪控制而言，其目标即使车辆的位置和速度与参考值的误差尽可能小，同时花费最小的能量实现这个控制过程。因此，模型预测控制的优化目标函数为

$$\widetilde{J}=\sum_{i=1}^{N}\|\boldsymbol{\Pi}(k,k)\Delta\boldsymbol{Z}(k+i\mid k)\|^2+\sum_{i=0}^{N-1}\|\boldsymbol{\Omega}(k,k)\bar{\boldsymbol{U}}(k+i\mid k)\|^2 \tag{5-138}$$

式中，$\boldsymbol{\Pi}$ 为轨迹跟踪误差的权重矩阵，$\boldsymbol{\Omega}$ 是控制量的权重矩阵。

经过化简，轨迹跟踪问题可以描述成

$$\min\widetilde{J}=\frac{1}{2}\bar{\boldsymbol{U}}^{\mathrm{T}}\widetilde{\boldsymbol{H}}\boldsymbol{U}+\widetilde{\boldsymbol{G}}^{\mathrm{T}}\bar{\boldsymbol{U}} \tag{5-139}$$

其中：$\widetilde{\boldsymbol{H}}$，$\widetilde{\boldsymbol{G}}$ 为二次规划问题的参数矩阵，且

$$\widetilde{\boldsymbol{H}}=2(\boldsymbol{\Omega}+\boldsymbol{\Phi}_n^{\mathrm{T}}\boldsymbol{\Pi}\boldsymbol{\Phi}_n),\quad \widetilde{\boldsymbol{G}}=(2\boldsymbol{\Lambda}^{\mathrm{T}}\boldsymbol{\Pi}\boldsymbol{\Phi}_n)^{\mathrm{T}},\quad \boldsymbol{\Lambda}=\boldsymbol{F}_n\bar{\boldsymbol{x}}(k)-\boldsymbol{Z}_{\mathrm{ref}}$$

不同于之前章节中所处理的无约束 MPC 模型，我们在实际控制问题中遇到更多的是受约束系统，比如，需要考虑关于控制 $\boldsymbol{U}$ 的边界约束，即

$$\bar{\boldsymbol{U}}_{\min}\leqslant\bar{\boldsymbol{U}}\leqslant\bar{\boldsymbol{U}}_{\max} \tag{5-140}$$

其中，$\bar{\boldsymbol{U}}_{\min}$，$\bar{\boldsymbol{U}}_{\max}$ 分别表示局部控制量的上下界。

此外，一般的优化问题通常还会涉及控制增量约束，由于控制量增量可表示为

$$\begin{cases}\bar{\boldsymbol{u}}(k)=\overline{\Delta\boldsymbol{u}}(k)+\bar{\boldsymbol{u}}(k-1)\\ \bar{\boldsymbol{u}}(k+1)=\overline{\Delta\boldsymbol{u}}(k+1)+\bar{\boldsymbol{u}}(k)\\ \bar{\boldsymbol{u}}(k+2)=\overline{\Delta\boldsymbol{u}}(k+2)+\bar{\boldsymbol{u}}(k+1)\\ \vdots\\ \bar{\boldsymbol{u}}(k+N-1)=\overline{\Delta\boldsymbol{u}}(k+N-1)+\bar{\boldsymbol{u}}(k+N-2)\end{cases} \tag{5-141}$$

表述成矩阵形式则有

$$\Delta\bar{\boldsymbol{U}}=\boldsymbol{E}\bar{\boldsymbol{U}}+\boldsymbol{G}\bar{\boldsymbol{u}}(k-1) \tag{5-142}$$

其中，

$$\Delta\bar{\boldsymbol{U}}=\begin{bmatrix}\overline{\Delta\boldsymbol{u}}(k)\\ \overline{\Delta\boldsymbol{u}}(k+1)\\ \overline{\Delta\boldsymbol{u}}(k+2)\\ \vdots\\ \overline{\Delta\boldsymbol{u}}(k+N-1)\end{bmatrix},\quad \boldsymbol{E}=\begin{bmatrix}1 & 0 & 0 & \cdots & 0\\ -1 & 1 & 0 & \cdots & 0\\ 0 & -1 & 1 & \cdots & 0\\ \vdots & \vdots & \vdots & & \vdots\\ 0 & 0 & 0 & \cdots & 1\end{bmatrix},\quad \boldsymbol{G}=\begin{bmatrix}-1\\ 0\\ 0\\ \vdots\\ 0\end{bmatrix}$$

而 $\bar{\boldsymbol{u}}(k-1)$ 为上一时刻系统局部控制输入量，可视为已知量，这样增量约束可表示为

$$\Delta\bar{\boldsymbol{U}}_{\min} \leqslant \boldsymbol{E}\bar{\boldsymbol{U}} + \boldsymbol{G}\bar{\boldsymbol{u}}(k-1) \leqslant \Delta\bar{\boldsymbol{U}}_{\max} \tag{5-143}$$

其中，$\Delta\bar{\boldsymbol{U}}_{\min}$，$\Delta\bar{\boldsymbol{U}}_{\max}$ 分别表示局部控制增量上下界。

除了控制约束外，通常还可能存在状态约束(例如：保证稳定性时需要限制车辆的最大横摆角速度)，假设约束状态可表示为 $\boldsymbol{o}=\boldsymbol{C}_o\bar{\boldsymbol{x}}$，这样在预测时域内依然有

$$\boldsymbol{O}_{\min} \leqslant \boldsymbol{O} = \boldsymbol{F}_o\bar{\boldsymbol{x}}(k) + \boldsymbol{\Phi}_o\bar{\boldsymbol{U}} \leqslant \boldsymbol{O}_{\max} \tag{5-144}$$

$$\boldsymbol{O}=\begin{bmatrix} \boldsymbol{o}(k+1\mid k) \\ \boldsymbol{o}(k+2\mid k) \\ \boldsymbol{o}(k+3\mid k) \\ \vdots \\ \boldsymbol{o}(k+N\mid k) \end{bmatrix},\ \boldsymbol{F}_o=\begin{bmatrix} \boldsymbol{C}_o\boldsymbol{A}_n \\ \boldsymbol{C}_o\boldsymbol{A}_n^2 \\ \boldsymbol{C}_o\boldsymbol{A}_n^3 \\ \vdots \\ \boldsymbol{C}_o\boldsymbol{A}_n^N \end{bmatrix},\ \boldsymbol{\Phi}_n=\begin{bmatrix} \boldsymbol{C}_o\boldsymbol{B}_n & \boldsymbol{0} & \boldsymbol{0} & \cdots & \boldsymbol{0} \\ \boldsymbol{C}_o\boldsymbol{A}_n & \boldsymbol{C}_o\boldsymbol{B}_n & \boldsymbol{0} & \cdots & \boldsymbol{0} \\ \boldsymbol{C}_o\boldsymbol{A}_n^2\boldsymbol{B}_n & \boldsymbol{C}_o\boldsymbol{A}_n\boldsymbol{B}_n & \boldsymbol{C}_o\boldsymbol{B}_n & \cdots & \boldsymbol{0} \\ \vdots & \vdots & \vdots & & \vdots \\ \boldsymbol{C}_o\boldsymbol{A}_n^{N-1}\boldsymbol{B}_n & \boldsymbol{C}_o\boldsymbol{A}_n^{N-2}\boldsymbol{B}_n & \boldsymbol{C}_o\boldsymbol{A}_n^{N-3}\boldsymbol{B}_n & \cdots & \boldsymbol{C}_o\boldsymbol{B}_n \end{bmatrix}$$

其中，$\boldsymbol{O}_{\max}$，$\boldsymbol{O}_{\min}$ 分别表示输出约束对应在局部坐标系下的上下界。

最终，受约束的模型预测控制问题最终等价为“受约束的二次规划问题”，即

$$\begin{aligned} &\min_{\bar{u}} \quad (5\text{-}139) \\ &\text{s. t.} \quad (5\text{-}140)(5\text{-}143)(5\text{-}144) \end{aligned}$$

求得局部最优控制序列 $\bar{\boldsymbol{U}}$ 后，我们只将下一个时刻对应的控制量作用于车辆，这样当前时刻的最终控制量为

$$\boldsymbol{u}(k)=\bar{\boldsymbol{U}}(1)+\boldsymbol{u}(k-1) \tag{5-145}$$

如此反复，实现滚动优化控制。

借助上述方法，我们可以验证一直线道路工况下的超车过程。仿真场景预设如下：最开始时前方障碍车辆在距离主车约 30m 处，与主车同处右车道并沿着车道中心线行驶，障碍车速度为 15m/s 并保持匀速行驶，主车的初始速度为 20m/s，我们要求主车能够在保证其安全行驶的条件下尽可能用最短时间完成超车。为了保证安全驾驶，最大车速不应超过 25m/s，期望的侧向加速度小于 $0.5g$。仿真时，我们集成了第 4 章中介绍的基于三次自然样条曲线和二次规划的路径规划和速度规划方法。最终，仿真结果如图 5-18 所示，结果分别包括了主车(障碍车)的全局位置、主车(障碍车)速度、主车的油门开度和制动力矩、主车的方向盘转角及其横摆角速度，以及主车的纵向加速度和侧向加速度值。从图 5-18(a)可知，主车顺利完成了对障碍车辆的超车，超车过程中，车辆将逐渐加速到最大允许速度 25m/s 并保持该速度行驶，如图 5-18(b)所示。控制输出包括节气门开度、制动力矩以及方向盘转角，如图 5-18(c)、(d)所示，可见其控制过程是较为平缓的，一定程度上保证的操控舒适程度。此外，如图 5-18(d)所示，主车横摆角速度值均较小，说明其超车过程中有着良好的横向稳定性。

此外，我们将验证该轨迹跟随系统是否能够成功应付曲线道路工况下的超车过程，如图 5-19(a)所示，仿真场景预设如下：最开始时前方障碍车辆在距离本车约 30m 处，与主车同处右侧车道并沿着车道中心线行驶，障碍车速度为 15m/s 并保持匀速行驶，主车的初始速度为 20m/s，我们要求主车能够在保证其安全行驶的条件下尽可能用最短时间完成超车。为了保证安全驾驶，最大车速不应超过 20m/s，期望的侧向加速度小于 $0.5g$。

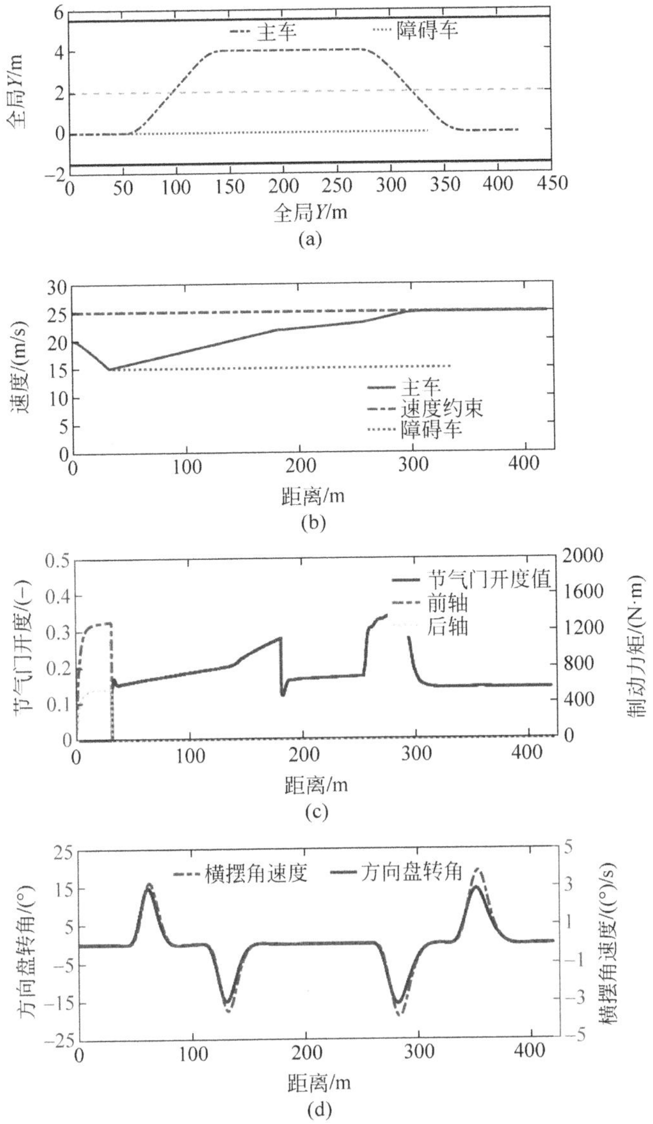

彩图 5-18

图 5-18　直线道路超车仿真

(a) 车辆位置；(b) 车辆速度；(c) 节气门开度和制动力矩；(d) 方向盘转角和车辆横摆角速度

仿真结果如图 5-19(b)～(d)所示，分别包括了主车和障碍车的全局位置、主车和障碍车的速度、主车的油门开度和制动力矩、主车的方向盘转角及其横摆角速度。从图 5-19(a)可知，主车在弯道上也可以顺利完成对障碍车辆的超车。在超车过程中，车辆最先减速以增加车头时距，然后换道、超越再返回原车道的过程中，车辆将逐渐加速到最大允许速度 20m/s 并保持该速度行驶，如图 5-19(b)所示。主车的控制输入包括节气门开度、制动举证以及方向盘转角，如图 5-18(c)、(d)所示，总体而言其控制过程也是比较平缓的。此外，在避障过程中主车横摆角速度较小，说明其在曲线道路上超车时的横向稳定性良好。综上可知，基于五自由度的非线性模型的模型预测控制系统能稳定安全地跟踪超车轨迹。

彩图 5-19

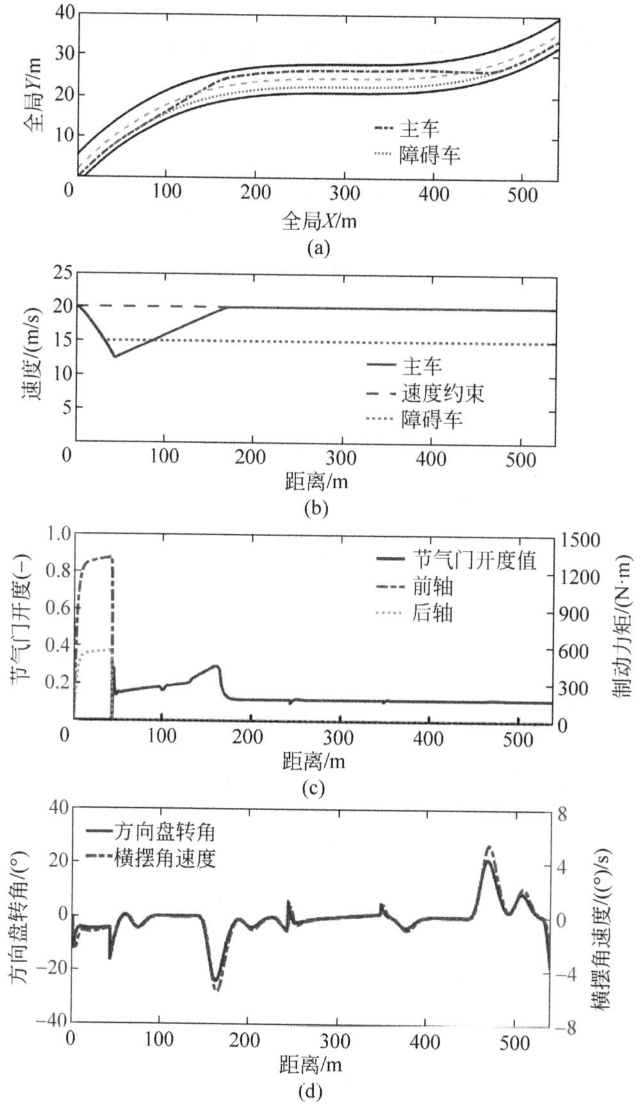

图 5-19 曲线道路超车仿真

(a) 车辆位置；(b) 车辆速度；(c) 节气门开度和制动力矩；(d) 方向盘转角和车辆横摆角速度

习 题

5.1 基于式(5-13)，分析探讨驾驶员微分操控($\tau_D \neq 0$)作用下“驾驶员-车辆”系统稳定性。

5.2 基于最优控制的路径跟随模型中，如果驾驶员对预瞄段中所有点都同样关注，即权重函数 $w(t)=1$，式(5-27)可写成

$$\delta_w^* = \frac{\int_0^{T_p} (y_d(t) - \boldsymbol{f}(t)\boldsymbol{x}_0)\boldsymbol{g}(t)\mathrm{d}t}{\int_0^{T_p} g(t)^2 \mathrm{d}t}$$

假设车辆参数如表 5-2 所示，在 MATLAB/Simulink 中搭建对应的驾驶员模型，选取不同的预瞄时间跟随一“双移线”路径。

5.3　基于最优曲率控制的驾驶员模型中，如果驾驶员对预瞄段中所有点都同样关注，即权重函数 $w(t)=1$，请推导出对应的预瞄器 $P(s)$ 和跟随器 $F(s)$ 的具体表达式。

5.4　如果线性车辆二自由度模型中的线性轮胎模型替换成类魔术公式模型

$$F_y(\alpha)=\mu F_z\sin(C_y\arctan(B_y\alpha/\mu))$$

假设车辆参数如表 5-2 所示，如何利用 LQR 方法设计对应的路径跟踪控制器呢？选择合适的预瞄时间，请在 MATLAB/Simulink 中进行仿真验证主车在“双移线”工况下，以 25m/s 恒定速度跟踪场景，并对比基于线性轮胎模型的 LQR 路径跟随器的效果（路面附着率 $\mu=0.8$，轮胎参数 $B_y=-0.917$，$C_y=1.260$）。

5.5　在 MPC 路径跟随控制器中，如果控制点数目 N_c 小于预瞄点数目 N_p，预测方程的表达形式有何变化？

5.6　基于“线性化”的车辆纵向动力学模型式（5-93），怎样结合反演控制和滑模控制，实现速度跟踪控制？请选取合适的仿真场景在 MATLAB/Simunlink 中进行验证。

参考文献

[1] Jürgensohn T. Control theory models of the driver[C]//Modelling driver behaviour in automotive environments. Springer, London, 2007.

[2] Mcruer D T, Krendel E S. The human operator as a servo system element [J]. Journal of Franklin Institute, 1959, 267(6): 511-536.

[3] Ragazzini J. Engineering Aspect of the Human being as a Servo-Mechanism[C]//Meeting of the American Psychological Association, 1948 September, Boston.

[4] Abe Masato. Vehicle handling dynamics: theory and application[M]. Butterworth-Heinemann, 2015.

[5] Macadam C C. Application of an Optimal Preview Control for Simulation of Closed-Loop Automobile Driving [J]. IEEE Transactions on Systems Man & Cybernetics, 2007, 11(6): 393-399.

[6] Macadam C C. An Optimal Preview Control for Linear Systems[J]. Journal of Dynamic Systems Measurement & Control, 1980, 102(3): 188-190.

[7] Guo K. Development of a longitudinal and lateral driver model for autonomous vehicle control [J]. International Journal of Vehicle Design, 2004, 36(1): 50-65.

[8] Guo K, Cheng Y, Ding H. Analytical method for modeling driver in vehicle directional control [C]// 18th IAVSD Symposium: The dynamics of vehicles on roads and on tracks, Kanagawa-ken (Japan), 2003, 401-410.

[9] Sharp R S, Valtetsiotis V. Optimal preview car steering control [J]. Vehicle System Dynamics, 2001, 35(1): 101-117.

[10] Sharp R S. Driver Steering Control and a New Perspective on Car Handling Qualities [J]. Proceedings of the Institution of Mechanical Engineers Part C Journal of Mechanical Engineering Science, 2005, 219(219): 1041-1051.

[11] Cao H, Zhao S, Song X, et al. An optimal hierarchical framework of the trajectory following by convex optimisation for highly automated driving vehicles[J]. Vehicle System Dynamics, 2019, 57(9): 1287-1317.